"十四五"时期国家重点出版物出版专项规划项目
深中通道建设关键技术丛书
广东省重点领域研发计划项目（2019B111105002）

深中通道沉管隧道钢壳混凝土脱空无损检测技术

陈伟乐　李松辉　钟辉虹　张　巍　宋神友◎著

人民交通出版社股份有限公司
北　京

内容提要

全书共分为9章：第1章为概述，介绍了深中通道工程概况、国内外钢壳混凝土沉管隧道建设现状和脱空无损检测技术现状；第2章为沉管隧道自密实混凝土流变特性、结构承载特性及脱空标准研究；第3章介绍了沉管隧道脱空无损检测的近源波场理论；第4章为基于有限元模拟的弹性波波场信号特性分析，介绍了弹性波有限元数值模拟方法及其波场特性，深入分析了脱空缺陷的波场特性敏感性；第5章介绍了钢壳混凝土脱空检测的硬件设备及配套软件系统；第6章和第7章分别介绍了沉管隧道钢壳混凝土比尺模型和足尺模型检测试验，验证了冲击弹性波法的检测效果和精度；第8章为基于机器学习的沉管隧道钢壳混凝土脱空缺陷识别方法，介绍了机器学习算法；第9章研究了深中通道钢壳混凝土的脱空规律和影响因素。

本书可作为钢壳混凝土脱空无损检测技术人员的参考书。

图书在版编目(CIP)数据

深中通道沉管隧道钢壳混凝土脱空无损检测技术 / 陈伟乐等著. — 北京：人民交通出版社股份有限公司，2023.10
　ISBN 978-7-114-18667-7

Ⅰ.①深… Ⅱ.①陈… Ⅲ.①沉管隧道—无损检验—研究 Ⅳ.①U459.9

中国国家版本馆CIP数据核字(2023)第041818号

Sheng-Zhong Tongdao Chenguan Suidao Gangqiao Hunningtu Tuokong Wusun Jiance Jisu

书　　名：	**深中通道沉管隧道钢壳混凝土脱空无损检测技术**
著 作 者：	陈伟乐　李松辉　钟辉虹　张　巽　宋神友
责任编辑：	李　喆　齐黄柏盈
责任校对：	孙国靖　卢　弦
责任印制：	张　凯
出版发行：	人民交通出版社股份有限公司
地　　址：	(100011)北京市朝阳区安定门外外馆斜街3号
网　　址：	http://www.ccpcl.com.cn
销售电话：	(010)59757973
总 经 销：	人民交通出版社股份有限公司发行部
经　　销：	各地新华书店
印　　刷：	北京印匠彩色印刷有限公司
开　　本：	787×1092　1/16
印　　张：	16.25
插　　页：	1
字　　数：	380千
版　　次：	2023年10月　第1版
印　　次：	2023年10月　第1次印刷
书　　号：	ISBN 978-7-114-18667-7
定　　价：	62.00元

(有印刷、装订质量问题的图书，由本公司负责调换)

丛书编审委员会

总 顾 问：周　伟　周荣峰　王　太　贾绍明
主　　任：邓小华　黄成造
副 主 任：职雨风　吴玉刚　王康臣
执行主编：陈伟乐　宋神友
副 主 编：刘加平　樊健生　徐国平　代希华　潘　伟　吕卫清
　　　　　　吴建成　范传斌　钟辉虹　陈　越　刘亚平　熊建波
专家组成员：
　　综合组：
　　　　周　伟　贾绍明　周荣峰　王　太　黄成造　何镜堂
　　　　郑健龙　陈毕伍　李　为　苏权科　职雨风　曹晓峰
　　桥梁工程组：
　　　　凤懋润　周海涛　秦顺全　张喜刚　张劲泉　邵长宇
　　　　陈冠雄　黄建跃　史永吉　葛耀君　贺拴海　沈锐利
　　　　吉　林　张　鸿　李军平　胡广瑞　钟显奇
　　岛隧工程组：
　　　　徐　光　钱七虎　缪昌文　聂建国　陈湘生　林　鸣
　　　　朱合华　陈韶章　王汝凯　蒋树屏　范期锦　吴建成
　　　　刘千伟　吴　澎　谢永利　白　云
　　建设管理组：
　　　　李　斌　刘永忠　王　璜　王安福　黎　侃　胡利平
　　　　罗　琪　孙家伟　苏志东　代希华　杨　阳　王啟铜
　　　　崖　岗　马二顺

本书编写组

组　　长：陈伟乐　李松辉　钟辉虹　张　巘　宋神友

参与人员(以姓氏笔画排序)：

中国水利水电科学研究院

白　冰　刘勋楠　刘瑞强　闫玮烁　胡俊华
崔江欢

深中通道管理中心

刘　迪　刘　健　许晴爽　孙春华　芮伟国
张长亮　陈　越　金文良　姜　凡　夏丰勇
席俊杰　黄晓初　彭英俊

江苏筑升土木工程科技有限公司

冯少孔　孙　龙

序　言

深中通道是集"桥、岛、隧、水下互通"于一体的世界级跨海交通集群工程，是"十三五"和"十四五"国家重大工程，是连接广东自贸区三大片区、沟通珠三角"深莞惠"与"珠中江"两大功能组团的重要交通纽带，是粤东通往粤西乃至大西南的便捷通道。深中通道全长24km，其中海底隧道长约6.8km，沉管隧道创新性地采用了钢壳混凝土"三明治"组合的新型结构形式。目前世界上已建成的"三明治"沉管隧道仅有6座，均位于日本。与世界已建成或在建同类工程相比，深中通道钢壳混凝土沉管隧道不论是建设规模还是建设难度，均达到世界之最。工程建设面临"三杂三高"难题，即在钢壳结构复杂、构造复杂、自密实混凝土流态复杂等挑战下，如何保证自密实混凝土高性能、高浇筑质量以及高检测精度。

在沉管浇筑施工过程中，能及时、准确地识别出产生脱空缺陷区域并进行缺陷位置的注浆补强，是确保工程质量的有效手段。"三明治"结构钢壳混凝土沉管隧道在我国为首次应用，常规检测方法的适用性较差，检测精度不高，无成熟技术和方法可借鉴。因此，如何准确、快速、大范围检测"三明治"结构钢壳混凝土沉管的浇筑质量，为后续管节的注浆补强提供可靠的指导方案，是目前迫切需要研究的课题方向。

本书内容依托广东省重点领域研发计划项目"复杂海洋环境下钢壳混凝土沉管隧道建设关键技术"——课题十一"钢壳混凝土沉管隧道可靠无损检测技术及装备研究"的研究成果。全书系统阐述了钢壳混凝土沉管隧道结构的特点和脱空无损检测技术发展现状，对冲击弹性波法在钢壳混凝土沉管隧道脱空检测中的应用进行了系统研究；分析了沉管内自密实混凝土流变特性；提出了深中通道钢壳混凝土沉管隧道脱空检测标准；分析了沉管隧道脱空无损检测的近源波场理论、基于有限元模拟的弹性波波场信号特性；阐述了钢壳混凝土脱空无损检测硬件设备及软件系统研发过程；分析总结了深中通道沉管隧道钢壳混凝土比尺模型脱空检测试验、足尺模型检测试验成果；提出了基于机器学习的沉管隧道钢壳混凝土脱空缺陷识别方法；分析了深中通道沉管隧道钢壳混凝土脱空规律及影响因素。

本书集聚了深中通道沉管隧道建设者集体智慧,相信本书的出版将对钢壳混凝土沉管隧道、钢混组合桥塔、核电反应堆安全壳等组合结构以及其他类似钢-混凝土-钢组合结构的脱空检测提供重要参考,将为我国沉管隧道的进一步发展作出贡献。

中国工程院院士
东南大学首席教授
2023 年 5 月

前　言

《深中通道沉管隧道钢壳混凝土脱空无损检测技术》是国家重大工程"深圳至中山跨江通道项目"的创新成果之一，也是广东省重点领域研发计划项目"复杂海洋环境下钢壳混凝土沉管隧道建设关键技术"的科技成果之一。本书是"深中通道建设关键技术丛书"之一，入选"十四五"时期国家重点出版物出版专项规划，是我国首部针对钢壳混凝土脱空无损检测技术的工程用书。

本书依托深中通道项目前期科研、模型试验及应用成果，系统总结了国内外钢壳混凝土沉管隧道建设及钢壳混凝土脱空无损检测技术现状，并对冲击弹性波法在钢壳混凝土沉管隧道脱空无损检测中的应用进行了研究；通过分析沉管内自密实混凝土流变特性、冲击弹性波波场信号频率和振幅特性，引入归一化冲击响应强度值作为评价缺陷严重程度的指标参数，建立了缺陷判别标准；通过盲检试验验证其检测精度，利用有限元数值分析方法研究钢板厚度、检波器布置、浮浆层等因素对冲击弹性波法检测精度的影响；通过足尺模型开盖验证试验的数据，建立基于机器学习算法的脱空缺陷识别模型，其综合考虑波形信号特征和结构因素，实现了对钢壳混凝土毫米级脱空高度的定量评估；并借助实际工程中的检测资料，分析了脱空缺陷的分布规律和影响因素。本书为使用冲击弹性波法对钢壳混凝土进行高精度、高效率的脱空无损检测提供系统、全面的理论支撑和技术指导。

本书编写单位有中国水利水电科学研究院、深中通道管理中心、江苏筑升土木工程科技有限公司等。主要内容共分为9章。其中，第1章由中国水利水电科学研究院李松辉、张龑负责编写，深中通道管理中心金文良、许晴爽等参与编写；第2章由中国水利水电科学研究院李松辉、刘勋楠、闫玮烁负责编写，深中通道管理中心陈越、刘迪等参与编写；第3章由中国水利水电科学研究院李松辉、胡俊华负责编写，深中通道管理中心彭英俊、夏丰勇等参与编写；第4章由中国水利水电科学研究院李松辉、刘瑞强、张龑负责编写；第5章由江苏筑升土木工程科技有限公司冯少孔、孙龙负责编写；第6章由江苏筑升土木工程科技有限公司冯少孔、孙龙负责编写，中国水利水电科学研究院李松辉、刘瑞强参与编写；第7章由中国水利水电科学研究院李松辉、江苏筑升土木工程科技有限公司冯少孔负责编写,中国水利水电科学研究院白冰、崔江欢和深中通道管理中心孙春华、席俊杰等参与编写;第 8 章由中国水利水电科学研究院李松辉、刘瑞强负责编写,深中通道管理中心刘健、黄晓初等参与编写;第 9 章由中国水利水电科学研究院李松辉、张龑负责编写,深中通道管理中心许晴爽、姜凡等参与编写。全书由深中通道管理中心陈伟乐、李松辉、钟辉虹、张龑、宋神友负责统稿、校对。

本书作为国内首部系统介绍钢壳混凝土沉管隧道脱空无损检测技术的专业书籍,可作为相关技术人员、设计人员和管理人员的参考用书。本书汇集了编写组的集体智慧,也感谢人民交通出版社股份有限公司为本书的出版所付出的辛勤劳动。尽管编写组对本书的编写投入了大量的时间和精力,但由于认识的局限及书稿涉及内容之广泛,书中难免存在不足之处,恳请专家及读者谅解、指正。

作　者

2023 年 5 月

目　　录

第 1 章　概述 ·· 1
 1.1　工程概况 ·· 1
 1.2　国内外钢壳混凝土沉管隧道建设现状 ·· 3
 1.3　钢壳混凝土脱空无损检测技术发展现状 ·· 9
 1.4　深中通道沉管隧道脱空无损检测面临的技术难题 ························· 16
 1.5　本章小结 ·· 16

第 2 章　深中通道钢壳混凝土沉管隧道自密实混凝土流变特性、结构承载特性及
   脱空标准研究 ·· 18
 2.1　自密实混凝土流变机理 ··· 18
 2.2　方法验证与参数校核 ··· 21
 2.3　有限元模型与模拟方案 ··· 23
 2.4　钢壳混凝土脱空区域分布特性与影响因素数值模拟研究 ················ 26
 2.5　工艺孔合理性浇筑试验验证 ·· 34
 2.6　钢壳混凝土沉管隧道结构承载特性与脱空高度检测标准研究 ········ 36
 2.7　脱空缺陷对钢壳混凝土结构整体受力性能影响分析 ······················· 83
 2.8　本章小结 ·· 85

第 3 章　沉管隧道脱空无损检测的近源波场理论 ··· 88
 3.1　弹性波近源波场理论 ··· 88
 3.2　弹性波信号预处理方法 ··· 106
 3.3　振动信号的时频分析 ··· 115
 3.4　冲击响应强度分析 ·· 122
 3.5　本章小结 ·· 123

第 4 章　基于有限元模拟的弹性波波场信号特性分析 ······································ 124
 4.1　弹性波波场信号有限元数值模拟 ·· 124
 4.2　数值模拟弹性波信号波场特性研究 ·· 128
 4.3　脱空缺陷的波场特性敏感性分析 ·· 130

	4.4 本章小结	136
第 5 章	钢壳混凝土脱空无损检测硬件设备及软件系统研发	137
	5.1 检测硬件	137
	5.2 软件系统	139
	5.3 本章小结	143
第 6 章	沉管隧道钢壳混凝土比尺模型检测试验	144
	6.1 比尺模型介绍	144
	6.2 比尺模型测线布置及数据采集	150
	6.3 检测结果与开盖结果分析	151
	6.4 本章小结	166
第 7 章	沉管隧道钢壳混凝土足尺模型检测试验	167
	7.1 足尺模型介绍	167
	7.2 足尺模型测线布置及数据采集	168
	7.3 检测结果验证方法	169
	7.4 检测及开盖结果分析	171
	7.5 开盖结果	173
	7.6 检测符合率统计	184
	7.7 实测数据的波场特性分析	187
	7.8 冲击响应强度与脱空指标关系研究	196
	7.9 本章小结	202
第 8 章	基于机器学习的沉管隧道钢壳混凝土脱空缺陷识别方法	204
	8.1 机器学习算法介绍	204
	8.2 冲击响应数据准备和数据特征提取	212
	8.3 基于支持向量机算法的脱空缺陷识别方法	215
	8.4 基于决策树算法的脱空缺陷识别方法	220
	8.5 本章小结	226
第 9 章	深中通道沉管隧道钢壳混凝土脱空规律及影响因素研究	227
	9.1 隔仓构造及分类	227
	9.2 脱空规律统计方法	229
	9.3 脱空分布规律分析	230
	9.4 本章小结	238
参考文献		240

第1章 概 述

1.1 工程概况

深圳至中山跨江通道(简称"深中通道")全长约24km,是世界上首例集超宽超长海底隧道、超大跨海中桥梁、深水人工岛、水下互通"四位一体"的超大型跨海集群工程。深中通道北距虎门大桥约30km,南距港珠澳大桥约38km。深中通道起于广深沿江高速公路机场互通立交,在深圳宝安国际机场南侧跨越珠江口,西至中山马鞍岛,终于横门互通立交,与中开高速公路对接;通过中山东部外环高速公路与中江高速公路衔接;通过连接线实现在深圳、中山及广州南沙登陆,跨海段长度为22.39km,其中沉管隧道全长约5035m,陆域段长度为1.64km,采用设计速度为100km/h的双向八车道高速公路技术标准。

有关深中通道的详细介绍以及线位图,详见《深中通道建筑及结构设计》(人民交通出版社股份有限公司2022年出版)。

深中通道海底沉管隧道是世界上首例双向八车道超宽钢壳混凝土沉管隧道,采用"两孔一管廊"横断面结构,是目前世界上最宽的海底沉管隧道。海底隧道全长6845m,其中沉管隧道全长5035m,采用钢壳混凝土新型结构,由32个管节组成。标准管节长165m,编号为E1~E26;曲线变宽管节长123.8m,编号为E27~E32;最终接头长度为2.2m,设置在E22和E23之间。管节划分及管节断面基本情况如图1-1所示。

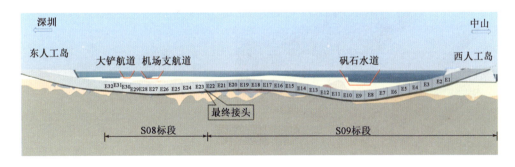

图1-1 管节划分及管节断面基本情况(尺寸单位:m)

沉管隧道结构布置采用"两孔一管廊"结构,左、右侧为主行车孔,中管廊从上至下分别为排烟道、安全通道、管线通道。管节断面总体外轮廓尺寸为宽46~55.46m,高10.6m,如图1-2所示。

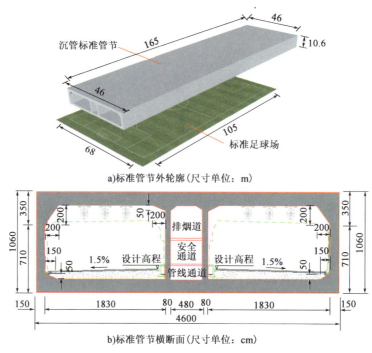

图1-2 标准管节外轮廓或横断面

沉管隧道采用钢壳混凝土组合结构。钢壳构造由内外面板、横纵隔板、横纵加劲肋及焊钉组成。内外面板为受弯主要构件;横纵隔板为受剪主要构件,且连接内外面板成为受力整体,同时形成混凝土浇筑的独立隔仓;纵向加劲肋采用T型钢及角钢,其与焊钉主要作为抗剪连接件,保证面板与混凝土的有效连接;纵向加劲肋与横向扁肋共同作用,增强面板刚度;隔仓上预留浇筑孔和排气孔。沉管隧道钢壳基本构造及顶板单个隔仓示意如图1-3所示。

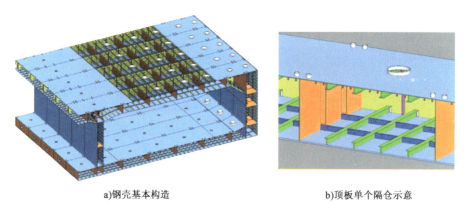

图1-3 沉管隧道钢壳基本构造及顶板单个隔仓示意图

深中通道沉管隧道钢壳混凝土采用C50自密实混凝土,混凝土具有高稳健、低收缩、自流动等优越的工作性能,以隔仓为单位进行浇筑,隔仓尺寸及数量见表1-1。在深中通道建设过程中,运用了钢壳自密实混凝土智能化浇筑工艺,研制了智能浇筑台车和折臂布料机,联合

"建筑信息模型(BIM)+物联网+智能传感"的信息化和自动化技术,提高了管节自密实混凝土的浇筑质量。

隔仓尺寸及数量统计表　　　　　　　　　　　　　　　　表1-1

序　号	隔仓尺寸(长×宽)	数　量
1	1.4m×3.0m	2252个
2	1.8m×3.0m	2252个
3	2.4m×3.0m	3378个
4	2.5m×3.0m	4504个
5	2.8m×3.0m	2252个
6	3.5m×3.0m	11260个
7	4.5m×3.0m	2252个

1.2　国内外钢壳混凝土沉管隧道建设现状

1.2.1　沉管隧道的建设历史

水下隧道工程的地质条件一般较为复杂,且要面对防水、抗渗和抗侵蚀等诸多问题,工程建设难度较陆地工程大。按照施工方式,水下隧道施工分为钻爆法、全断面掘进法(隧道掘进机法或盾构法)、沉管法与围堰法四种。其中,软土地基多用盾构法或沉管法,岩石地层采用隧道掘进机法或钻爆法。

钻爆法也称钻眼爆破掘进法,是用炸药爆破坑道范围内的岩体。经过多年的发展,钻爆法得到了迅猛发展,有了喷锚支护、控制爆破、新奥法等技术,使得隧道施工向全断面、大断面、机械化、高效率方向发展。钻爆法对围岩的扰动破坏较大,因此,有时会因爆破振动致使围岩产生坍塌,故一般只适用于石质隧道。随着控制爆破技术的发展,钻爆法的应用范围也逐渐扩大,也可用于软石及硬土的松动爆破。但钻爆法具有自身的局限性和诸多无法克服的缺点。世界上已建成的水下隧道中,采用钻爆法的有数百千米。我国采用钻爆法修建的水下隧道约10座,包括长沙市湘江大道浏阳河隧道、厦门东通道翔安海底隧道、长沙市营盘路湘江隧道、青岛胶州湾海底隧道等。

随着科学技术的不断进步,一种新型的挖掘机械——全断面隧道掘进机应运而生。1818年,Brunnel从蛆虫腐蚀船底成洞得到启发,提出了盾构工法,并获得专利,即敞开式手掘盾构的原型。1846年,意大利人马乌斯第一次设计出岩石隧道掘进机。100年后,美国人詹姆斯·罗宾斯经过几次技术改进,研制出直径为8m的新型掘进机。从此,真正意义上的隧道掘进机(TBM)诞生了。TBM主要是利用机械压力对岩石进行切削、破碎,具有集开挖、输送、测量导向等多功能于一体的优势。TBM是一种系统化、智能化、工厂化的高效能隧道开挖施工机械,可一次成洞,同时完成开挖掘进、石渣运输、通风除尘、导向控制、支护衬砌和超前处理、风水电及材料供应等全过程隧道施工作业,并实现自动化监控,适用于超长距离隧道施工。

盾构法始于英国,兴于日本,已有近180年历史,以往主要适用于单一的软弱地层,且断面较小;随着"复杂地质、大直径、高水压、长距离"隧道建设的需要,20世纪末出现了现代盾构技术。19世纪40年代,英国首次采用盾构法修建了穿越伦敦泰晤士河的第一条水下人行隧道,标志着水下盾构隧道的诞生。自此,盾构隧道技术在水下隧道建造工程中有了迅猛的发展。其中,1994年通车的英吉利海峡隧道(外径8.6m)、1996年竣工的日本东京湾横断公路隧道(外径13.9m)、2003年竣工的德国易北河第四隧道(外径13.8m)、2004年通车的荷兰绿色心脏隧道(外径14.5m)是运用盾构法修建的具有代表性的水下隧道工程。截至2014年,我国已在黄浦江、长江、珠江、钱塘江、湘江等河流采用大直径盾构法修建了数十条水下隧道。

沉管法是预制管段沉放法的简称,是在水底建设隧道的一种施工方法。沉管法始于美国,兴于欧洲,只适用于水下隧道,结构形式、断面布置、地基基础和管节结构连接等形式多样。其施工顺序是先在船台上或干坞中制作隧道管段(用钢板和混凝土或钢筋混凝土),管段两端用临时封墙密封后滑移下水(或在坞内放水),使其浮在水中,再拖运到隧道设计位置。定位后,向管段内加载,使其下沉至预先挖好的水底沟槽内。1894年,美国工程师成功运用沉管法在波士顿修建了世界第一条水下隧道,虽然其结构尺寸较小,但其结构形式和制作工艺与后来建设的大型隧道工程基本一致,为后续类似工程的建设积累了宝贵的经验。1910年,美国在底特律河修建了世界上第一条用于交通的沉管隧道——密歇根中央铁路隧道。此后,在1914年,又修建了穿越哈莱姆河的纽约地铁隧道,并在1930年成功修建连接底特律和加拿大温莎的公路隧道。自此,沉管法以其受地质条件限制小、适用性强、易推广等优点,在世界各国大型水下隧道工程建设中被广泛采用。国外主要沉管隧道见表1-2。

国外主要沉管隧道 表1-2

序号	隧道名称	类型	管节数量	长×宽×高(m×m×m)	国家	建成时间(年)
1	底特律—温莎隧道	钢壳	9	74.3×10.6×10.6	美国/加拿大	1930
2	班克黑德隧道	钢壳	7	90.8×10.4×10.4	美国	1940
3	大阪阿吉河隧道	钢壳	1	49.2×14×7	日本	1944
4	沃西本恩隧道	钢壳	4	114.37×10.97×9.75	美国	1950
5	巴尔的摩港隧道	钢壳	21	91.4×21.3×10.7	美国	1957
6	羽田公路隧道	钢壳	1	56×20.1×7.4	日本	1964
7	切萨皮克湾隧道	钢壳	37	91.4×11.3×11.3	美国	1964
8	哈瓦那港海底隧道	钢筋混凝土	5	107.5×21.85×7.1	古巴	1958
9	迪斯岛隧道	钢筋混凝土	6	104.9×23.8×7.16	加拿大	1959
10	伦茨堡隧道	钢筋混凝土	1	140×20.2×7.3	德国	1961
11	阿姆斯特丹科恩隧道	钢筋混凝土	6	97.8×23.33×7.74	荷兰	1966
12	哥德堡廷斯塔德隧道	钢筋混凝土	5	93.5×29.9×7.3	瑞典	1968

续上表

序号	隧道名称	类型	管节数量	长×宽×高(m×m×m)	国家	建成时间(年)
13	埃姆斯河隧道	钢筋混凝土	5	25.5×27.5×8.4	德国	1989
14	利夫肯舒克隧道	钢筋混凝土	6	23.67×31.25×9.6	比利时	1991
15	费尔森维克隧道	钢筋混凝土	4	24×31.5×8.05	荷兰	1996
16	釜山—巨济沉管隧道	钢筋混凝土	8	22.5×26.46×9.97	韩国	2010
17	马尔马雷隧道	钢壳	11	135×15.3×8.6	土耳其	2013

我国的沉管隧道技术起步较晚,对沉管法的理论研究开始于20世纪60年代,首先由香港引进了沉管隧道技术并进行开发研究。1972年8月,香港红磡海底隧道建成通车。1984年5月,台湾高雄港过港隧道建成通车。我国内地(大陆)采用沉管法建成的第一条交通隧道为广州珠江隧道,于1993年建成通车。该沉管隧道全长1380m、宽33m,沉管段5节总长457m,隧道分三孔,西侧两孔为双向四车道隧道,东侧为单孔双线地铁隧道。管节均采用钢筋混凝土结构,大部分采用岸控式浮运沉放、水力压接方式。宁波甬江隧道则于1987年6月正式动工,1995年11月建成通车,设计为单孔双车道隧道,隧道全长1019m,其中水下段约420m,采用5节沉管(4节长85m、宽11.9m,1节长80m、宽11.9m)。国内主要沉管隧道见表1-3。

国内主要沉管隧道表　　　表1-3

序号	隧道名称	类型	管节数量	长×宽×高(m×m×m)	建成时间(年)
1	香港红磡海底隧道	钢壳	—	1602(总长)×22.16×11	1972
2	香港地铁过海隧道	钢筋混凝土	14	100×13.1×6.5	1979
3	台湾高雄港过港隧道	钢筋混凝土	6	120×32×24.4	1984
4	香港东区海底隧道	钢筋混凝土	15	124×35.45×9.75	1989
5	广州珠江隧道	钢筋混凝土	5	120×33×8.15	1993
6	宁波甬江隧道	钢筋混凝土	5	85(80)×11.9×7.65	1995
7	香港机场铁路隧道	钢筋混凝土	10	126×12.4×7.7	1996
8	香港西区海底隧道	钢筋混凝土	12	113.67×33.4×8.57	1997
9	宁波常洪隧道	钢筋混凝土	4	100×22.8×8.45	2002
10	上海外环越江隧道	钢筋混凝土	7	100×43×9.55	2003
11	广州仓头—生物岛隧道	钢筋混凝土	4	78×23×8.7	2010
12	广州生物岛—大学城隧道	钢筋混凝土	2	116×23×8.7	2010
13	天津海河隧道	钢筋混凝土	3	85×36.6×9.65	2012
14	舟山沈家门港海底隧道	钢筋混凝土	3	74×11.5×6.4	2014
15	广州洲头咀隧道	钢筋混凝土	4	85×31.4×9.68	2015
16	佛山东平沉管隧道	钢筋混凝土	4	115×39.9×9	2017
17	南昌红谷隧道	钢筋混凝土	12	114.85×30×9.5	2017
18	港珠澳大桥海底隧道	钢筋混凝土	33	180×37.95×11.4	2017
19	襄阳鱼梁洲隧道	钢筋混凝土	10	120.5×31.2×9.2	2022
20	大连湾海底隧道	钢筋混凝土	18	22.5×33.4×9.7	2022

1.2.2 沉管隧道的结构形式

沉管隧道的断面结构形式,按制作材料分,主要有钢壳混凝土管和钢筋混凝土管;按断面形状分,有圆形、矩形和混合形;按断面布局分,有单孔式和多孔组合式,如图1-4所示。结构的选型受工程的建设条件以及经济效益等因素的影响,主要包括建设地区的工程地质条件、水深条件、荷载工况等情况,同时也受施工设备、原材料供给等条件的限制,并且还要考虑工程综合造价是否经济合理。

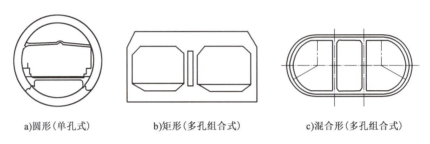

a)圆形(单孔式)　　b)矩形(多孔组合式)　　c)混合形(多孔组合式)

图1-4　沉管隧道断面结构形式图

钢筋混凝土沉管横断面多为矩形,可同时容纳2～8个车道,有的还设置有维修、避险、排水设施等的专用管廊。因矩形管段一般比圆形管段经济,故目前国内外多采用矩形沉管。其优点是隧道横断面空间利用率高,建造多车道隧道时优势明显;车道路面最低点的高程较高,隧道的全长相应较短,所需浚挖的土方量亦较小;不用钢壳防水,节约大量钢材;利用管段自身防水的性能,能做到隧道内无渗漏水。其缺点是需要修建临时干坞,施工成本高;制作管段时,为保证干舷和抗浮安全系数,对混凝土施工要求严格;需另加混凝土防水措施。欧洲国家的混凝土技术发展较快,最早生产出了能够满足水下隧道相关要求的混凝土。自荷兰于1942年建成第一条钢筋混凝土沉管隧道后,欧洲各国不断总结工程建设经验,从混凝土原材料组成、降低温差、收缩补强等方面采取措施,使钢筋混凝土结构沉管能够达到水下隧道的相关要求。

钢壳混凝土管是钢壳与混凝土的组合结构。钢壳有单层和双层两种:单层钢壳管段的外层为钢板,内层为钢筋混凝土环;双层钢壳管段的内层为圆形钢壳,外层为多边形钢壳,内外层之间浇筑抗浮配重混凝土。钢壳混凝土沉管的钢外壳,一般采用6～10mm的薄钢板制作,不参与结构受力,主要承担管节永久防水,解决混凝土后期开裂问题。管节主体及核心构件由内衬钢筋混凝土结构浇筑构成。这种结构形式的优点是沉没完毕后,荷载作用下所产生的弯矩较小;管段的底宽较小,基础处理的难度不大;管段外壳为钢板,浮运过程中不易碰损;钢壳可在造船厂的船台上制作,充分利用船厂设备,工期较短。其缺点是管段耗钢量大,造价较高。钢壳混凝土沉管的"钢外壳"的制作可以依托于船舶制造技术,而美国和日本的造船业比较发达,所以在这两个国家的应用较多。并且由于特殊的地理条件限制,日本隧址附近能用于建造干坞的场地有限,采用钢壳混凝土沉管可以在钢壳浮运后、沉放前进行混凝土浇筑,节省施工占地,具有较大优势。第一次世界大战后,日本工程师将美国的沉管隧道建设技术引入国内,早期日本建设的沉管隧道以钢壳混凝土结构为主,如大阪的安治川隧道。

沉管隧道在中国的发展起步较晚,香港在1969—1997年间建成了跨越维多利亚港湾的5座沉管隧道,其中钢壳沉管隧道1座、预应力混凝土沉管隧道2座、普通钢筋混凝土沉管隧道2座,这为沉管法工程发展积累了宝贵的经验。考虑到其地理位置和工况的单一性,内地沉管隧道的建设以香港沉管隧道为基础进行了大量的研究和创新,并且开始了沉管隧道的建设。2017年,港珠澳大桥海底隧道顺利贯通,其以超大的建筑规模、空前的施工难度和顶尖的建造技术闻名世界,是目前世界上已建成的规模最大的沉管隧道。随着城市交通的日渐繁荣及城市规模的增大,沉管法隧道修建技术取得了长足进步,其中,钢壳沉管隧道在国内呈现出爆发式的发展。

1.2.3 国内外"三明治"结构钢壳混凝土沉管隧道建设现状

钢筋混凝土结构沉管和以薄钢板作为防水和模板的钢壳混凝土结构沉管一直是跨海隧道结构工程领域两种主要的结构形式。而在20世纪80年代,随着钢-混凝土组合结构的应用和发展,钢-混凝土-钢(SCS)组合结构(又称"三明治"结构)沉管(图1-5)开始在跨海隧道中应用。"三明治"结构沉管在外面板的下表面和内面板的上表面均设置沿管节轴向方向的角钢加劲肋和沿管节横向方向的扁钢加劲肋作为抗剪连接件,保证钢板与混凝土间的协同受力。相关实践和研究表明,"三明治"结构沉管隧道在施工和运行阶段充分利用了钢材的性能,具有优越的抗弯、抗剪、抗冲击和防水等性能。与以往的钢壳混凝土结构和钢筋混凝土结构相比,其钢外壳不仅承担防水和兼作浇筑模板,并且可以作为主要受拉构件。这样,避免了在混凝土中放置钢筋,简化了施工流程,大大缩短了管节的预制周期。此外,钢结构外壳的制作和自密实混凝土的浇筑可以在不同的地点进行,施工选址更加灵活,降低了现场成本。

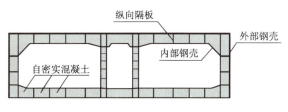

图1-5 "三明治"结构沉管

"三明治"结构沉管的设计最早可以追溯到1986年。当时,英国汤姆林森(Tomlinson)公司设计出一种采用重叠栓钉式的钢-混凝土-钢组合结构形式,修建了跨海隧道穿越威尔士康威河。由图1-6a)可知,通过在两层钢板上交错布置互不搭接的长栓钉,使外部钢板与内部填充混凝土形成协同受力的整体,提高结构的承载能力。但实践中发现,这种结构施工困难,制作时间长,最终并未在此项目中应用。但是,对此结构的研究工作并未终止。为了解决重叠栓钉式结构的焊接困难,英国钢铁公司改进了结构形式,利用横向短钢筋代替长栓钉,并采用旋转摩擦焊接技术,简化了焊接工艺,使得这种新型双钢板-混凝土组合结构(图 1-6b)可以在工厂中预制成型,节约时间。1994 年,在相关研究的基础上,英国钢结构研究院制定了钢-混凝土-钢(SCS)组合结构设计规范。

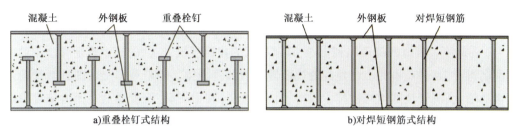

图 1-6　钢-混凝土-钢组合结构

近年来,双钢板-混凝土组合结构在剪力墙、安全壳等工程领域中得到了广泛应用,但受当时制造设备限制,该结构的厚度最大不能超过 700mm,模块尺寸存在一定的局限,制约了其在大型结构工程中的应用发展。特别是对于大型沉管隧道结构,此厚度是远远不够的。在英国研究双钢板-混凝土组合结构的同时,1988 年,日本成功研制出高流动性自密实混凝土材料。几年之后,日本在大阪、那霸岛等地修建水下隧道时,因缺乏合适的干坞预制场地,由此基于双钢板-混凝土组合结构的设计思路和自密实混凝土浇筑技术,发展出可以在运输过程中浮动浇筑的"三明治"结构钢壳混凝土沉管隧道,如图 1-7 所示。该结构在两层内外钢板间设置纵横隔板,纵横隔板将内外面板连成受力整体,同时在两层面板之间分隔出若干个封闭隔仓,方便自密实混凝土的浇筑施工。已有研究证明,缺乏机械连接构件的双钢板-混凝土组合结构的抗剪切和抗冲击性能较差,而具有 J 形连接构件的"三明治"结构,在制造中不受结构深度的限制,并且在测试试验中显示出良好的抗剪切性能和抗爆破性能。

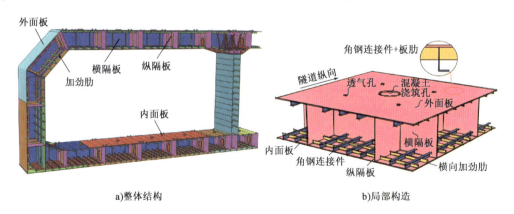

图 1-7　"三明治"结构钢壳混凝土沉管隧道结构示意图

目前世界上沉管隧道建设中采用或部分采用这种结构形式的,已完工运行的沉管隧道工程仅有 6 座,均位于日本,见表 1-4。我国正在建设的世界级"桥、岛、隧、地下互通"集群工程——深中通道项目在海底隧道段也采用了这种沉管结构形式。与目前同类工程相比,深中通道中的沉管隧道为世界上规模最大的"三明治"结构钢壳混凝土沉管隧道。在管节宽度方面,深中通道沉管隧道管节最宽为55.46m,约是新若户隧道的1.99倍、那霸隧道的1.5倍。在沉管隧道长度方面,深中通道沉管隧道长5035m,约是新若户隧道的8.9倍、那霸隧道的6.95倍。同时,深中通道沉管隧道建设面临钢壳结构复杂、构造复杂、自密实混凝土流态复杂等问题,如何保证自密实混凝土高性能、高浇筑质量以及高检测精度是工程亟待解决的技术难题。

世界上已建和在建"三明治"结构沉管隧道　　　　表1-4

序号	隧道名称	沉管段长度(m)	断面尺寸(m×m×m)	建设时间(年)
1	新衣浦港海底隧道	448	8.4×13.5	1996—2002
2	神户港港岛隧道	520	9.1×34.4	1992—1999
3	大阪港梦洲隧道	806	8.6×35.4	1999—2009
4	大阪港咲洲隧道	1025	8.5×35.2	1989—1997
5	新若户隧道	565	8.4×27.9	2000—2012
6	那霸隧道	724	8.7×36.94	1997—2011
7	深中通道沉管隧道	5035	10.6×(46~55.46)	在建

1.3 钢壳混凝土脱空无损检测技术发展现状

1.3.1 人工敲击法

人工敲击法,又称锤击法,是一种最简单快捷的无损检测方法,同时也是检测结果最粗略的检测方法,常在薄壁衬砌结构的脱空检测中使用(图1-8)。人工敲击法的原理是根据敲击点处的声音来判断结构是否存在脱空界面,其基本操作流程为:检测人员用冲击锤敲击结构表面,如果敲击点处存在脱空缺陷界面,则敲击声听上去较为低沉;反之,若敲击位置结构良好,不存在空洞缺陷,则敲击点处的声音非常清脆。因为对是否存在缺陷的判断全靠检测人员的经验和熟练程度,且无法对缺陷的范围和严重程度进行定量估计,只能提供定性的评估结果。在实际工程应用中,此方法常在对待检测结构进行初筛时使用,或作为一种辅助检测手法。

1.3.2 超声波法

超声波遇到不同介质的交界面时会改变原有的传播方向和路径,因此常被用于构件缺陷的无损检测。如果构件内部存在缺陷,会导致超声波的频率、振幅、声时发生变化,因此,可以根据超声波信号特性的变化情况,对构件的健康状况进行判断。实际工程中,主要采用首波声时法进行构件损伤检测。首波声时法(又称超声波对穿法),即通过测量已知路径长度上的超声波脉冲时间来确定混凝土的相对状态,识别被测构件中的异常区域。

图 1-8　人工敲击法示意

超声波检测装置(图 1-9)主要由发射传感器和接收传感器组成。发射传感器产生在构件中传播的应力波,当应力波穿过检测区域后信号被接收传感器接收,并同时记录超声波的传播行程时间。超声波法一般采用高频声波,多应用于混凝土质量检测和钢管混凝土浇筑密实性检测中。当超声波遇到缺陷时,部分发射的能量被反射回表面,与完好区域的混凝土相比,在有混凝土劣化或微裂缝缺陷的区域,超声波的波速将明显降低。在钢-混凝土组合桥板结构的脱空检测中,柳原有纱等采用低频超声波对钢-混凝土组合结构进行脱空检测试验研究,发现在密实区域超声波的反射波能量很低且消散很快,而在脱空缺陷区域超声波的能量则全反射,接收到的反射波能量很高且消散很慢,由此可根据反射弹性波能量大小判别密实区域和缺陷区域。但受接收传感器尺寸的限制,超声波法只能识别直径较小的脱空缺陷,且无法判别缺陷的脱空高度。同时,超声波法需要解决传感器与被测构件表面紧密接触的问题。一般在被检测构件表面使用黏性材料(如凡士林或润滑脂)来解决,但当检测表面不平整时,很难实现充分的耦合接触,使得超声波检测效率很低,同时此项工作耗时较长,不适用于需要大范围快速检测的工程。超声波法检测原理示意如图 1-10 所示。

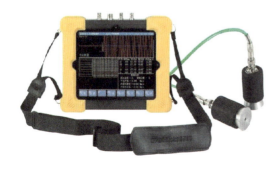

图 1-9　超声波检测装置

第1章 概述

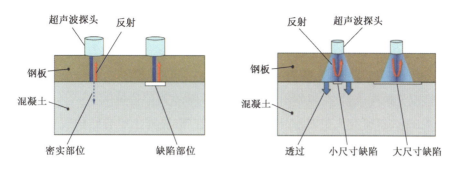

图 1-10　超声波法检测原理示意图

1.3.3　红外线热成像法

红外线热成像技术利用脱空缺陷区和密实区热传导系数的不同,通过识别结构表面的温度差异来确定结构可能存在的缺陷区域,是进行无损检测和监测的重要技术方法,在工业、土木工程和医疗等领域有着广泛的应用。作为一种非接触远距离检测方法,红外线热成像法具有检测自由度大、效率快、检测结果能实时显示等优点,适用于对结构工程进行快速大面积普查和实时监控。

应用红外线检测仪进行结构检测评估的首要条件是缺陷位置与健康位置在结构表面存在一定的温差,由此,红外线检测方法又可分为被动式和主动式两种。被动式检测是指不需要外界热源对被检测物体进行加热,检测过程中利用结构本身存在的温度梯度进行缺陷识别;主动式检测是指结构本身的温差较小,直接使用红外线检测仪效果较差,不能准确识别缺陷位置,此时需要对被检测物体进行加热,使缺陷位置和健康位置产生较大温差,进而易于识别,如图 1-11 所示。

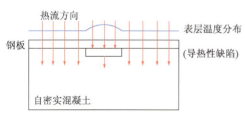

a)检测原理示意图

b)检测设备

图 1-11　红外线热成像法检测原理及设备

红外线热成像法在钢-混凝土组合结构脱空检测中的机理是,若钢板与混凝土的交界面存在浇筑不密实的脱空缺陷,则形成钢板-空气层-混凝土的缺陷结构。因为空气层的隔热性能较好,导热系数很小,与密实区域的钢板与混凝土直接接触的导热性能相比,两者差异较大。当使用外部热源对钢板表面进行加热时,在浇筑密实区域,由于导热系数较好,钢板的热量很

11

快传递给与其紧密接触的混凝土,热量消散快,钢板表面的温度升高慢;而在脱空缺陷处,由于空气层的存在,阻隔了热量向内部的快速传递,故在脱空缺陷处,钢板的热量消散较密实区域慢,热量聚集使得钢板表面的温度较高。由于缺陷区域与密实区域的钢板表面存在温度差,故可以利用红外线热成像仪获取钢板表面温度分布情况,再根据温度分布情况,较为容易地推测出钢板下面混凝土的浇筑情况,识别出存在空气层的脱空缺陷位置。

Hiroshi Mizuno 等研究人员对红外线热成像法在钢-混凝土组合结构脱空缺陷检测中的应用进行了试验研究。试验结果表明,在钢板厚度 8mm、脱空高度 20mm 条件下可大致识别出脱空缺陷的轮廓。胡爽等人将红外线热成像法应用到钢管混凝土的脱空缺陷检测中,试验研究发现,当钢管厚度在 10mm 以内时,红外线热成像法可以比较准确地反映缺陷的位置及形状尺寸,但当钢管壁厚大于 10mm 时,红外线热成像法只能大致反映出缺陷位置,缺陷轮廓也不清晰。并且,红外线热成像法受环境热源辐射等的影响大,一般需要热源加热,使得检测效率、可操作性和检测效果均较差。

1.3.4 冲击弹性波法

冲击弹性波法是指在被检测对象表面施加冲击力荷载,在待检测部位产生瞬时应力波,由在其表面设置的传感器接收冲击弹性波的信息,通过分析输入波形和输出波形的特征对内部缺陷和混凝土的性状进行评价的方法。冲击弹性波法利用的弹性波种类和传播特性以及信号解析处理方法灵活多样,可以适应多种情形下的检测要求,在土木工程领域的应用较广。冲击弹性波法于 20 世纪 80 年代提出,用于检测板状结构的厚度和探测其内部是否存在缺陷以及确定缺陷的埋深,也由此被广泛应用于混凝土墙体、路面、桥面等板状结构物,以及梁和柱等多种土木结构的厚度检测和缺陷检测。

冲击弹性波法的工作原理是,通过分析结构在冲击荷载激励下应力波的反射共振频率,计算结构的厚度或缺陷损伤的埋藏深度,如图 1-12 所示。弹性应力波被击发后,在被测构件中沿直线传播,当被测构件质量较好无缺陷时,应力波顺利到达底面边界然后反射回构件顶部;反之,当应力波传播过程中遇到缺陷时,则会在缺陷表面被反射回来。因此,当应力波在被测结构内部往复反射产生瞬态共振时,用接触式的传感器记录被测结构表面的反射波信号,通过信号的频谱分析拾取共振频率点,从而计算出构件的厚度或者其缺陷位置。

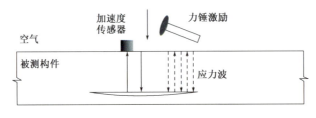

图 1-12　冲击弹性波法工作原理

研究人员对冲击弹性波法在钢管混凝土组合结构脱空检测中的应用做了大量的试验研究。2006年,周先雁通过试验发现,对于直径较小的钢管混凝土,因受非直径方向的应力波干扰,无法进行检测;对于大尺寸的钢管混凝土,也只能检测其中混凝土的厚度,对脱空缺陷的检测研究暂未有具体的结论。

日本研究人员在研究钢-混凝土组合结构桥的脱空检测时,提出通过分析比较冲击弹性波的输入波形和输出波形特征,判别检测区域的内部结构是否存在脱空缺陷,并在钢-混凝土模型中预设10mm深的脱空缺陷,进行模型试验研究。试验发现,当检测点位于缺陷的中央时,通过分析测点输入波形和输出波形的最大振幅比,可以判别出脱空缺陷;但当检测点位于缺陷和密实部位交界处附近时,较难识别出脱空缺陷。且当钢板厚度大于6mm或缺陷尺寸较小时,此方法也不能检测出脱空缺陷。

也有学者提出,可使用调频弹性波法检测钢-混凝土组合结构底板的填充密实性。调频弹性波是指检测设备向检测对象发射的弹性波频率(频率一般为9.0~16kHz)不是恒定的而是有规律地变化的,可通过分析激发波和接收波之间的相位差等数据判断检测对象的内部状态。已有的研究成果发现,在混凝土浇筑1d后,使用调频弹性波法检测钢板下混凝土的填充情况时,该方法仅可以粗略估计钢板下缺陷的大小,不能准确识别缺陷的形状和缺陷的脱空高度。

1.3.5 打音法

打音法基于声振原理,当击打被检测物体表面时,由于突然的物体碰撞,被检测物体瞬间变形并产生振动,引起周围声压变化,利用空气耦合传感器监测信号信息的变化,是一种非接触式的检测方法,如图1-13所示。利用空气耦合传感器进行无损检测的方法起源于20世纪70年代,常用的传感器类型有压电式超声换能器和电容式换能器(电容式麦克风)两种。该法在纸制品、木制品和航天材料无损检测领域应用较多。随着钢-混凝土组合结构的广泛应用和飞速发展,对钢-混凝土组合结构的脱空检测方法的需求日益迫切。根据经验,当钢板与混凝土之间填充密实时,敲击声音清脆且大,而当钢板与混凝土之间存在脱空缺陷时,敲击声音沉闷且轻。由此,日本研究人员将基于麦克风的冲击振动无损检测方法引入对钢-混凝土组合桥板填充密实性的检测中,进行了大量研究,并将其称为打音法。打音法根据麦克风接收到的敲击响应信息,对声压信号进行分析处理,根据构件表面上部接收的振动信号情况,识别结构是否存在脱空缺陷。

此后,日本又修建了两座全封闭式的钢壳混凝土沉管隧道,日本研究人员对打音法在钢壳混凝土无损检测上的应用做了大量试验研究。结果表明,通过频谱、卓越频率分析,可以大致分辨出缺陷区域与密实区域,但当混凝土硬化收缩与钢板间产生微小缝隙时,打音法也将其识别为脱空缺陷,易出现误判,检测结果存在一定误差,且效率较低(约30s/点)。在实际工程应用中,打音法的检测精度一般为60%~70%。

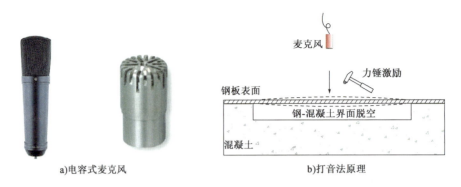

a)电容式麦克风　　　　　　b)打音法原理

图1-13　打音法检测示意图

近年来,研究人员对基于声振原理的缺陷检测方法进行了持续深入的研究。2012年,韩西等人利用声级计对钢管混凝土脱空检测进行试验研究,根据冲击荷载下检测部位的声振信号的特征判断结构的损伤情况。试验结果显示,此方法只能对损伤进行定性判断。2018年,刘蒙等人利用麦克风冲击振动法对钢-混凝土组合结构中的脱空缺陷进行无损检测试验研究。结果表明,此方法可以确定脱空缺陷的位置和大小,但不能对损伤深度方向的严重程度进行定量的判断。2020年,Victor Montano等人基于麦克风冲击振动法的数据采集方法,利用机器学习中的分类算法对钢管混凝土的脱空检测进行了试验研究。试验通过预设不同高度的脱空缺陷(3cm、5cm、8cm),建立分类模型训练数据集,利用功率谱密度函数对打击声音进行分析。试验结果表明,该方法能够对脱空高度较大情况下的空洞缺陷进行分类。

1.3.6　中子法

中子在1932年首次被发现,并由此为人类开辟了一个新的研究领域。随着科研人员对中子物理的研究不断深入,中子测水技术、基于中子技术的活化分析法等中子法技术手段应运而生,且在各个领域获得了较好的应用与发展。我国的中子测水技术研究始于20世纪60年代初。1976年,兰州大学和中国铁道科学研究院成功自主研发出中子水分计,并应用于设备中对青藏高原冻土含水率进行了测定研究。1978年,南京大学和江苏省农业科学研究院成功合作研发了易于携带的手提式中子土壤水分计。此后,许多科研人员进行了大量关于中子测水工作的研究,但都集中在土壤含水率或深层沙土含水率等方面。2003年,中子法被应用在水工结构的无损检测中,南京水利科学研究院提出利用中子法来探测水工建筑物中压力管道内混凝土与钢内衬的脱空情况,并研发出钢板下浇筑硅脱空缺陷中子无损探查技术。图1-14为中子法脱空检测原理图。

中子法脱空检测技术基于含氢物质对快中子的慢化原理。快中子辐射怕"轻"不怕"重",中子源发射的快中子会轻松穿过钢板与其下面的混凝土发生作用,因为混凝土属于含氢物质,会使快中子慢化减速产生热中子,当混凝土的含水率一定时,慢化作用所形成的热中子计数率与单位体积内混凝土质量有关,脱空缺陷区域的混凝土质量要小于填充密实区域,因此该部位热中子计数率将相对较低,由此,根据所测部位热中子计数率的大小,中子法可以计量出钢板下混凝土的体积,从而确定检测区域内钢板下混凝土的缺失量,由此可确定脱空缺陷的位置,并根据检测区域的面积确定缺陷的脱空高度。但值得注意的是,目前中子法单个测点的检测范围最小为 30cm×30cm,对于缺陷直径小于 30cm 的脱空缺陷,中子法无法确定其具体的脱空面积和位置。因此,该方法对缺陷直径小于 30cm 的脱空缺陷识别精度较差。

图 1-14 中子法脱空检测原理图

同时,中子法受水的影响较大,当钢板与混凝土之间浸水或钢板表面积水未充分干燥时,中子法无法进行脱空检测识别,并且中子法单位面积检测耗时受钢板厚度的影响,钢板较厚时,检测效率较低(2~3min/点),不能满足工程上对大体积钢壳混凝土组合结构浇筑质量的快速检测评价的要求。

1.3.7 方法对比

目前对于"三明治"结构沉管隧道脱空检测的报道较少。本书结合相关研究,总结了钢-混凝土组合结构常用的脱空检测方法及其适用性,见表 1-5。

钢-混凝土组合结构脱空无损检测方法比较 表 1-5

检测方法	技术手段	脱空类型		适用性	
		钢-混凝土脱粘	钢-混凝土填充缺陷	钢-混凝土脱粘	钢-混凝土填充缺陷
超声波法	波速、反射波能量	仅能识别直径尺寸较小的缺陷区域,不能区分脱空类型		△	×
冲击弹性波法	波形特征	可以识别薄钢板、大脱空,不能识别脱空高度		△	×
打音法	声压响应	能确定脱空的位置和面积,但不能定量描述脱空高度		△	△
红外线热成像法	导热系数差异	能确定脱空的位置和大小		△	△
中子法	中子慢化原理	能区分脱空类型、大小、平均脱空高度		○	△

注:○表示适用;△表示一定条件下适用;×表示不适用。

1.4　深中通道沉管隧道脱空无损检测面临的技术难题

"三明治"结构沉管隧道的纵横隔板将整个钢壳结构分为若干个独立隔仓,沉管结构的预制浇筑通过隔仓顶部的预留浇筑孔和排气孔进行,整个浇筑过程无法振捣。由于隔仓内部设置横纵加劲肋及抗剪焊钉等结构连接件,导致隔仓内部构造复杂,阻碍自密实混凝土的流动,使得隔仓顶部的钢板和混凝土交界面间极易出现浇筑不密实的脱空缺陷,影响结构的受力。要精确检测钢壳混凝土的浇筑质量,准确识别钢板下的脱空缺陷,有如下难点:

(1)厚钢板:钢板作为沉管隧道的承力构件,为满足受力要求,沉管钢壳使用的钢板厚度一般在14mm以上,在超宽管节的局部位置,钢板厚度甚至可达40mm,要准确识别出钢板下的脱空缺陷,所采用的检测方法必须能穿过数厘米厚的钢板,到达脱空缺陷区,并携带缺陷信息返回钢板表面。

(2)密集肋:隔仓布置的纵向加劲T肋作为抗剪主要构件,增加了被检测构件的复杂度。单条沉管隧道中设置的T肋结构即有223个,32条沉管中共有T肋结构7136个。如此密集的T肋结构使得检测区域结构复杂,加大了检测的难度。

(3)大面积:单条沉管隧道管节的底板待检测面积为6831m^2,顶板待检测面积(加中墙顶面)为7590m^2,仅单条管节的检测作业面积即有约14400m^2,32条沉管的总检测工作量可达约46万m^2,检测工作量巨大,检测任务艰巨。

(4)高效率:单条管节浇筑时间仅30d左右,且检测结果决定管节是否需要进行注浆补强,影响后续结构舾装、水箱安装等生产工序。为不影响管节施工工期,全部检测工作必须在管节浇筑完成之后尽快完成提交,检测效率要求高。

(5)高精度:钢壳与混凝土交界面若出现较大脱空缺陷,会降低钢壳混凝土组合结构的整体受力,影响整个工程的运行安全。为保证钢壳混凝土的浇筑质量,工程中要求检测出5mm以上高度的脱空缺陷,检测精度要求高。

(6)跨尺度:钢板与混凝土交界面的脱空高度一般为毫米级,混凝土结构尺寸为米级,钢壳混凝土脱空检测和数值模拟存在跨尺度问题。

1.5　本章小结

水下隧道工程的地质条件一般较为复杂,且要面对防水、抗渗和抗侵蚀等诸多问题,工程建设难度较陆地工程大。沉管法以其受地质条件限制小、适用性强、易推广等优点,在世界各国大型水下隧道工程建设中被广泛采用。随着钢-混凝土组合结构的应用和发展,钢-混凝土-钢(SCS)组合结构("三明治"结构)沉管开始在跨海隧道中应用。"三明治"结构沉管隧道兼顾了钢结构和混凝土结构的优点,是未来解决高水压、大跨度海底隧道工程的首选方案。

我国正在建设的世界级"桥、岛、隧、地下互通"集群工程——深中通道项目在海底隧道段采用了这种沉管结构形式。与目前同类工程相比,深中通道中的沉管隧道为世界上规模最大的"三明治"结构钢壳混凝土沉管隧道。深中通道沉管隧道建设面临钢壳结构复杂、构造复杂、自密实混凝土流态复杂等问题,如何保证自密实混凝土高性能、高浇筑质量以及高检测精度是工程亟待解决的技术难题。

现有的研究成果大多只能定性判别有无缺陷,对缺陷的种类和形状不能很好地分辨,更无法定量评估缺陷的脱空高度,同时检测效率也不能满足大型工程的需要。因此,本书基于足尺钢壳混凝土沉管模型进行原型试验,对冲击弹性波法在钢壳混凝土沉管隧道脱空检测中的应用进行研究,对波场信号进行频率、振幅特性分析,引入归一化冲击响应强度值作为评价缺陷严重程度的指标参数,建立了缺陷判别标准;并通过盲检试验验证其检测精度,然后通过有限元数值分析方法研究钢板厚度、检波器布置、浮浆层等因素对冲击弹性波法检测精度的影响;之后通过足尺模型开盖验证试验的数据,建立基于机器学习支持向量机(SVM)算法和决策树算法的脱空缺陷识别模型,综合考虑波形信号特征和结构因素,实现了对钢壳混凝土的毫米级脱空高度的定量评估。最后,根据实际工程中的检测资料,分析了缺陷的分布规律和影响因素。

沉管在制造的过程中,及时、准确地识别出产生脱空缺陷区域并进行缺陷位置的注浆补强,是确保工程质量的有效手段。"三明治"结构钢壳混凝土沉管隧道在我国为首次应用,常规检测方法的适用性较差,检测精度不高,无成熟技术和方法可借鉴。因此,如何快速、准确、大范围地检测"三明治"结构钢壳混凝土沉管的浇筑质量,为后续管节的注浆补强加固提供可靠的指导方案,是目前迫切需要研究的课题方向。

第 2 章 深中通道钢壳混凝土沉管隧道自密实混凝土流变特性、结构承载特性及脱空标准研究

钢-混凝土-钢(SCS)"三明治"结构采用自密实混凝土(SCC)填筑,浇筑过程无法振捣,此外,隔仓内部布设 T 肋、焊钉等连接构件,整个钢壳结构复杂。沉管隧道预制浇筑过程中,钢板与混凝土的结合面非常容易产生浇筑不密实等空洞缺陷,在严重脱空位置,缺陷深度甚至达数厘米。这些空洞的存在可能会显著影响混凝土和面板之间的黏结强度以及与结构的复合作用相关的机械性能。因此,深入理解 SCS 结构中自密实混凝土的流动特性和剪切连接件的阻力效应,以揭示 SCS 结构中空洞的形成和分布特点,并且提出解决现有或潜在问题的良好方案是必要的。

综上,本章针对自密实混凝土流变特性及脱空标准开展研究。选用两相流模型模拟自密实混凝土的流变行为,预测自密实混凝土的浇筑质量。将自密实混凝土视为宾汉(Bingham)流体,并采用 VOF(Volume of Fluid) 方法跟踪自密实混凝土与空气之间的自由界面,通过数值仿真分析钢壳混凝土结构脱空缺陷的产生及脱空区域的分布特性;针对隔仓结构及自密实混凝土浇筑特性开展敏感性分析,探讨不同隔仓结构形式及浇筑工艺对脱空区域分布的影响。并且,以清华大学土木工程安全与耐久教育部重点实验室进行的复合沉管隧道结构的承载力性能试验为依托,分析结构的承载特性,探究不同脱空高度对钢壳混凝土结构承载力的影响,提出钢壳混凝土结构脱空高度的最大限值。

2.1 自密实混凝土流变机理

已有研究表明,自密实混凝土的流变特性符合黏塑性流体的特点,流体存在一个屈服强度 τ_0,只有当剪切应力大于 τ_0 时,流体才发生流动,否则,流体不会发生变形也不会发生流动。因此,采用流体模型模拟自密实混凝土的宏观变形过程是符合客观实际的。

2.1.1 混凝土流变模型

流体模型将混凝土视为均匀的连续体,采用黏性不可压缩流体运动控制方程——纳维-斯托克斯(Navier-Stokes,简称 N-S)方程描述自密实混凝土的流动过程。在此基础上,国内外学者采用不同的本构模型和界面捕捉方法模拟自密实混凝土的流动过程。常用的黏塑性流体模

型主要有三种:Bingham 模型、Casson 模型和 Herschel-Bulkley 模型。其中,Bingham 模型是最简单也是最常见的黏塑性流体模型。宾汉流体模型通过屈服应力 τ_0、塑性黏度 μ 两个流变学参数来描述流体的剪切行为:

$$\begin{cases} \tau = G \cdot \gamma & \tau \leqslant \tau_0 \\ \tau = \tau_0 + \mu \cdot \dot{\gamma} & \tau > \tau_0 \end{cases} \tag{2-1}$$

式中,τ 为剪切应力;G 为流体弹性常数;γ 和 $\dot{\gamma}$ 分别为剪切变形和剪切速率。

2.1.2 VOF 方法理论框架及控制方程

采用流体模型计算自密实混凝土流动的过程中,另一个至关重要的问题是交界面的准确描述。在混凝土浇筑过程中,各相介质之间的强烈相互作用会使混凝土自由界面产生剧烈的变形,如翻转、破碎、合并等,使界面描述成为一个难点。当前常采用的描述界面的方法包括光滑粒子流体力学动力方法、VOF 方法和水平集(Level Set)方法。各类方法有其优越性,但也存在不同的缺陷。例如,光滑粒子流体力学动力方法不太适合模拟有大变形的界面运动,Level Set 方法在捕捉自由面方面更简单有效,但是在指示函数对流和初始化过程中会产生质量损失等。与 Level Set 方法相比,VOF 方法具有出色的质量守恒性,能够确保系统中每种流体的体积保持不变。因此,本章采用 VOF 方法捕捉自密实混凝土浇筑过程中自由界面的变化。

VOF 方法假设流体互不相溶,当某种流体被添加至计算域中,则引入该流体的体积分数作为新的变量(计算域中所有流体的体积分数之和为 1)。通过定义计算流体力学(CFD)单元中每种流体的体积分数,VOF 方法可以捕获不同流体间界面。以两相流为例(流体 A、流体 B),计算域中的任意 CFD 单元可能包含一种或两种流体,这取决于 CFD 单元中的流体体积分数(α_A 和 α_B),如图 2-1 所示。

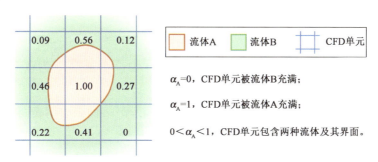

图 2-1 通过体积分数确定不同流体及其界面

在确定流体和界面所在的 CFD 单元后,需要在 CFD 单元中重建界面,即在每个单元中求出界面截面的近似。在 VOF 方法中,常用的两种界面重建方法是简单直线界面计算(Simple Line Interface Calculation,SLIC)方法和分段线性界面计算(Piecewise Linear Interface

Calculation，PLIC)方法。SLIC 方法是最简单的界面重建方法,通过体积分数和一系列平行于网络边界的线段来确定界面,如图 2-2a)所示;PLIC 方法相对精确,通过界面截面的体积分数和法向量确定界面,如图 2-2b)所示。本书采用 PLIC 方法确定混凝土-空气界面。

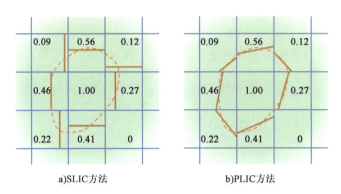

a)SLIC方法　　　　　　b)PLIC方法

图 2-2　SLIC 方法和 PLIC 方法重建界面

在 VOF 方法中,流体运动由质量守恒(连续性方程)和动量守恒(运动方程)控制。为了追踪流体间的界面,需求解流体的连续性方程。对于流体 A,连续性方程可写为:

$$\frac{1}{\rho_A}\left[\frac{\partial}{\partial t}(\alpha_A \rho_A) + \nabla \cdot (\alpha_A \rho_A v_A) = S_{\alpha_A} + \sum_{B=1}^{n}(\dot{m}_{BA} - \dot{m}_{AB})\right] \qquad (2\text{-}2)$$

式中,ρ_A、α_A、v_A 和 S_{α_A} 分别为流体 A 的密度、体积分数、速度和质量源项;$\dot{m}_{BA}$ 为流体 B 到流体 A 的质量转移;$\dot{m}_{AB}$ 为流体 A 到流体 B 的质量转移。

运动方程在整个计算域内求解,并且速度场在流体间共享。运动方程取决于所有流体的体积分数:

$$\begin{cases} \frac{\partial}{\partial t}\rho v + \nabla \cdot (\rho vv) = -\nabla p + \nabla \cdot [\mu(\nabla v + \nabla v^T)] + \rho g + F \\ \rho = \sum_{A=1}^{n} \alpha_A \rho_A \xrightarrow{\text{两相流}} \rho = \alpha_A \rho_A + (1-\alpha_A)\rho_B \\ \mu = \sum_{A=1}^{n} \alpha_A \mu_A \xrightarrow{\text{两相流}} \mu = \alpha_A \mu_A + (1-\alpha_A)\mu_B \end{cases} \qquad (2\text{-}3)$$

式中,ρ 为体积平均密度;μ 为体积平均黏度;p 为压力;v 为速度;g 为重力加速度;F 为与表面张力相关的源项。

其中,计算流体的表面张力采用连续表面力(CSF)模型,表面张力用表面的压力跳变来表示。依据散度定理,表面上的力可写为体积力:

$$F = \sum_{pairs\ AB,\ A<B} \sigma_{AB} \frac{\alpha_A \rho_A \kappa_B \nabla \alpha_B + \alpha_B \rho_B \kappa_A \nabla \alpha_A}{\frac{1}{2}(\rho_A + \rho_B)}$$

$$\xrightarrow[\kappa_A = -\kappa_B,\ \nabla \alpha_A = -\nabla \alpha_B]{\text{两相流}} F = \sigma_{AB} \frac{\rho \kappa_A \nabla \alpha_A}{\frac{1}{2}(\rho_A + \rho_B)} \qquad (2\text{-}4)$$

式中,σ_{AB} 为流体 A 与流体 B 之间的表面张力;ρ_A、ρ_B 为流体 A 与流体 B 的密度;κ_A、κ_B 为流体 A 与流体 B 的单位法线散度定义的曲率。

2.2 方法验证与参数校核

采用 50% 流变仪方法初步估算自密实混凝土的屈服应力。自密实混凝土的屈服应力与最终扩展半径间的关系由式(2-5)给出:

$$\tau_0 = \frac{225\rho g \Omega^2}{128\pi^2 R^5} \tag{2-5}$$

式中,τ_0、ρ、g、Ω、R 分别为混凝土的屈服应力、密度、重力加速度、体积和最终扩展半径。

结合深中通道工程中用于浇筑钢制隔仓的自密实混凝土的试验参数(表2-1),计算参数分别取值:$\rho = 2300 \sim 2350 \text{kg/m}^3$,$g = 9.81 \text{m/s}^2$,$\Omega = 0.00175\pi \text{m}^3$,$R = 0.305 \sim 0.350\text{m}$,由此初步估算混凝土屈服应力取值范围为 $23.13 \sim 47.02\text{Pa}$。

深中通道自密实混凝土试验材料参数 表 2-1

参　　数	指标要求	出机数据	60min 数据	80min 数据
密度(kg/m^3)	2300~2350	2390	2390	2380
坍落扩展度(mm)	650±50	700	650	610
L 形仪 H_2/H_1	≥0.8	0.92	0.85	0.79

2.2.1 坍落扩展度试验

坍落扩展度试验是评价自密实混凝土流变性能的传统试验方法,也是检验混凝土和易性是否满足要求的主要手段。因此,采用坍落扩展度试验来验证 CFD 模型的有效性,并对参数进行初步标定。

在坍落扩展度试验中,将混凝土一次性填入坍落度筒并抹平表面,整个过程无振捣及压实。而后,在 5s 内垂直提升坍落度筒,令混凝土自由流动,直至达到稳定状态。在数值模拟中,首先在坍落度筒模型中生成自密实混凝土流体模型,然后删除坍落度筒模型并使自密实混凝土模型在自重作用下扩散,在自密实混凝土模型流速基本保持不变时,测量自密实混凝土模型的最终扩展直径,并与试验结果进行对比,如图 2-3 所示。自密实混凝土模型的最终扩展形状与试验中自密实混凝土的扩展形状基本一致,数值模拟的最终扩展直径与试验直径分别为647.2mm 和 650.0mm,误差为 0.4%,表明数值计算结果精度符合要求,计算参数能够表征深中通道自密实混凝土的流变特性。

2.2.2 L 形箱试验

自密实混凝土的流通性可通过 L 形箱试验进行评估。本小节采用与 2.2.1 节相同的自密实混凝土及自密实混凝土模型进行试验和数值模拟,以进一步论证方法的准确性和参数的正确性。

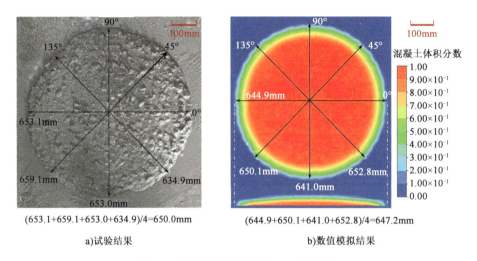

a)试验结果　　　　　　　　　　b)数值模拟结果

图 2-3　坍落扩展度试验及其 CFD 模拟结果

在 L 形箱试验中,首先在垂直通道中浇筑自密实混凝土,浇筑完成后垂直提升滑门,自密实混凝土通过钢筋并进入水平通道。在数值模拟中,首先在 L 形箱模型的垂直通道中填充自密实混凝土模型,计算开始后,自密实混凝土模型沿水平通道流动,直至速度基本保持不变。

基于 L 形箱试验及其数值模拟结果,对比自密实混凝土在不同位置处的流动情况,如图 2-4 所示。对比结果表明,自密实混凝土模型的流动距离及自由液面线与真实自密实混凝土的流动表现基本相同,自密实混凝土模型在流动结束时的 H_2/H_1 值为 0.83,与试验值 0.8 一致。以上对比结果说明,本节采用的自密实混凝土模型能够较准确地模拟真实自密实混凝土的流变行为,进一步证明了参数的准确性和 VOF 方法的适用性。

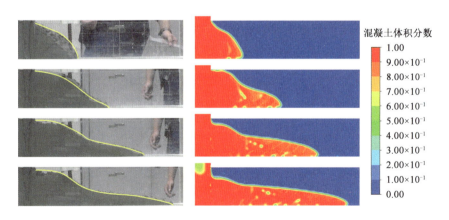

图 2-4　L 形箱试验及其 CFD 模拟结果

综上所述,本节数值模拟中自密实混凝土的计算参数见表 2-2。

CFD 模拟中自密实混凝土的计算参数　　　　表 2-2

参　　数	数　　值	单　　位
密度	2400	kg/m³
屈服应力	35	Pa
黏度	20	Pa·s

2.2.3 现场检测试验

为了初步判断脱空缺陷位置,验证数值模拟结果的合理性,采用冲击弹性波法对标准隔仓内脱空缺陷的位置和高度进行检测。

标准隔仓的脱空缺陷探测结果如图 2-5a)所示,自密实混凝土整体浇筑质量较好,脱空严重的位置主要集中在浇筑孔周围、T 肋和区域 3 两端靠近隔仓侧壁处。同时,模拟了标准隔仓中自密实混凝土的浇筑过程,浇筑完成时混凝土浆液的分布情况如图 2-5b)所示。模拟结果表明,浇筑孔附近的混凝土体积分数变化显著,在 T 肋附近、区域 2 和区域 4 中部,以及区域 3 两端的混凝土体积分数明显低于周围区域。将试验结果与数值模拟结果进行对比,可以发现数值模拟结果与试验结果规律基本一致,数值模拟结果能够更准确、全面地反映自密实混凝土的流动行为和脱空缺陷的分布情况。

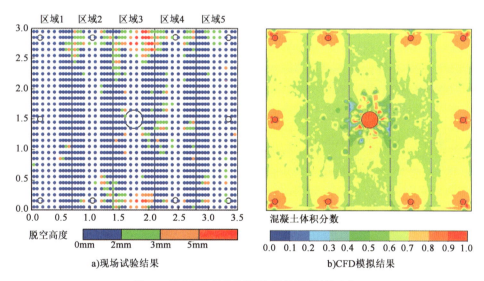

图 2-5 脱空缺陷的现场检测与数值模拟结果对比

2.3 有限元模型与模拟方案

2.3.1 隔仓有限元模型

以深中通道的设计资料为基础,建立隔仓的数值模型。以标准隔仓为例,其几何尺寸及数值模型如图 2-6a)所示。为便于对比分析,根据 T 肋的位置,将隔仓内分为五部分,如图 2-6a)

所示。标准隔仓采用 1129824 个单元进行空间离散,单元尺寸为 1.3~102.55mm。CFD 模型网格划分及边界条件如图 2-6b)所示。

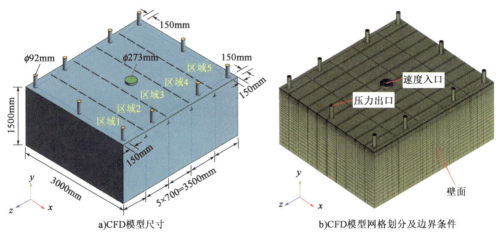

图 2-6 标准隔仓的数值模型

2.3.2 浇筑模拟方案拟定

现场试验与检测结果表明,隔仓内连通孔间距、排气孔数量和位置以及自密实混凝土的浇筑速度、混凝土爬升高度等对自密实混凝土的流变行为有较大影响。为揭示自密实混凝土脱空区域的分布规律,进一步讨论隔仓结构及自密实混凝土浇筑工艺对混凝土流动过程的影响,对不同连通孔、排气孔等设计方案及不同浇筑速度、排气孔内自密实混凝土浆液爬升高度方案进行模拟。模拟方案如下。

方案一:考虑不同连通孔间距。模型 A、模型 B 的几何构造如图 2-7 所示,模型 A 与模型 B 的连通孔间距分别为 300mm、500mm。

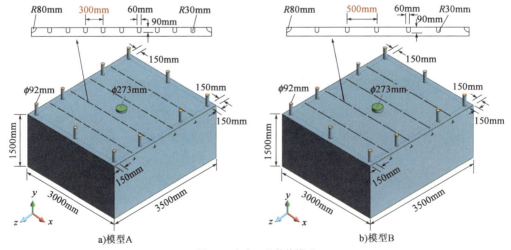

图 2-7 方案一的数值模型

方案二:考虑不同排气孔数量。选用三种模型进行计算论证,各模型的几何尺寸如图 2-8

所示。模型 C、模型 D、模型 A 的排气孔数分别为 4 个、8 个、10 个。

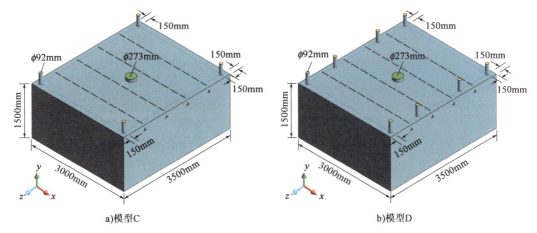

图 2-8 方案二的数值模型

方案三:考虑不同的排气孔位置。拟定五种排气孔布置方案,共建立四种数值模型,模型的几何尺寸及排气孔布置如图 2-9 所示。

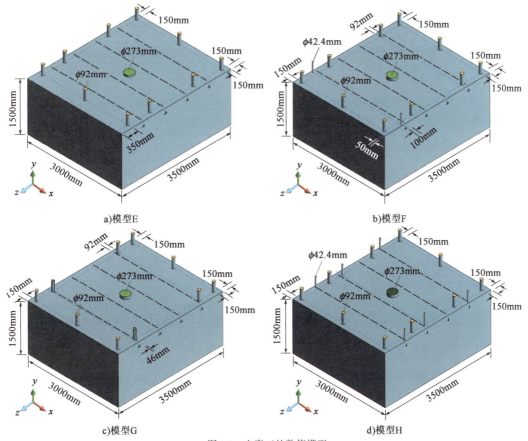

图 2-9 方案三的数值模型

方案四:考虑不同浇筑速度。以标准隔仓(模型 A)为基础,对比 $15m^3/h$(工况 A)、

20m³/h(工况 B)、40m³/h(工况 C)混凝土浇筑速度对浇筑质量和脱空缺陷分布的影响。

方案五：排气孔中的混凝土上升高度。在隔仓的混凝土浇筑过程中，往往以排气孔内混凝土上升高度来判断浇筑的完成程度。因此，比较了不同混凝土上升高度对浇筑质量的影响，设置的混凝土上升高度分别为300mm(工况 B)、500mm(工况 D)和1000mm(工况 E)。

2.4 钢壳混凝土脱空区域分布特性与影响因素数值模拟研究

本节分析了不同模拟方案的自密实混凝土流变行为，探讨了不同模拟方案下脱空区域的分布特性。首先，讨论了隔仓结构设计对"三明治"结构混凝土浇筑质量的影响；随后，针对自密实混凝土浇筑工艺展开研究，进行数值仿真。本节选定监测点记录隔仓内流体的流速变化过程，监测点坐标为(750,875,1495)(单位为 mm)。为统一计量，本节将混凝土体积分数小于0.45 的区域定义为脱空缺陷。以此为标准，分别计算分析混凝土深度为 1mm、2mm、3mm 和 5mm 时自密实混凝土脱空区域的分布情况。

2.4.1 连通孔间距影响分析

本小节研究了连通孔间距对自密实混凝土浇筑和充填质量的影响。结果表明，两个模型中自密实混凝土流变行为和脱空缺陷分布特征基本一致：随着自密实混凝土的不断注入，隔仓内混凝土的自由液面逐渐升高，空气在混凝土浆液的作用下扰动、激发，并通过 T 肋处的连通孔聚集至排气孔位置，形成排气通道，最终通过排气孔排出隔仓。在此过程中，部分空气受剪切连接件的阻挡，在连通孔与排气孔附近聚集，形成脱空区域。

图 2-10 为监测点速度曲线和不同连通孔间距隔仓内的流线图。从图中可以看出，在自由液面高度达到 1.498m 之前($t = 12s$)，随着液面抬升，隔仓内气压逐渐增大，监测点流速迅速增加。随后，当自由液面没过监测点时，流态逐渐趋于平缓，监测点流速逐渐减小直至稳定。模型 A 和模型 B 中监测点的峰值速度分别为 0.52m/s 和 0.48m/s。与模型 B 相比，由于模型 A 连通孔间距小，提高了仓内空气的流动性，因此更有利于空气的排出和混凝土的填充。

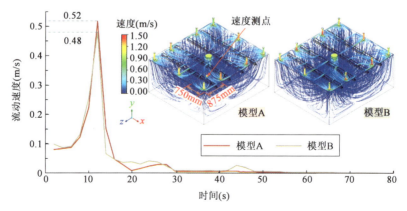

图 2-10 不同连通孔间距时隔仓内流速变化

图 2-11 展示了不同连通孔间距时隔仓内脱空区域的面积占比。结果表明,模型 A 和模型 B 的脱空区域分别集中在深度 1mm 和 2mm 以内。混凝土界面深度由 1mm 增加至 2mm 时,模型 A 的脱空面积占比减少了 76.23%,在深度 3mm 和 5mm 处的脱空面积占比仅为 0.84%、0.43%,可认为在 3~5mm 范围内几乎无脱空缺陷。相比于模型 A,模型 B 的连通孔数量较模型 A 少,其内部的空气流通性和混凝土的扩散程度均较差,显著加剧了模型 B 在 T 肋及区域 3 边壁附近的脱空。模型 B 的脱空面积占比在深度为 2mm 处仍保持在 66.89%,在深度 3mm 和 5mm 处的脱空面积占比分别为 3.59% 和 2.19%,虽然脱空面积保持在较低范围内,但仍明显高于模型 A 的脱空面积。由此说明,减小连通孔的间距能够显著减少隔仓内空气的积聚,抑制了脱空区域沿深度方向上的扩展。此外,与模型 B 相比,模型 A 中不同部位的流动性均得到了提高,特别是 T 肋附近,随着连通孔间距的减少,T 肋两侧的空气占比显著降低,提高了混凝土的浇筑质量。

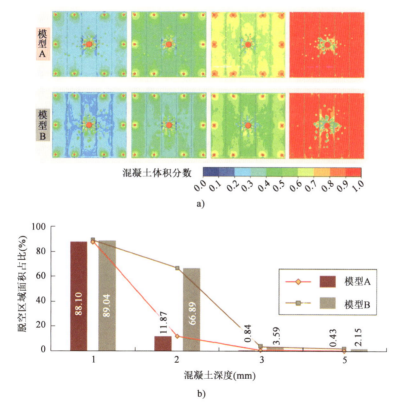

图 2-11 不同连通孔间距时隔仓内脱空缺陷分布

综上所述,模型 A 采用较密的连通孔布置方式,其内部流体的流速高于模型 B 中流体的流速,有利于隔仓内气体的流通及排出,脱空区域较小。因此,连通孔间距为 300mm 的设计方案优于 500mm 的设计方案。

2.4.2 排气孔数量影响分析

本小节分析了排气孔数量对自密实混凝土浇筑和填充质量的影响。各模型中监测点速度曲线如图 2-12 所示。结果表明,随着排气孔数量的增加,监测点的速度也随之增加。值得注意的是,模型 C 中流体的速度远低于模型 A 和模型 D,速度峰值的出现时刻也相对滞后,表明 4 个排气孔的隔仓设计存在明显的设计缺陷,隔仓内气体的流通性较差,导致较多的气体停滞在没有排气孔设置的部位,产生脱空。

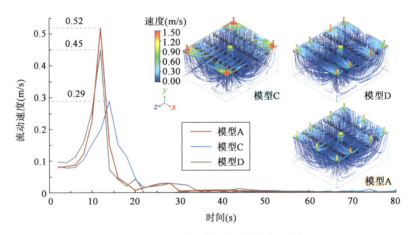

图 2-12　不同排气孔数量时隔仓内流速变化

图 2-13 展示了不同排气孔数量的隔仓内部脱空区域的面积占比。计算结果表明,模型 A 和模型 D 中,只有少量的孔隙区分布在 T 型肋附近和隔仓侧壁附近,而模型 C 中自密实混凝土的填充相对较差,区域 2~4 内产生较为严重的脱空缺陷。相比于标准隔仓(模型 A),模型 D 未考虑区域 1 和区域 5 中部的排气孔,这两部分远离浇筑孔,其内部流体所受外力驱动较小,同时越靠近边壁,流体速度越小,故不考虑区域 1 和区域 5 中部的排气孔时,其边壁附近会产生气体的聚集现象,降低了区域 1 和区域 5 中空气的排出效率,容易导致混凝土与隔仓侧壁间产生脱空缺陷。模型 D 的脱空区域主要集中在 1mm 深度内,在 2mm 深度处的脱空面积占比已减小至 12.07%,在 3mm 和 5mm 深度处的脱空面积占比则分别为 1.83% 和 1.34%,较模型 A 脱空面积略大。模型 C 仅在隔仓四角设置排气孔,隔仓内空气的流通及混凝土的填充效率明显降低,导致区域 2~4 内产生大面积的集中脱空区域。模型 C 的脱空区域主要集中在 2mm 深度范围内,在 2mm 深度处的脱空面积占比高达 76.61%,在 3mm 和 5mm 深度处的脱空面积占比则分别为 2.59% 和 1.51%,较模型 D 脱空面积略大。与模型 C 和模型 D 相比,模型 A 中设置 10 个排气孔,且在区域 1 和区域 5 中部增设了一个排气孔,因此,模型 A 的排气效率和混凝土浇筑质量最优。

对比结果可知,排气孔数量越多,流体在隔仓内流动越快,更有利于空气的排出和混凝土的浇筑,脱空缺陷及其面积也随之减少。因此,排气孔数量的最优值为 10 个。

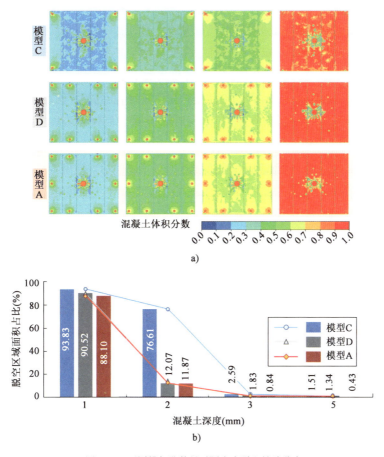

图 2-13 不同排气孔数量时隔仓内脱空缺陷分布

2.4.3 排气孔位置影响分析

本小节比较了不同排气孔位置对自密实混凝土浇筑和充填质量的影响。图 2-14 给出了监测点的速度曲线以及不同排气孔位置条件下隔仓内的流线图。从结果看,各模型的峰值速度差异并不显著,且峰值速度几乎出现在同一时刻。因此,各模型中的流体均表现出良好的流动性。但是,模型 G 的速度略小于其他模型的速度,主要原因在于结构设计不合理导致隔仓内有效排气通道减少。

不同排气孔位置条件下隔仓内脱空区域的面积百分比如图 2-15 所示。值得注意的是,此工况下各模型的脱空面积均较小,脱空高度均保持在 1mm 以内,但排气孔的移动和增加影响了排气孔所在部分的混凝土流动特性。在模型 E 中,为了改善 T 肋附近的脱空情况,将区域 1 中的排气孔移动至区域 1 中间位置,但结果表明,此举对 T 肋周围的脱空缺陷并无明显改善,甚至会加剧自密实混凝土与隔仓侧壁处的脱空问题。在模型 G 左侧,将区域 2 中的排气孔移动至 T 肋顶部,使区域 2 的排气效率下降,导致在区域 2 和区域 3 中混凝土体积分数降低,且 T 肋周围的脱空问题也更加严重。在模型 G 右侧,原本区域 4 中的排气孔被移动至区域 5 中,区域 3 和区域 4 中的空气仅通过连通孔,由区域 5 中的排气孔排出,削弱了区域 3 和区域 4 内部空气的流动性,从而导致严重脱空区域的产生。在模型 F 左侧，在区域 1 中加设两个小排气孔，改善了区域 5 内部空气的流通性，因此模型 F 左侧的混凝土含量有所上升，脱空区域及面积也略有下降，但改善效果并不明显。在模型 F 右侧，区域 4 中的排气孔被移动至 T 肋处，区域 3 中无排气孔，且排气孔移位后距离区域 3 更远，导致区域 3 内部空气的排出效率下降，因此区域 3 和区域 4 中的脱空缺陷较标准隔仓严重。在模型 H 中，两侧 T 肋处补充了排气孔，同时在区域 3 厚钢板处补充小排气孔辅助排气，结果表明，在标准隔仓(模型 A)的基础上，针对其气体聚集的区域增设小排气孔，能够显著改善 T 肋两侧的浇筑质量，各层自密实混凝土的浇筑质量均有所提升。依据计算结果，5 个模型中自密实混凝土的脱空区域面积由大到小依次为模型 G、模型 F、模型 E、模型 A、模型 H。因此，在 10 个排气孔的设计方案中，模型 H 的自密实混凝土浇筑填充效果最好。

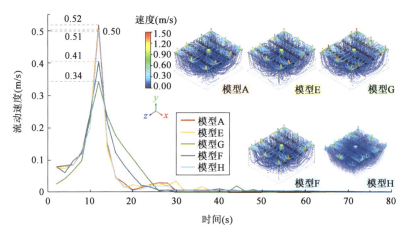

图 2-14　不同排气孔位置时隔仓内流速变化

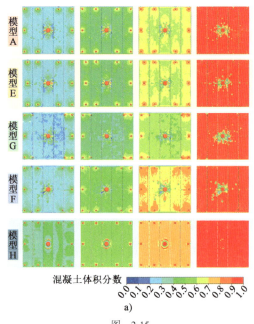

图　2-15

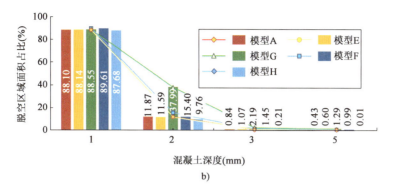

b)

图 2-15 不同排气孔位置时隔仓内脱空缺陷分布

综上所述,排气孔位置对自密实混凝土浇筑填充的影响集中体现在排气孔所在部位。在不同排气孔设计方案(均为 10 个排气孔)中,模型 A 中排气孔的流体流通性好,脱空区域最小。因此,模型 H(标准隔仓)的排气孔位置设计是最合理的。

2.4.4 浇筑速度研究

在隔仓结构设计研究的基础上,本小节讨论了浇筑速度对自密实混凝土脱空缺陷的影响,并采用标准模型进行对比研究。图 2-16 为模型 A 中不同浇筑速度下监测点速度曲线。浇筑速度的快慢直接影响着隔仓内流体的流动。浇筑速度越大,隔仓内流体速度越快,流动达到稳定状态的速度越快。工况 A、工况 B、工况 C 的监测点峰值速度分别为 0.27m/s、0.52m/s、1.06m/s,达到稳定状态所需时间分别约为 40s、20s、10s。

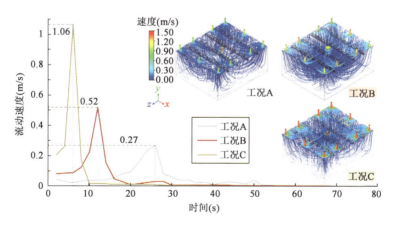

图 2-16 模型 A 中不同浇筑速度下隔仓内流速变化

不同浇筑速度下模型 A 的脱空面积占比如图 2-17 所示。结果表明,工况 A 和工况 B 的脱空区域集中在深度 1mm 范围内,而工况 C 的脱空区域则分布在深度 2mm 以内。工况 A 的浇筑速度最小,单位时间内混凝土上升高度最小,隔仓内的空气容易排出,自密实混凝土也有充足的时间能够自流平,因此,工况 A 中的脱空缺陷及其面积均最小,且脱空区域仅集中在浇筑孔附近，混凝土浇筑质量较高。工况C维持原有浇筑速度（40m³/h）不变，混凝土液面迅速上升，隔仓内空气流通性较差，且容易导致自密实混凝土的阻滞问题，因此，工况C中的脱空缺陷最为明显，主要集中于区域2~4中。在2mm深度处，工况C的脱空面积占比达到34.71%，明显高于工况A（10.36%）和工况B（11.87%）。因此，浇筑速度的降低有利于自密实混凝土浇筑的稳定性和平滑性，设置浇筑速度为15m³/h是最合理的。

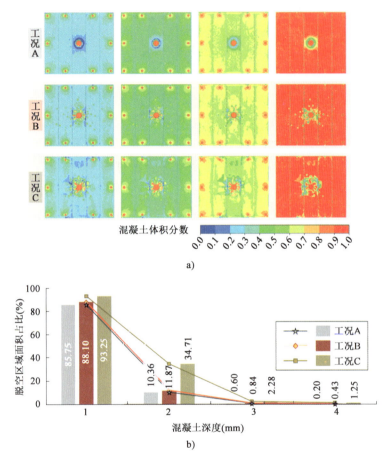

图2-17 模型A中不同浇筑速度下隔仓内脱空缺陷分布

综上，尽管混凝土浇筑速度升高有助于提高隔仓内流体的流动速度，但同时也会导致隔仓内混凝土液面上升速度过快，自密实混凝土的自流平效率降低，并引发混凝土堆积阻滞等问题，致使脱空缺陷加剧，浇筑质量下降。因此，混凝土浇筑速度设置为15m³/h最为合理。

2.4.5 排气孔内混凝土液面上升高度研究

本小节比较了排气孔内混凝土液面不同上升高度对自密实混凝土孔洞缺陷的影响。图2-18为监测点在不同混凝土液面上升高度下的速度曲线及模型A流线图。在80s、89s和117.5s时，排气孔内混凝土液面上升高度分别达到300mm、500mm和1000mm。三种工况在隔仓内均处于稳定流动阶段，流速保持在一个小范围内，流线图基本相同。

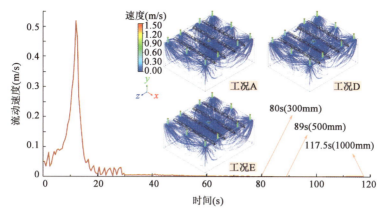

图 2-18 模型 A 中不同混凝土液面上升高度下隔仓内流速变化

图 2-19 为排气孔混凝土液面上升高度与模型 A 空隙面积百分比的相关关系。从统计结果可以看出,工况 B 的自密实混凝土空隙面积百分比最大,工况 E 的最小。三种条件下自密实混凝土的孔洞缺陷及其面积差异不大,主要集中在 1mm 深度范围内。因此,排气孔内混凝土液面上升高度对混凝土的脱空缺陷影响不大,以 300mm 的混凝土液面上升高度作为浇筑完成的评价标准是合理的。

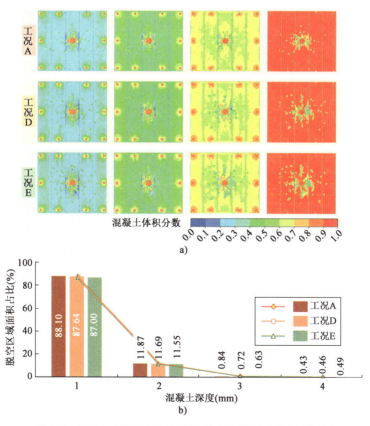

图 2-19 模型 A 中不同混凝土液面上升高度下隔仓内脱空缺陷分布

由以上分析可知,不同工况下的流动均处于非常低速的稳定阶段,不同深度的空隙面积差异不显著。因此,排气孔内混凝土液面上升高度对空隙缺陷分布影响不大,300mm 的混凝土液面上升高度即可满足要求。

2.5 工艺孔合理性浇筑试验验证

采用与工程相同的施工方法,对钢壳试验模型进行浇筑试验,模拟实际钢壳管节的施工情况。结合流态模拟结果,论证排气孔数量及布置方式、T肋流通孔间距等对混凝土浇筑质量的影响,以及混凝土浇筑速度、下料方式等浇筑工艺的合理性。

试验分三组进行,其中试验一与试验二主要验证T肋流通孔间距为300mm、排气孔数量为8个时对浇筑质量的影响,试验三验证排气孔移至T肋两侧、T肋上及增加Ⅱ类排气孔布置下的浇筑效果。各组试验设置具体如下所述。

2.5.1 第一次模型隔仓浇筑试验

模型大小为3500mm×3000mm×920mm(长×宽×高),顶板厚14mm,共设置8个排气孔,排气孔分布如图2-20所示,T肋流通孔间距为500mm。排气管尺寸为$\phi 100mm \times 500mm$,下料管尺寸为$\phi 273mm \times 1000mm$,排气管与下料管套在预留孔上。图2-21为试验一浇筑完成后排气管冒浆情况。

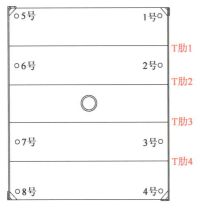

图2-20 模型隔仓工艺孔布置及编号

图2-21 试验一浇筑完成后排气管冒浆情况

2.5.2 第二次模型隔仓浇筑试验

模型大小为3500mm×3000mm×920mm(长×宽×高),顶板厚14mm,共设置8个排气孔,排气孔分布如图2-22所示,T肋流通孔间距为300mm。排气管尺寸为$\phi 100mm \times 800mm$,下料管尺寸为$\phi 273mm \times 1150mm$,排气管与下料管套在预留孔上。图2-23为试验二浇筑完成后排气管冒浆情况。

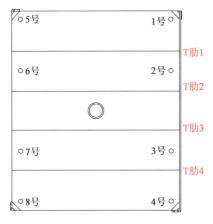

图 2-22　模型隔仓工艺孔布置及编号　　　图 2-23　试验二浇筑完成后排气管冒浆情况

2.5.3　第三次模型隔仓浇筑试验

模型大小为 3500mm×3000mm×920mm（长×宽×高），顶板厚 14mm，共设置 10 个排气孔，排气孔分布如图 2-24 所示，T 肋开孔间距为 300mm。排气管大小为 $\phi100$mm×600mm，下料管大小为 $\phi273$mm×1150mm，排气管与下料管直接套在预留孔上。图 2-25 为试验三浇筑完成后排气管冒浆情况。

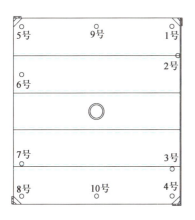

图 2-24　模型隔仓工艺孔布置及编号　　　图 2-25　试验三浇筑完成后排气管冒浆情况

综合试验及流变学仿真分析结果，隔仓工艺孔及浇筑工艺参数研究结论如下：

（1）标准隔仓应设置 1 个浇筑孔和 10 个排气孔，远端 T 肋位置增设 3 个直径为 30mm 排气孔布置更有利于消除缺陷。

（2）隔仓面板如采用厚薄板拼接，拼接处应增设 2~3 个直径为 30mm 的排气孔，可有效控制浇筑缺陷。

（3）纵向 T 肋应设置流通孔，T 肋可连续焊接，流通孔处焊缝留高 2mm 以内不影响浇筑质量，流通孔合理间距为 300mm。

(4)隔仓自密实混凝土前期浇筑速度不宜超过30m³/h,混凝土液面距顶板20cm时浇筑速度在15m³/h内。

(5)自密实混凝土浇筑起始下落高度不应大于1000mm,浇筑过程中,下料门距混凝土液面不超过500mm。

(6)浇筑过程中提管速度与混凝土液面上升速度匹配,管末端距离混凝土液面高度始终不应大于50mm。

(7)所有排气管内混凝土液面均达到30cm时可结束浇筑。

2.6 钢壳混凝土沉管隧道结构承载特性与脱空高度检测标准研究

2.6.1 钢壳混凝土组合结构抗剪性能试验研究

沉管隧道构件节点处的剪力较大,本小节通过梁式试验,研究剪跨比、混凝土宽度、纵横隔板布置形式等参数对钢壳混凝土组合结构抗剪性能的影响。

2.6.1.1 试验设计

"三明治"结构组合梁的抗剪承载力主要由横隔板(作为竖向腹板)和混凝土两部分提供,其中钢板部分的抗剪研究已较为成熟;混凝土部分的抗剪承载力比较复杂,纵横隔板间距、厚度、是否设置抗剪连接件对此都有重要的影响,需要着重研究混凝土部分的抗剪性能,提出相关设计方法。

拟采用三点弯曲试验,缩尺比1:2,试件共17个,如图2-26所示。试件高度均为800mm,混凝土强度等级为C50,采用Q345钢材。试验极限承载力估算为2000～11000kN,试验占地尺寸为30000mm×6000mm×800mm。

2.6.1.2 材料性能

抗剪构件与抗弯构件采取同一批钢材。抗剪构件混凝土材料性能试验结果见表2-3,构件两侧的混凝土在3d内分两次浇筑,浇筑时制作150mm×150mm×150mm标准试块,轴心抗压强度按0.76倍试块抗压强度考虑。第一批浇筑混凝土J1～J6的轴心抗压强度约为36.9MPa,第二批浇筑混凝土J7～J14、J16、J17的轴心抗压强度约为19.3MPa。

抗剪构件混凝土材料性能试验结果 表2-3

试块名称	浇筑时间	试验时间	龄期(d)	试验荷载(kN)				轴心抗压强度(MPa)
				1	2	3	平均	
J1～J6 背面	5月5日	6月23日	49	1096	1056	1056	1069	36.1
J1～J6 正面	5月7日	6月23日	51	1044	1256	1036	1112	37.6
J7～J14、J16、J17 背面	7月2日	7月25日	23	540	572	588	567	19.1
J7～J14、J16、J17 正面	7月5日	7月25日	20	612	616	500	576	19.5

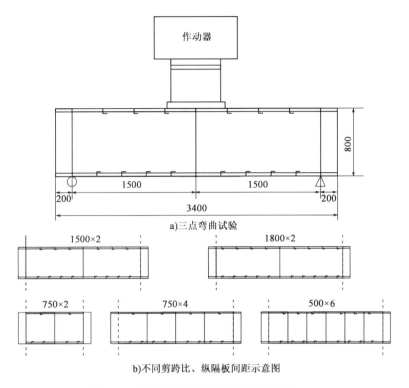

a) 三点弯曲试验

b) 不同剪跨比、纵隔板间距示意图

图 2-26 抗剪性能试验试件示意图(尺寸单位：mm)

2.6.1.3 测点布置及数据采集

抗剪构件测点布置及数据采集如图 2-27 所示,上下翼缘沿构件轴向与横向均布置应变片,以考虑可能存在的应力集中与剪力滞后；腹板沿构件高度方向布置 5 个应变花,同时两个角部布置 2 个应变花,以考察整个横隔板上剪应力的分布；构件底部布置 4 个位移计。

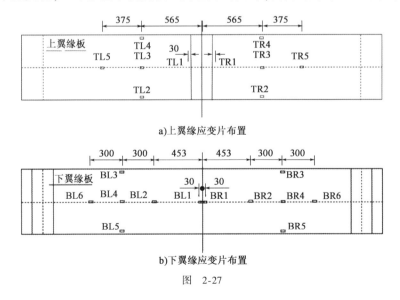

a) 上翼缘应变片布置

b) 下翼缘应变片布置

图 2-27

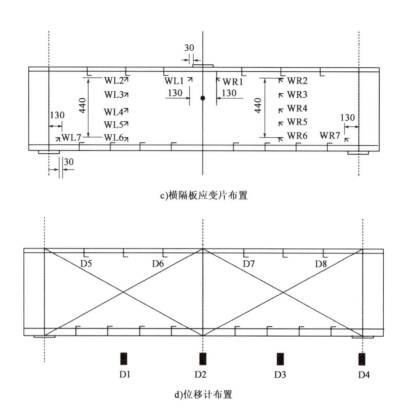

图 2-27 抗剪试验测点布置(尺寸单位:mm)

注:1. 图中 TL1~TL5、TR1~TR5、BL1~BL6、BR1~BL6、WL1~WL7、WR1~WR7 代表应变片编号,其中"L"为左,"R"为右,"T"为上,"B"为下,"W"为横隔板。
2. D1~D8 为挠度测点编号。

2.6.1.4 主要试验现象

抗剪构件 J1~J6、J7~J14、J16、J17 的极限荷载与最终破坏状态情况见表 2-4。以 J3 为例描述加载过程中的主要现象。100~200kN 时,有界面剥离的响声,角钢连接件开始发挥作用;300kN 时,N 侧下角有响声,由此处支座的滑动引起;100~300kN 时,由于初始收缩裂缝的闭合,结构刚度有微小的增大趋势;800kN 左右时,在跨中附近出现初始的斜裂缝并随后不断发展,此时之前已有初始收缩裂缝的地方也按斜裂缝的模式继续发展,由初始裂缝发展而来的最大斜裂缝宽度达到 0.4mm;1400kN 左右时,最大斜裂缝宽度达到 0.7mm;2200kN 左右时,斜裂缝开始沿构件高度方向连通,最大斜裂缝宽度达到 1.0mm;4000kN 左右时,最大斜裂缝宽度达到 1.4mm,构件内部有响声,可能是由于内部混凝土断裂引起;4000~6000kN 时,各处裂缝不断发展;7000kN 时,有混凝土压碎声,外侧混凝土剥落;位移加载至 50mm 时,结构连接件处裂缝连通出现滑移,部分混凝土挤出,结构抗剪承载力达到极限而开始下降;位移加载至 55mm 时,有巨响,可能是内部混凝土破坏。

抗剪构件极限荷载与最终破坏状态 表2-4

构件编号	极限荷载状态	最终破坏状态
J1		
J2		
J3		
J4		

续上表

构件编号	极限荷载状态	最终破坏状态
J5		
J6		
J7		
J8		

续上表

构件编号	极限荷载状态	最终破坏状态
J9		
J10		
J11		
J12		

续上表

构件编号	极限荷载状态	最终破坏状态
J13		
J14		
J16		
J17		

除 J1、J2 外，所有抗剪构件均出现与 J3 类似的裂缝发展模式。与 J3 不同，J1 出现了弯曲裂缝的发展模式，J2 出现了弯剪耦合的裂缝发展模式。通过试验的应变数据也观察到 J1、J2 的上下翼缘首先屈服。

与裂缝发展模式相对应，J1 最终出现了上翼缘混凝土正向压溃的受弯破坏模式；J2 出现了较为复杂的弯剪耦合破坏模式；J3～J8、J11、J14、J16、J17 出现了较为典型的以混凝土斜向压溃为代表的受剪斜压破坏模式；J9、J10、J12、J13 由于混凝土较窄且强度较小，出现了图 2-28 所示的局部压溃的破坏模式，其承载力低于受剪斜压破坏。

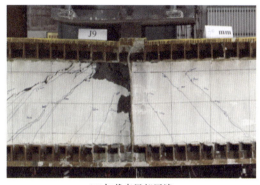 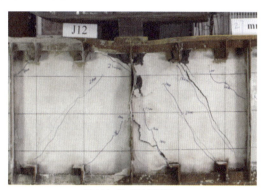

a) J9 加载点局部压溃　　　　　　　　　b) J12 加载点局部压溃

图 2-28　局部压溃工况图

图 2-29 展示了 J3、J4 内部钢板的屈服情况，出现多波形屈曲，承载力达到极限。

a) J3 横隔板屈曲　　　　　　　　　　b) J4 横隔板屈曲

图 2-29　抗剪构件 J3、J4 内部情况

两批次 17 个试件抗剪试验参数见表 2-5。

2.6.1.5　试验结果分析

抗剪构件的荷载-位移曲线如图 2-30、图 2-31 所示。各个构件的极限荷载见表 2-6。通过试验观察和应变数据分析，构件 J1 上下翼缘钢板首先达到屈服，其裂缝开展也主要呈弯曲裂缝模式，构件 J2 同样也是上下翼缘先达到屈服，但相比于 J1，J2 腹板更快达到屈服，因此 J2 的裂缝模式介于典型的弯曲裂缝与剪切裂缝之间。J1、J2 为较为复杂的弯剪耦合破坏，其中 J1 弯曲控制为主，J2 剪切控制为主。与此同时，J3～J8、J11、J14、J16、J17 出现了较为典型的以混凝土斜向压溃为代表的受剪斜压破坏模式；J9、J10、J12、J13 由于混凝土较窄且强度较小，出现局部压溃的破坏模式，其承载力低于受剪斜压破坏，但试验结果表明降低程度不大。

组合结构抗剪试验参数一览表 表2-5

抗剪试验	序号	变化参数	区格长度(mm)	构件长度(mm)	构件宽度(mm)	上翼缘厚(mm)	下翼缘厚(mm)	横隔板厚(mm)	纵隔板厚(mm)	纵肋尺寸(mm×mm×mm)	抗剪连接程度	纵肋间距(上)(mm)	纵肋间距(下)(mm)	混凝土宽度(mm)	纵隔板间距(mm)	预估中点受弯加载破坏荷载(kN)	预估中点受剪加载破坏荷载(kN)(中国公式)	预估中点受剪加载破坏荷载(kN)(日本公式)
第一批	J1	基本试件1	1500	3000	600	6	10	10	6	180×50×6	3.37	375	300	600	1500	3773	10799.6	6713
	J2	基本试件2	1500	3000	400	24	24	10	6	180×50×10	1.36	300	300	400	1500	5772.2	7977.2	4468.8
	J3	基本试件3	1500	3000	400	40	40	10	6	180×50×10	1.02	100	100	400	1500	8712.2	7634.2	4468.8
	J4	混凝土宽度	1500	3000	400	24	24	10	6	180×50×10	1.13	300	300	200	1500	5909.4	5586	2234.4
	J5	混凝土宽度	1500	3000	400	24	24	10	6	180×50×10	1.02	300	300	100	1500	6027	4390.4	1117.2
	J6	纵肋间距	1500	3000	400	24	24	10	6	180×50×10	1.30	100	100	200	1500	5909.4	5586	2234.4
	J7	纵肋间距	1500	3000	400	24	24	10	6	180×50×10	1.23	150	150	200	1500	5909.4	5586	2234.4
	J8	横隔板间距	1500	3000	400	24	24	6	6	180×50×10	0.94	100	100	200	1500	5605.6	4312	2234.4
	J9	横隔板厚度	1500	3600	400	30	30	12	6	180×50×10	1.18	100	100	200	1500	7242.2	6125	2234.4
	J10	剪跨比	1800	3000	400	24	24	10	6	180×50×10	1.22	300	300	100	1800	5027.4	4390.4	1117.2
	J11	剪跨比	750	1500	400	24	24	10	6	180×50×10	0.65	100	100	200	750	11818.8	5586	2234.4
第二批	J12	纵隔板间距	1500	3000	400	24	24	10	6	180×50×10	1.13	300	300	200	750	5909.4	5586	2234.4
	J13	纵隔板间距	1500	3000	400	24	24	10	6	180×50×10	1.13	300	300	200	500	5909.4	5586	2234.4
	J14	隔板设栓钉	1500	3000	400	40	40	10	6	180×50×10	1.02	100	100	400	1500	8712.2	7634.2	4468.8
	J15	侧限影响	750	1500	400	40	40	30	6	180×50×10	1.05	100	100	400	750	19384.4	13759.2	4468.8
	J16	纵隔板厚度	1500	3000	400	24	24	10	10	180×50×10	1.13	300	300	200	750	5909.4	5586	2234.4
	J17	纵隔板厚度	1500	3000	400	24	24	10	10	180×50×10	1.13	300	300	200	500	5909.4	5586	2234.4

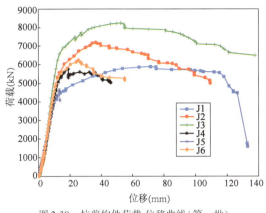
图 2-30 抗剪构件荷载-位移曲线(第一批)

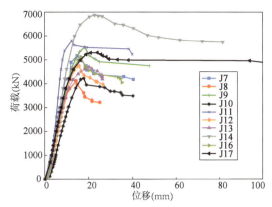
图 2-31 抗剪构件荷载-位移曲线(第二批)

抗剪构件极限荷载　　　　　　　　　　　　　　　　　表 2-6

构件	极限荷载(kN)	构件	极限荷载(kN)
J1	5899	J9	5529
J2	7194	J10	4233
J3	8249	J11	5801
J4	5765	J12	4744
J5	4674	J13	4697
J6	6244	J14	6877
J7	5169	J16	5123
J8	4115	J17	5300

(1) 混凝土宽度的影响

J6、J3、J5 混凝土宽度分别为 400mm、200mm、100mm，J6 相比于 J3 荷载下降 24.3%，J5 相比于 J6 荷载下降 25.1%。当混凝土宽度不同时，各个构件的承载力差别较大，说明混凝土对受剪承载力有较大的影响。

此外，J4~J6 由于混凝土宽度较窄，结构横隔板屈服达到剪切承载力后，两侧混凝土被不同程度挤出，导致加载点处的局部承压能力不够，从而位移明显增加，荷载下降。由于 J5 的混凝土宽度最小，只有 100mm，这一现象体现最为明显，其钢板屈服混凝土挤出后荷载立即下降。J4、J6 由于混凝土较宽，局部承压能力较好，同时混凝土也不易鼓出，所以其达到极限荷载后还有较好的延性。考虑到实际结构中混凝土都是满灌，同时侧向还会有相互的约束，可以推论实际结构的延性与 J3 类似，同时由于侧向约束钢板屈服与混凝土挤出受到限制，实际承载力将还有一定程度的提高。

(2) 连接件间距的影响

对比 J4、J6，两构件仅角钢配置不同，当角钢加密时，构件承载力有一定上升，J6 的承载力比 J4 提高 8.3%，这是因为密集的加劲肋有利于混凝土斜压机制的形成。

(3) 横隔板厚度的影响

对比 J2、J8、J9，构件的横隔板厚度不同，在排除其他因素的影响后，当横隔板厚度增加时，构件抗剪承载力增加，其增加幅度与型钢规范对应的工字钢抗剪承载力公式基本一致。

(4)剪跨比的影响

对比 J4、J10、J11,构件的剪跨比不同,在排除其他因素的影响后,当剪跨比减小时,构件抗剪承载力增加,当剪跨比从 2.25 减小到 1.875 时,抗剪承载力增加幅度不大,当剪跨比从 1.875 减小到 0.68 时,抗剪承载力增加约 10%,这是由于当剪跨比大于 1 时,均形成 45°左右的斜压角,抗剪承载力变化不大,当剪跨比小于 1 时,形成的斜压角将大于 45°,抗剪承载力将增加。

(5)纵隔板设置的影响

对比 J4、J12、J13、J16、J17,构件的纵隔板间距与纵隔板厚度不同,在排除其他因素的影响后,纵隔板间距与厚度对构件的抗剪承载力呈有利影响,但试验中此影响很小,基本可以忽略,这是因为试验中横隔板相对于混凝土较强,最后都是混凝土压坏,纵隔板无法同时发挥作用。但是另一方面,纵隔板的设置会对混凝土桁架杆模型中拉杆的形成做进一步的保障,同时会极大地提高结构的延性,建议作为构造措施使用。

从表 2-4 可以看出,当剪跨比大于 1 时,所有的剪切裂缝都是呈 30°~45°斜压杆方向发展。

2.6.2 钢壳混凝土组合结构抗弯性能试验研究

沉管隧道跨中部分主要承受弯矩,抗弯性能是结构设计的关键。本小节通过试验测量,研究了钢壳沉管隧道结构在弯矩作用下的变形及受力性能,试验重点探讨了上翼缘局部屈曲、混凝土浇筑缺陷(脱空)、混凝土浇筑方式(是否设置支撑结构)等参数对钢壳混凝土组合结构抗弯性能的影响。

2.6.2.1 试验设计

试验形式为梁式构件的四点弯曲加载,分配梁的两端设置为简支,支撑于试验梁的 1/4 跨度点之上,避免加载点处产生轴向外力;作动器为电液伺服系统,最大允许荷载为 20000kN,其端头同时设置球铰和水平方向的位移滑块。试验用混凝土强度等级为 C50,采用 Q345 钢材。

进行了 4 次弯曲试验,重点考虑了自密实混凝土浇筑不密实,导致顶部钢板下出现脱空缺陷时对结构的承载力性能的影响。试件 W1、W2、W3 和 W4 的脱空缺陷深度分别为 0、5mm、10mm 和 15mm,除脱空缺陷设置不同外,试件的其他尺寸一致。试验实施过程中,在受压翼缘(上翼缘)内部粘贴低弹模材料乙烯-醋酸乙烯酯共聚物(EVA)板材,可以较好地模拟脱空现象,如图 2-32 所示。

a)混凝土浇筑前　　　　　　　b)混凝土浇筑后

图 2-32　抗弯构件低弹模材料模拟

两批次 9 个试件抗弯试验参数详见表 2-7。

第2章 深中通道钢壳混凝土沉管隧道自密实混凝土流变特性、结构承载特性及脱空标准研究

组合结构抗弯试验参数一览表

表 2-7

抗弯试验	序号	变化参数	上翼缘厚(mm)	下翼缘厚(mm)	横隔板厚(mm)	纵隔板厚(mm)	纵肋尺寸(mm×mm×mm)	纵肋间距(上)(mm)	上翼缘抗剪连接程度 A	上翼缘抗剪连接程度 B	横肋间距(mm)	混凝土脱空(mm)	边跨横隔板厚(mm)	浇筑设置支撑	受压局部失稳连接件最大间距(mm)	四分点加载受弯破坏荷载(kN)	四分点加载受剪破坏荷载(kN)
第一批	W1	基本试件	6	10	10	6	180×50×6	375	0.68	6.48	250	0	30	否	102	3773	10378.2
	W2	连接件间距	6	10	10	6	180×50×6	375	0.86	6.48	100	0	30	否	102	3939.6	10378.2
	W3	混凝土脱空	6	10	10	6	180×50×6	375	0.68	6.48	250	5	30	否	102	3773	10378.2
	W4	混凝土脱空	6	10	10	6	180×50×6	375	0.68	6.48	250	10	30	否	102	3773	10378.2
	W5	连接件间距	6	10	10	6	180×50×6	375	0.77	6.48	150	0	30	否	102	3871	10378.2
第二批	W6	混凝土脱空	6	10	10	6	190×56×6	375	0.68	6.48	250	15	30	否	90	4772.6	13308.4
	W7	支撑设置	6	10	10	6	190×56×6	375	0.68	6.48	250	0	30	是	90	4772.6	13308.4
	W8	抗剪连接程度	6	10	10	6	190×56×6	375	0.86	6.48	100	0	30	否	90	5007.8	13308.4
	W9	侧限影响	6	10	30	6	180×50×6	375	0.52	16.10	100	0	30	是	102	4772.6	10378.2

说明：1. 构件长均为 1500mm×4=6000mm，宽均为 600mm，高均为 800mm；
2. 下纵肋间距均为 300mm；
3. 上横肋尺寸均为 35mm×4mm，下横肋尺寸均为 50mm×6mm，下横肋间距均为 250mm；
4. 混凝土宽度均为 600mm；
5. 中跨纵隔板间距均为 1500mm，边跨纵隔板间距均为 750mm；
6. 上翼缘抗剪连接程度 A 按受压区混凝土截面内力计算，即受压区混凝土总压力除以剪跨区抗剪连接件与纵隔板的总承载力（混凝土内部压力只能由剪力连接件和纵隔板传递）；上翼缘抗剪连接程度 B 按上翼缘钢板内力计算，即上翼缘总压力除以剪跨区抗剪连接件、纵隔板及横隔板（类似于工字钢）抗剪连接作用较大）的总承载力。

2.6.2.2 材料性能

为得到结构的材料性能,分别进行了钢材与混凝土的材料性能试验。典型厚度 6mm 钢材的应力-应变曲线如图 2-33 所示。钢材屈服强度为 400MPa。钢材具有较长的强化段,极限强度接近 550MPa,极限应变接近 0.14。钢材的弹性模量约为 2.06×10^5 MPa,屈服后出现平台段,平台段应变范围约为 0.002~0.2,平台段后出现强化段,弹性模量相比于弹性段有较大下降,且随着应变发展不断下降,约为 1.0×10^4 MPa。其他厚度钢板得到了类似的材料性能曲线,但屈服强度与极限强度不尽相同,不同厚度钢板的屈服强度与极限强度见表 2-8。

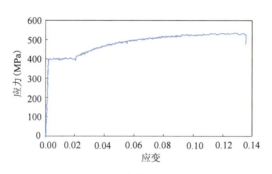

图 2-33　6mm 钢材应力-应变曲线

不同厚度钢板的屈服强度与极限强度　　表 2-8

钢板厚度(mm)	6	10	25	30	40
屈服强度(MPa)	401	363	376	347	305
极限强度(MPa)	536	494	545	538	506

抗弯构件混凝土材料性能试验结果见表 2-9,构件两侧的混凝土在 3d 内分两次浇筑,浇筑时制作 150mm×150mm×150mm 标准试块,轴心抗压强度按 0.76 倍试块抗压强度考虑。第一批浇筑混凝土 W1~W5 的轴心抗压强度约为 41.2MPa,第二批浇筑混凝土 W6、W8 的轴心抗压强度约为 16.6MPa。

抗弯构件混凝土材料性能试验结果　　表 2-9

试块名称	浇筑时间	试验时间	龄期(d)	试验荷载(kN)				轴心抗压强度(MPa)
				1	2	3	平均	
W1~W5 背面	6月11日	6月27日	16	1084	1280	1284	1216	41.1
W1~W5 正面	6月13日	6月27日	14	1284	1084	1308	1225	41.4
W6、W8 背面	7月2日	7月14日	12	432	464	484	460	15.5
W6、W8 正面	7月5日	7月14日	9	524	532	508	521	17.6

2.6.2.3 测点布置及数据采集

抗弯构件测点布置及数据采集如图 2-34 所示,上翼缘每区格均布置应变片,以考虑可能存在的局部屈曲;上下翼缘沿构件轴向与横向均布置应变片,以考虑可能存在的应力集中与剪力滞后;腹板沿构件高度方向布置 5 个应变片,以考察平截面假定是否成立;构件底部布置 3 个位移计。

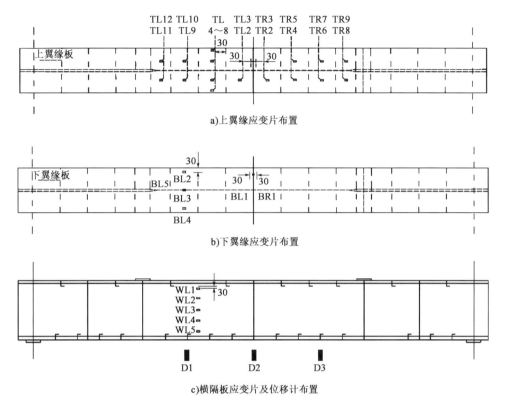

图 2-34 抗弯构件测点布置及数据采集

注:1. TL1～TL12、TR1～TR9、BL1～BL5、BR1、WL1～WL5 代表应变片编号,其中"L"为左,"R"为右,"T"为上,"B"为下,"W"为横隔板。

2. D1、D2、D3 为挠度测点编号。

2.6.2.4 主要试验现象

抗弯构件 W1～W6、W8 极限荷载时混凝土裂缝开展、上翼缘鼓曲及混凝土压溃见表 2-10。加载过程中,荷载 500kN 时开始出现裂缝,此时初始裂缝基本无发展;1500kN 左右裂缝发展到 0.2mm;2500kN 左右裂缝发展到 0.5mm;4000kN 左右裂缝发展到 1.0mm;位移接近 50mm 时,有响声发出,可能存在内部的破坏。

由于构件设置了不同的纵向加劲肋(间距),不同构件呈现出不同的屈曲发展模式。W1 横肋间距为 250mm,加载到 90mm 左右时,W1 上翼缘出现了可见的屈曲;加载到 120mm 时,上部混凝土开始有脱落现象;加载到 180mm 时,上翼缘鼓曲较大,该处混凝土压溃,结构达到极限承载力。W5 横肋间距为 150mm,加载到 160mm 左右时,W5 上翼缘出现了可见的屈曲;加载到 180mm 时,屈曲更加明显;加载到 200mm 时,屈曲处混凝土压溃,结构达到极限承载力。

W2 横肋间距为100mm,加载到180mm左右时,W2 上翼缘出现了可见的屈曲;加载到200mm时,屈曲更加明显,屈曲处混凝土压溃,结构达到极限承载力。

抗弯构件极限荷载情况　　　　　　　　　　　　　表2-10

构件编号	裂缝开展情况	上翼缘鼓曲及混凝土压溃情况
W1		
W2		
W3		
W4		
W5		

续上表

构件编号	裂缝开展情况	上翼缘鼓曲及混凝土压溃情况
W6		
W8		

与此同时,脱空对构件的屈曲的影响不大。相比于W1、W3、W4、W6沿上翼缘全长分别设置了5mm、10mm、15mm的脱空,W1、W3、W4、W6均在位移90mm左右时出现可见屈曲,之后屈曲发展,构件W1、W3、W4达到类似的极限承载力,构件W6极限承载力相对较小,这是因为其脱空对截面削弱较大,同时其采用了较低强度的混凝土。

考虑抗弯构件在正常受力阶段,受拉区混凝土将开裂而退出工作,该处的抗剪连接件将同时不参与结构受力,按此分析,受拉区是不用配置抗剪连接件的。为验证此分析,W8下翼缘不设置抗剪连接件,其他几何参数与W2一致,以构成对比试验。W8下翼缘破坏情况如图2-35所示,出现了下翼缘钢板拉裂的现象,但其延性仍然较好。

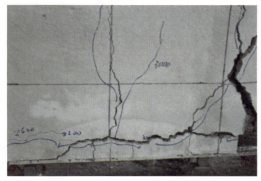

a) W8下翼缘混凝土开裂　　　　b) W8下翼缘钢板断裂

图2-35　W8下翼缘破坏情况

总结不同构件的加载过程,当位移小于20mm时,构件基本处于弹性段,位移超过20mm后,钢材出现屈服,但随着材料的强化,荷载不断增加,位移达到一定程度时,开始出现可见的局部鼓曲,但荷载仍然可以增加,直到屈曲发展较大,屈曲处混凝土压溃,结构达到极限承载力,荷载下降。

2.6.2.5 试验结果分析

抗弯构件的荷载-位移曲线如图 2-36、图 2-37 所示。考虑到分配梁的自重后,抗弯构件的极限荷载见表 2-11。

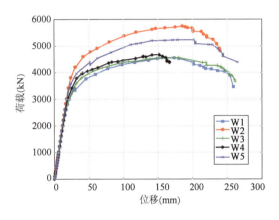 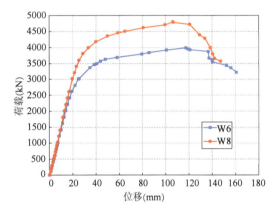

图 2-36 抗弯构件荷载-位移曲线(第一批)   图 2-37 抗弯构件荷载-位移曲线(第二批)

抗弯构件极限荷载   表 2-11

构 件	W1	W2	W3	W4	W5	W6	W8
极限荷载(kN)	4608	5797	4621	4730	5288	4037	4849

(1) 受压翼缘横肋间距的影响

抗弯构件整体延性良好,构件最后的破坏都是由屈曲引发的受压区局部混凝土压溃导致,不同构件由于加劲肋布置不同,屈曲发展也不同,导致构件呈现出不同的延性与极限承载力。W2 横肋间距为 100mm,加载到 180mm 左右时,W2 上翼缘出现了可见的屈曲,其后荷载开始下降;W5 横肋间距为 150mm,加载到 160mm 左右时,W5 上翼缘出现了可见的屈曲,其后屈曲有一定发展,结构荷载不再增加,到 200mm 时荷载开始下降,相比于 W2,其极限承载力下降 10% 左右;W1 横肋间距为 250mm,加载到 90mm 左右时,W1 上翼缘出现了可见的屈曲,加载到 180mm 时,上翼缘鼓曲较大,该处混凝土压溃,结构达到极限承载力,相比于 W5,其极限承载力下降 10% 左右。

综上所述,横肋间距对构件抗弯承载力有一定影响,其间距每增大 100mm,抗弯承载力下降 10% 左右。考虑到加劲肋也参与截面受力,去除掉加劲肋对抗弯的贡献后,加劲肋对屈曲的影响相当于其间距每增大 100mm,抗弯承载力下降 5%。综上所述,受压翼缘横肋间距对极限荷载的影响并不显著。

（2）上翼缘脱空的影响

相比于 W1,W3、W4、W6 沿上翼缘全长分别设置了 5mm、10mm 与 15mm 的脱空,根据 W1、W3、W4、W6 的位移曲线对比,当脱空高度为 5mm 与 10mm 时,抗弯承载力基本不受影响,当脱空高度达到 15mm 时,排除混凝土强度影响的因素后,抗弯承载力约有 5% 的下降。当脱空高度较小时（<10mm）,对截面混凝土高度减少较小,下翼缘仍能全部进入塑性,并与上翼缘、受压混凝土形成抗弯截面,因此抗弯承载力基本不受影响;当脱空高度较大时,由于对受力截面有一定削弱,因此抗弯承载力也受一定的影响,但由于仍能形成全塑性截面,只是有效高度有所降低,因此此影响仍然不大。试验中发现 W1、W3、W4、W6 的屈曲发展基本相同,表明脱空对屈曲基本无影响。

（3）下翼缘不设置抗剪连接件的影响

相比于 W2,W8 下翼缘未设置抗剪连接件,其他几何参数完全相同。在排除两者混凝土强度不同的影响后,W8 的抗弯承载力相比于 W2 仍有大约 10% 的降低。试验中观察到,当下翼缘不设置抗剪连接件时,构件屈服后下翼缘钢板更容易出现应力集中,导致局部钢板应力应变更快发展直到发生断裂结构破坏。下翼缘不设置抗剪连接件时,构件屈服后仍有良好的延性,经历了较长的强化段,同时其极限荷载降幅不大,设计中可以考虑设置部分连接件作为构造措施。

此外,由于试验中所有的屈曲现象都是在位移较大时发生,此时结构早已屈服,因此当不考虑屈曲时,按理想弹塑性设计的构件是偏于安全的,即结构均可以达到塑性极限承载力,并在此之前不会发生局部屈曲。

2.6.3 抗剪连接件受力性能试验研究

本小节通过模型试验,研究抗剪连接件尺寸、浇筑缺陷、抗剪连接件是否设置开孔、混凝土强度、混凝土及钢板受力状态等参数对钢-混凝土连接性能的影响。

2.6.3.1 试验设计

试验均采用足尺模型。试件共 26 组,每组制作 3 个相同的构件并进行测试,共计试件 78 个。试件改变的参数主要包括:角钢尺寸、连接件形式、脱空尺寸、混凝土强度、是否设置开孔、连接件受拉/受压状态等。

本批试验主要采用角钢连接件,角钢规格共 7 种,包括 L80×50×6、L150×90×8、L150×90×10、L150×90×12、L180×110×10、L200×125×10、L200×125×12。另外,也测试了 T 型钢连接件的受力性能,规格为 T150×90×10。全部连接件的宽度均为 300mm,与混凝土板宽度相同。

混凝土与钢板（型钢）间脱空对连接件性能的影响,是本批试验重点考察的内容。脱空形体为三棱柱,脱空高度为 10mm 和 20mm,脱空长度和高度比为 10,如图 2-38 所示。

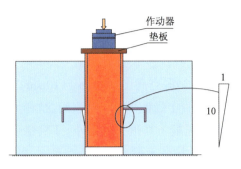

图 2-38　试件脱空示意图

对于受弯状态下的隧道壁板,混凝土可能处于受压或受拉状态,对连接件的受力性能可能有一定影响。试验设计时,对其影响做了专门考虑。如图 2-39 所示,对于混凝土处于受压状态的试件,采用传统推出试验进行模拟,对于混凝土处于受拉状态的试件,将推出试件的混凝土板内侧垫起,外侧用螺杆进行约束。

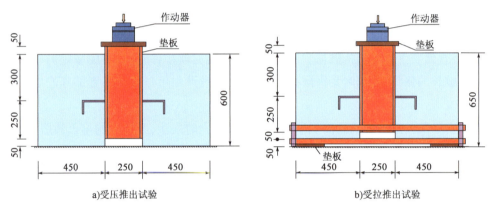

a)受压推出试验　　　　　　　　　b)受拉推出试验

图 2-39　连接件受力形态(尺寸单位:mm)

试验还考虑了角钢方向对受力性能的影响。对于反向布置的连接件,角钢肢尖朝上,如图 2-40 所示。

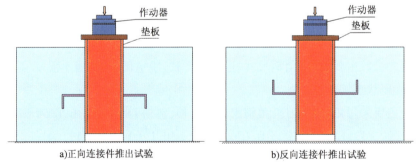

a)正向连接件推出试验　　　　　　　b)反向连接件推出试验

图 2-40　正反向试件示意

试件详细参数见表 2-12。其中,正和反代表正向连接件和反向连接件,拉和压代表受拉连接件和受压连接件。

抗剪连接件详细参数表

表 2-12

试件编号	变化参数	数量(个)	角钢型号	混凝土尺寸(mm)	母板厚度(mm)	混凝土规格	混凝土应力状态	是否设置开孔	脱空尺寸(长×宽×高)(mm)	受力方向
T1	基本试件	3	L150×90×10	300×450×600	12	C40	压	未设置	—	正
T2	混凝土强度	3	L150×90×10	300×450×600	12	C60	压	未设置	—	正
T3	拉压状态	3	L150×90×10	300×450×600	18	C40	拉	未设置	—	正
T4	拉压状态	3	L150×90×10	300×450×600	18	C60	拉	未设置	—	正
T5	设置开孔	3	L150×90×10	300×450×600	12	C40	压	设置	—	正
T6	设置开孔	3	L150×90×10	300×450×600	18	C40	拉	设置	—	正
T7	混凝土脱空	3	L150×90×10	300×450×600	12	C40	压	未设置	300×50×5	正
T8	混凝土脱空	3	L150×90×10	300×450×600	12	C40	压	设置	300×100×10	正
T9	混凝土脱空	3	L150×90×10	300×450×600	12	C40	压	设置	300×100×10	正
T10	混凝土脱空	3	L150×90×10	300×450×600	18	C40	拉	未设置	300×100×10	正
T11	混凝土脱空	3	L150×90×10	300×450×600	12	C40	压	未设置	300×200×20	正
T12	受力方向	3	L150×90×10	300×450×600	12	C40	压	未设置	—	反
T13	翼缘厚度	3	L150×90×10	300×450×600	18	C40	压	未设置	—	正
T14	板件厚度	3	L150×90×8	300×450×600	12	C40	压	未设置	—	正
T15	板件厚度	3	L150×90×12	300×450×600	12	C40	压	未设置	—	正

续上表

试件编号	变化参数	数量（个）	角钢型号	混凝土尺寸（mm）	母板厚度（mm）	混凝土规格	混凝土应力状态	是否设置开孔	脱空尺寸（长×宽×高）（mm）	受力方向
T16	试件尺寸	3	L80×50×6	300×450×600	12	C40	压	未设置	—	正
T17	连接件尺寸	3	L180×110×10	300×450×600	12	C40	压	未设置	—	正
T18	混凝土强度	3	L180×110×10	300×450×600	12	C60	压	未设置	—	正
T19	混凝土脱空	3	L180×110×10	300×450×600	12	C40	压	未设置	300×100×10	正
T20	混凝土脱空	3	L180×110×10	300×450×600	12	C40	压	未设置	300×100×20	正
T21	连接件尺寸	3	L200×125×12	300×450×600	12	C40	压	未设置	—	正
T22	混凝土强度	3	L200×125×12	300×450×600	12	C60	压	未设置	—	正
T23	混凝土强度	3	L200×125×12	300×450×600	12	C40	压	未设置	300×100×10	正
T24	混凝土脱空	3	L200×125×12	300×450×600	12	C40	压	未设置	300×100×20	正
T25	连接件尺寸	3	L200×125×10	300×450×600	12	C40	压	未设置	—	正
T26	连接件类型	3	T150×90×10	300×450×600	12	C40	压	未设置	—	正

2.6.3.2 量测方案

通过导杆位移计量测了西(W)侧四组位置(图2-38圆圈所示位置)的相对竖向变形,即:南(S)侧的滑移(SC)和角钢变形(SS),北(N)侧的滑移(NC)和角钢变形(NS),如图2-41所示。加载过程中,试验现象观测为东(E)侧。

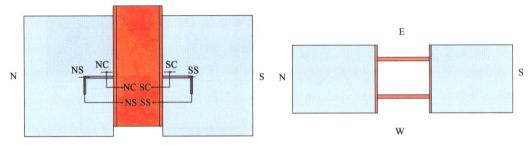

图2-41 位移量测方案

主要通过应变片量测了试件中间根部两侧纵向(沿箭头方向)的应变。以典型正向角钢连接件为例,应变片布置如图2-42所示,按照受力方向分为上表面应变片和下表面应变片。除了在根部布置应变片以外,部分连接件还沿连接件腹板高度方向布置了一定数量的应变片,研究沿连接件高度方向的曲率变化规律以及曲率随荷载的变化规律。

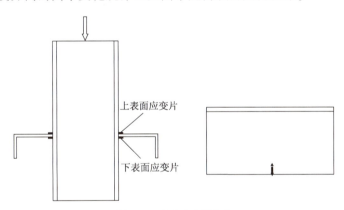

图2-42 应变片布置方案

2.6.3.3 试验准备

如图2-43所示,连接件形式包括角钢和T型钢两类。H型钢翼缘板同连接件腹板之间、连接件腹板同翼缘板之间采用双面角焊缝。

试验准备阶段,混凝土脱空布置、连接件模板、浇筑及成型过程如图2-44所示。

2.6.3.4 材料参数

本次试验的混凝土分四批浇筑。每次浇筑均留存150mm标准立方体试块,与试验构件同条件养护,并在试验加载时同期测试混凝土强度。各批次混凝土对应的试验构件及其混凝土强度实测值见表2-13。

a)角钢　　　　　　　　b)T型钢　　　　　　　　c)焊缝细节

图 2-43　钢结构部分

a)混凝土脱空布置　　　　　　　　　　b)混凝土连接件模板

c)混凝土浇筑　　　　　　　　　　d)连接件成型

图 2-44　试验准备阶段布置现场图

混凝土强度测试结果　　　　　　　　　　表 2-13

批　次	对应的连接件	150mm 标准立方体试块强度（MPa）
1	T1、T5、T9、T10、T11、T16	51.5
2	T12、T14、T15、T17、T25	55.8
3	T3、T4、T6、T8、T13、T21、T26	48.4
4	T7、T19、T20、T23、T24	49.2

本次试验连接件及型钢均采用 Q345 钢材。其中,连接件共有四种钢板厚度,包括6mm、8mm、10mm、12mm,各钢板的主要力学性能指标见表2-14。

钢板力学性能测试结果 表2-14

板件厚度	屈服强度（MPa）	屈服应变	极限强度（MPa）	延伸率
6mm	363	1640×10^{-6}	501	24%
8mm	383	1850×10^{-6}	515	34%
10mm	341	2109×10^{-6}	502	28%
12mm	392	1872×10^{-6}	543	26%

2.6.3.5 加载过程及破坏模式

本阶段已完成22组试验,共计65个构件(T20的1号连接件未进行)。受压连接件和受拉连接件的加载试验如图2-45所示。连接件破坏后,将混凝土凿除后的钢结构部分如图2-46所示。

a)受压连接件

b)受拉连接件

图2-45 连接件加载试验图

图2-46 试验后凿开的全部钢结构

试验中连接件均由混凝土控制其最终承载能力,角钢包裹在混凝土中并发生一定的挠曲,试验后将混凝土凿除后的角钢形态如图2-47所示。

a) 破坏后整体钢结构　　　　　b) 左侧角钢变形　　　　　c) 右侧角钢变形

图 2-47　连接件破坏时角钢形态（T1-1）

受压连接件主要发生混凝土压溃破坏、局部压溃破坏以及混凝土劈裂破坏。受拉连接件主要发生混凝土压溃破坏、混凝土劈裂破坏以及混合破坏。其中，混凝土压溃破坏承载力较高，其余破坏形式承载力均较低。正向角钢连接件的破坏形态典型照片如图 2-48 所示。

a) 混凝土压溃（受压连接件）　　　　　　　b) 局部压溃（受压连接件）

c) 混凝土劈裂（受压连接件）　　　　　　　d) 混凝土劈裂（受拉连接件）

e) 混凝土劈裂（受拉连接件）　　　　　　　f) 混合破坏（受拉连接件）

图 2-48　正向角钢连接件破坏形态

T 型钢连接件和反向角钢连接件最后均发生根部混凝土压溃破坏,破坏过程类似于正向角钢连接件,但是破坏形态略有差异。如图 2-49 所示,T 型钢连接件除了下方开展混凝土裂缝外,上方也会出现向内开展的裂缝,反向角钢连接件则会形成向上竖直的劈裂裂缝。

a)T型钢连接件破坏形态(T26-2)   b)反向角钢连接件破坏形态(T12-1)

图 2-49 其他形式连接件破坏形态

以 T1-3 为例,典型受压连接件的压溃破坏过程如图 2-50 所示。连接件角钢肢尖处的混凝土首先发生开裂;随着荷载的进一步增加,角钢附近的混凝土出现纵向和横向裂缝,表明混凝土受压进一步增大;当一侧角钢下方的混凝土发生压溃时,连接件另一侧角钢根部的混凝土也出现大量纵向裂缝,此时构件达到极限承载力;此后,荷载下降,滑移进一步增加,直至变形过大,停止加载。

  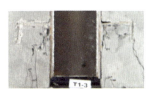

a)开裂点   b)裂缝发展   c)混凝土压溃

图 2-50 T1-3 压溃破坏过程描述

以 T6-3 为例,典型受拉连接件的破坏过程如图 2-51 所示。连接件角钢肢尖处的混凝土首先发生开裂;随着荷载增加,角钢根部的混凝土出现剪切裂缝,然后斜向裂缝进一步发展,混凝土出现斜向压溃破坏,最终构件达到极限承载力。

a)开裂点   b)裂缝发展   c)斜向压溃

图 2-51 T6-3 破坏过程描述

2.6.3.6 剪力-滑移曲线及极限承载力

连接件滑移取为南北两侧滑移的平均值,剪力取两侧连接件剪力之和,各连接件的剪力-滑移曲线如图 2-52 所示。各连接件在 $0.9P_u$(P_u 为极限荷载)之前,剪力-滑移曲线基本保持直线,当剪力达到 $0.9P_u$ 时曲线趋于平缓,到达 P_u 时滑移量在 2mm 以内,极限荷载后混凝土压溃,构件丧失承载能力。

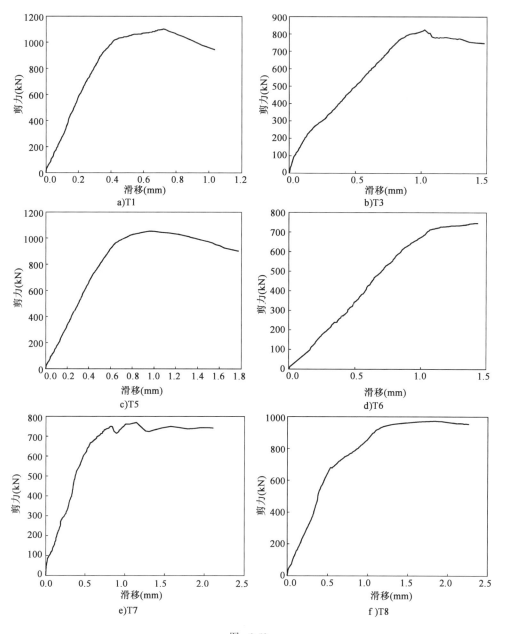

图 2-52

第2章 深中通道钢壳混凝土沉管隧道自密实混凝土流变特性、结构承载特性及脱空标准研究

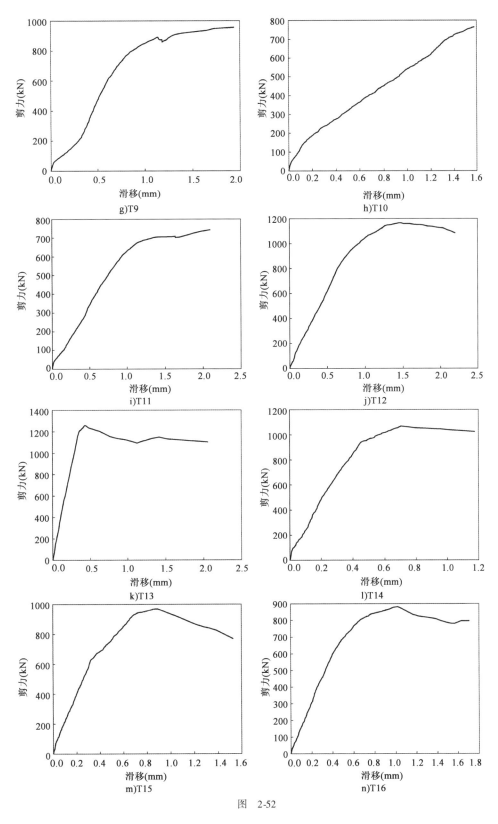

图 2-52

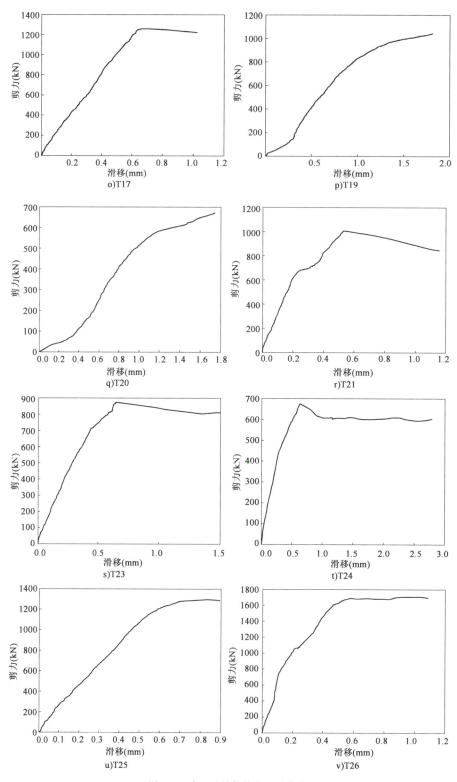

图 2-52 各组连接件剪力-滑移曲线

各推出连接件的承载力测试结果见表2-15。

极限承载力(单位:kN)　　　　　　　　表2-15

构件编号	同组连接件3个构件的测试结果			承 载 力
	-1	-2	-3	
T1	1301	1298	982	1194
T3	1088	—	1080	1084
T5	1147	994	1086	1076
T6	—	—	1064	1064
T7	847	945	798	864
T8	810	1121	1062	998
T9	939	959	969	956
T10	877	804	753	812
T11	691	722	877	763
T12	1282	1043	1291	1205
T13	1413	1270	1432	1372
T14	969	1102	1105	1058
T15	963	1029	1158	1050
T16	959	808	939	902
T17	—	1301	1121	1211
T19	—	1113	1041	1077
T20	—	792	—	792
T21	1152	1088	—	1120
T23	812	—	1211	924
T24	747	—	753	721
T25	1554	1151	—	1352
T26	1440	1779	1724	1648

2.6.3.7 应变及曲率测试结果

通过在连接件根部两侧布置应变片,可以量测加载过程中连接件根部上下表面的拉压应变,试验结果表明连接件根部下表面均为拉应变,上表面均为压应变,且拉应力大于压应力,表明连接件根部钢板处于拉弯受力状态,且极限状态下连接件根部钢板均进入屈服。

首先以T1-3北侧角钢为代表,对受压连接件的应变-荷载规律进行说明,其中单侧构件的剪力为总剪力的一半。从图2-53可以看出,初期拉压应变发展缓慢,随着构件的开裂,拉压应变均快速增长,荷载为$0.4P_u$时角钢根部下表面进入屈服($2000\mu\varepsilon$),荷载为$0.95P_u$时角钢根部上表面进入屈服,P_u时拉应变可达$18000\mu\varepsilon$,压应变也达到了$4000\mu\varepsilon$,均大于屈服应变,但未达到钢材的极限应变,极限状态时钢材出现了一定程度强化。

以 T1-1 南侧角钢为例,说明连接件腹板曲率变化规律,曲率变化规律如图 2-54 所示,以下表面受拉为正。高度为 50mm 内,曲率变化较大,由下表面受拉变为上表面受拉,根据剪力和弯矩的导数关系,连接件底部所受剪力最大且方向和图 2-42 中推力方向一致。高度为 50~100mm 范围内负曲率逐渐减小到 0,说明连接件仍承受一定剪力且剪力方向发生改变,高度为 100mm 以上时曲率变化则趋于平缓。此外,曲率随荷载增加会进一步增大,但曲率沿高度分布模式基本保持不变。

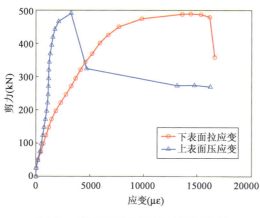

图 2-53 根部钢板拉压应变发展规律(T1-3)

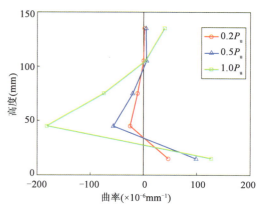

图 2-54 曲率变化规律(T1-1)

2.6.3.8 试验结果分析图

(1)连接件拉压状态的影响

如图 2-55 所示,拉压状态对连接件承载力的影响并不明显,但受拉时连接件刚度明显低于受压时连接件刚度,原因是受拉连接件所受的混凝土约束作用要弱于受压连接件。

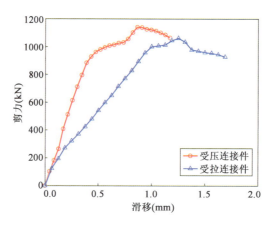

图 2-55 拉压连接件(T1、T3)剪力-滑移曲线对比

以 T6-3 为例,说明受拉连接件根部应变随荷载的发展规律。从图 2-56b)可以看出,加载初期,拉压应变均发展较为缓慢。随着构件的开裂,拉压应变增长变快,但涨幅小于受压连接件。受拉连接件在荷载为 $0.92P_u$ 时角钢根部下表面进入屈服,荷载为 $0.98P_u$ 时角钢根部上表

面进入屈服,接近 P_u 时应变迅速增长,极限荷载时拉应变可达 19000με,压应变也达到了 5300με,远大于屈服应变,但并未达到钢材的极限应变。总体来看,受拉连接件钢板根部的应变在前期发展比受压连接件更缓慢,但在极限状态下仍能进入屈服。

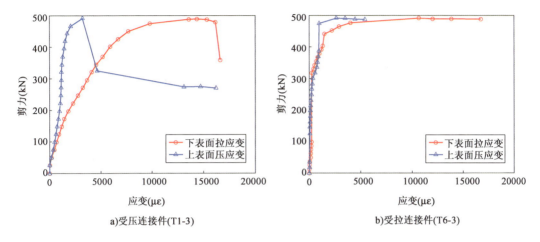

图 2-56 受拉和受压连接件应变发展规律对比

以 T3-1 为例,说明受拉连接件腹板的曲率变化规律,并和受压连接件进行对比。从图 2-57b)可以看出,受拉连接件在高度小于 50mm 时为下表面受拉,根部曲率值最大,50mm 以上则为上表面受拉,曲率变化随高度增加而趋于平缓。根据剪力和弯矩的导数关系,受拉连接件剪力方向一直保持不变且大小随高度增加逐渐减小。此外,受拉连接件在荷载较小时曲率发展缓慢,当达到极限荷载时曲率迅速增加,这和图 2-56b)中根部应变发展规律一致。此外,受拉连接件加载过程,剪力沿高度逐渐减小且方向不发生改变,而受压连接件在高度为 50mm 左右处剪力方向发生改变,考虑到剪力的变化是由于混凝土和连接件型钢间挤压造成的,因此剪力的变化程度可以表征连接件所受混凝土约束程度,因而受压连接件相对于受拉连接件具有较大的刚度和承载力。

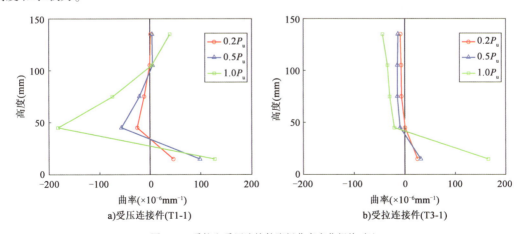

图 2-57 受拉和受压连接件腹板曲率变化规律对比

(2)混凝土脱空

本次试验测试了 L150×90×10(简称 L150)、L180×110×10(简称 L180)、L200×125×12(简称 L200)三种规格角钢连接件在混凝土脱空情形下的受力性能。脱空采用低弹模的 EVA 材料进行模拟,从图 2-58 可以看出,试验中脱空效果良好。

a)脱空布置　　　　　　　　　　　　　b)实际脱空效果

图 2-58　脱空效果图

以 L150 连接件为例,如图 2-59 所示,试验过程中脱空和非脱空连接件的破坏过程相似,首先角钢肢尖处的混凝土产生斜裂缝,之后角钢根部混凝土开展竖向裂缝、内部混凝土开展水平裂缝,最后角钢根部混凝土压溃破坏。

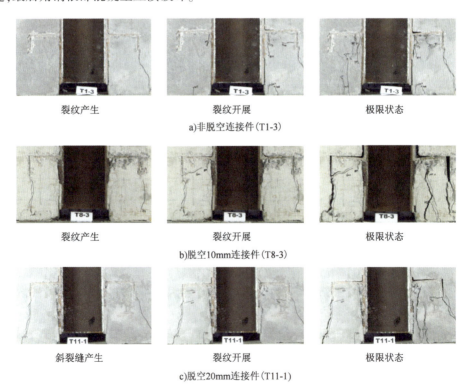

裂纹产生　　　　　　裂纹开展　　　　　　极限状态

a)非脱空连接件(T1-3)

裂纹产生　　　　　　裂纹开展　　　　　　极限状态

b)脱空10mm连接件(T8-3)

斜裂缝产生　　　　　裂纹开展　　　　　　极限状态

c)脱空20mm连接件(T11-1)

图 2-59　L150 连接件破坏过程对比

试验后将混凝土凿除后的角钢形态如图 2-60 所示，脱空对连接件的变形会产生一定影响，导致角钢在脱空处产生弯折，原因是角钢在脱空处没有混凝土约束而发生较大变形。

a)L150不脱空(T1-3)　　　　　　　　b)L150脱空20mm(T11-1)

图 2-60　L150 连接件破坏时角钢形态差异

根据日本运输省港湾技术研究所清宫理等人（1996 年）的试验，采用 L150×90×9 角钢连接件时，相比无脱空连接件，三角形脱空高度为 10mm、20mm、30mm 的连接件的承载力分别降低11.8%、29.4%和 33.8%（表 2-16），与本次试验结果基本一致。这进一步证实了脱空对角钢连接件受力性能的负面影响。

脱空连接件承载力对比　　　　　　　　表 2-16

尺　寸	不脱空承载力（kN）	脱空 10mm×100mm		脱空 20mm×200mm	
		承载力（kN）	降低比例（%）	承载力（kN）	降低比例（%）
L150×90×10	1194	998	16	763	36
L180×110×10	1105	978	11	792	28
L200×125×12	1014	924	9	721	29

脱空高度除了影响连接件的极限承载力外，对连接件的剪力-滑移曲线也有影响。研究了脱空对三种尺寸的角钢连接件的影响，曲线对比如图 2-61 所示。从剪力-滑移曲线对比可以看出，脱空对三组连接件承载力有明显影响，随着脱空高度的增大，承载力和刚度均有所降低，其中 L200 受脱空影响最小。此外，与非脱空连接件相比，脱空连接件达到极限荷载后，承载力下降更为平缓。

以 L150 为例，考虑到滑移小于 0.5mm 时曲线斜率变化不大，连接件刚度取滑移为 0.5mm 的割线刚度，如图 2-62 所示，脱空对连接件的刚度影响大于承载力，脱空 20mm 时刚度可降低到非脱空连接件的 1/2 以下。

以 L150 为例，如图 2-63 所示，脱空连接件和非脱空连接件的应变发展规律类似，连接件根部下表面进入受拉屈服时的荷载约为 $0.4P_u$，上表面进入受压屈服时的荷载约为 $0.7P_u$，极限荷载时脱空连接件根部应变要小于非脱空连接件。

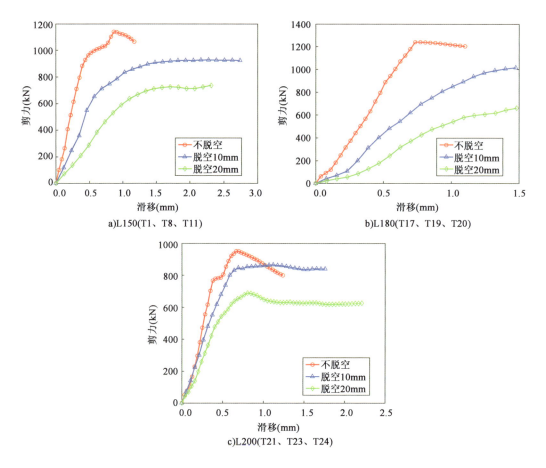

图 2-61 脱空与非脱空连接件剪力-滑移曲线对比

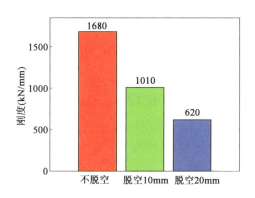

图 2-62 脱空与非脱空连接件刚度对比(T1、T8、T11)

如图 2-64 所示,脱空连接件和非脱空连接件腹板的曲率变化规律类似,高度为 50mm 范围内曲率变化很大,根据剪力和弯矩的导数关系,表明两者根部剪力均很大,此外,剪力同样在高度为 50mm 左右发生反号,50mm 以上时剪力逐渐减小。

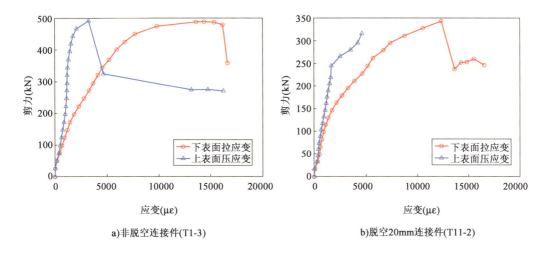

图 2-63 脱空与非脱空连接件角钢根部应变发展规律对比

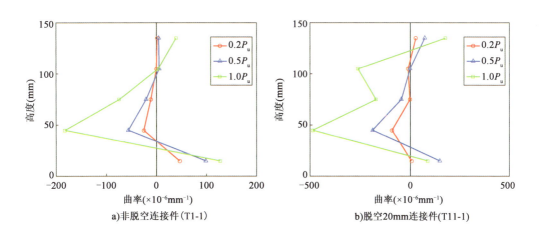

图 2-64 脱空与非脱空连接件腹板的曲率变化规律对比

进一步地,通过改变连接件形式、脱空尺寸、脱空修复、混凝土强度等参数,设计 8 组推出试验,研究了参数变化及脱空检测修复对抗剪连接件性能的影响。连接件参数见表 2-17。试验主要采用角钢连接件和 T 型钢连接件,角钢规格为 L150×90×10,T 型钢规格为 T150×90×10。全部连接件的宽度均为 300mm,与混凝土板宽度相同。脱空形体分为三棱柱、圆形和不规则形。其中三棱柱脱空高度为 20mm,脱空长度和高度比为 10;圆形脱空高度为 20mm,脱空半径为 100mm;不规则脱空高度为 20mm,脱空范围如图 2-65 所示。试验考虑了连接件与钢板(型钢)间脱空修复后对试件受力性能的改善效果和混凝土强度等级。

抗剪连接件参数表 表2-17

序号	试件编号	连接件型号	混凝土尺寸(mm)	混凝土型号	脱空形式
1	J1-1~3	L150×90×10	300×300×600	C50	无
2	J2-1~3	L150×90×10	300×300×600	C50	三角形脱空
3	J3-1~3	L150×90×10	300×300×600	C50	三角形脱空再修复
4	J4-1~3	L150×90×10	300×300×600	C50	圆形局部脱空
5	J5-1~3	L150×90×10	300×300×600	C50	圆形局部脱空再修复
6	J6-1~3	L150×90×10	300×300×600	C50	不规则局部脱空
7	J7-1~3	L150×90×10	300×300×600	C50	不规则局部脱空再修复
8	J8-1~3	L150×90×10	300×300×600	UHPC120	无
9	J9-1~3	L150×90×10	300×300×600	UHPC120	三角形脱空
10	J10-1~3	L150×90×10	300×300×600	UHPC120	三角形脱空再修复
11	T1-1~3	T150×90×10	300×300×600	C50	无
12	T2-1~3	T150×90×10	300×300×600	UHPC120	无
13	T3-1~3	T150×90×10	300×300×600	UHPC120	三角形脱空
14	T4-1~3	T150×90×10	300×300×600	UHPC120	三角形脱空再修复

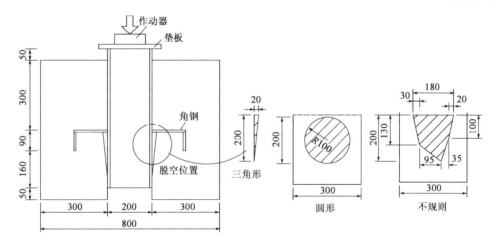

图2-65 试件脱空示意图(尺寸单位:mm)

如表2-18所示,相比于无脱空连接件,三角形整体脱空、圆形局部脱空及局部不规则脱空试件承载力分别降低36%、35%和13%,脱空对连接件试件承载力强度影响显著,不规则脱空对承载力影响最小,不同脱空形式对承载力的削弱有一定差异。

脱空连接件承载力对比 表2-18

试件类型	不脱空承载力(kN)	脱空形式					
		三角形		圆形		不规则	
		承载力(kN)	降低比例(%)	承载力(kN)	降低比例(%)	承载力(kN)	降低比例(%)
C50角钢连接件	1046	671	36	679	35	908	13

利用高性能灌浆料(实际抗压强度60MPa)灌注修复脱空位置,并对试验后脱空修复效果进行核实,发现修复位置灌满密实,如图2-66所示。

a)圆形脱空修复效果　　　　　　　　　　b)不规则脱空修复效果

图2-66　脱空修复效果

通过对比脱空修复后的试件承载力,发现三角形脱空修复、局部圆形脱空修复和局部不规则脱空修复承载力分别提升16%、14%、15%,可以明确,脱空修复对承载力提升有效。

(3)连接件开孔

本次试验对比了开孔连接件和非开孔连接件在推出试验中的力学性能差异。连接件单侧底部开孔长度为60mm,单侧连接件长度为300mm,开孔长度占连接件长度的20%,如图2-67所示。

如图2-68所示,开孔连接件和非开孔连接件破坏过程相似,首先角钢肢尖处的混凝土产生斜裂缝,之后角钢范围内混凝土开展竖向裂缝和水平裂缝,最后角钢根部混凝土压溃破坏。

如图2-69所示,由于钢板开孔的存在,非开孔连接件角钢根部相接触的混凝土均发生压溃,而开孔连接件开孔处混凝土的压溃不明显。

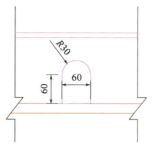 

a) 开孔尺寸(尺寸单位：mm)　　　　b) 模型开孔照片

图 2-67　连接件开孔参数

斜裂纹　　　　　　　　裂缝发展　　　　　　　极限状态

a) 非开孔连接件(T1-3)

  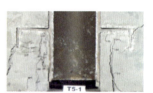

斜裂纹产生　　　　　　裂纹开展　　　　　　　极限状态

b) 开孔连接件(T5-1)

图 2-68　开孔与非开孔连接件破坏过程对比

a) 常规连接件混凝土压溃形态(T1-3)　　　b) 非开孔连接件混凝土压溃形态(T5-1)

图 2-69　开孔与非开孔连接件混凝土的破坏形态对比

如图 2-70 所示，相对于非开孔连接件，开孔连接件承载力下降约 10%。取 0.5mm 的割线刚度作为连接件刚度，可以发现开孔可导致刚度降低 20%。主要是由于开孔减少了连接件腹板和混凝土的接触面积和连接件钢板根部的有效面积。

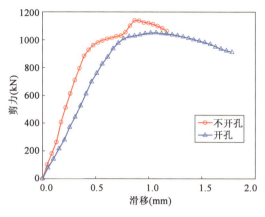

图 2-70 开孔和非开孔连接件剪力-滑移曲线对比(T1、T5)

角钢底部开孔率为 20% 时,承载力降低 10%,说明开孔处混凝土部分参与受压但抗压强度并未完全发挥,这是由于开孔处混凝土通过周边混凝土的约束也可以实现一定程度的抗压。

(4)连接件高度

本次试验对比了足尺连接件 L150、L180、L200 和缩尺连接件 L80(L80×50×6)共四种尺寸连接件的力学性能差异,如图 2-71 所示,四种尺寸连接件的承载力均受混凝土压溃控制,且破坏形态差别不大。

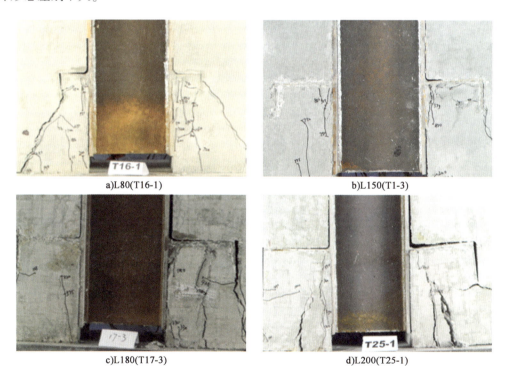

图 2-71 不同尺寸连接件混凝土破坏形态对比

试验后将混凝土凿除后的角钢形态如图 2-72 所示,四种尺寸的连接件在破坏时角钢变形模式相近,连接件腹板呈现出悬臂梁的弯曲模式,连接件翼缘出现一定的转动。

图2-72 不同尺寸连接件破坏时角钢形态对比

如图2-73所示,四种尺寸的连接件承载力差别不大,缩尺连接件L80的承载力低于足尺连接件,缩尺连接件尺寸降低了一半但承载力仅降低25%,承载力降低远小于尺寸减小,主要原因是承载力由角钢根部区域的混凝土压溃起控制作用,小尺寸和大尺寸连接件混凝土压溃区大小接近,因此承载力差别不大。

如图2-74所示,三组足尺连接件剪力-滑移曲线差别不大,L150初期刚度略大于L180和L200,缩尺连接件L80的承载力和刚度均小于足尺连接件,但差别不如尺寸差别那么明显,说明高度达到一定值后,角钢连接件的力学性能变化很小。

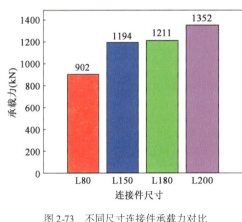

图2-73 不同尺寸连接件承载力对比
（T16、T1、T17、T25）

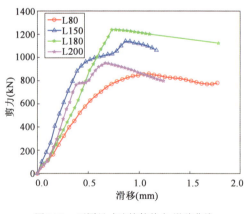

图2-74 不同尺寸连接件剪力-滑移曲线
（T16、T1、T17、T25）

如图2-75所示，三种足尺连接件腹板的曲率沿高度分布模式相近。连接件根部为正曲率，即连接件下表面受拉；高度为0~50mm时，正曲率逐渐变为负曲率，下表面受拉变为上表面受拉；高度为50~100mm时，负曲率又逐渐变为正曲率。根据剪力和弯矩的导数关系，三种足尺连接件的剪力均在高度为50mm左右处出现反号，且曲率沿高度变化幅度随着荷载增加而不断增大，说明剪力值随荷载增加不断增大。

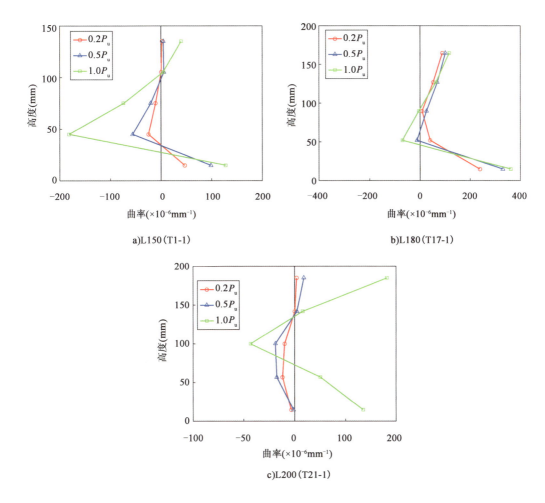

图2-75 不同尺寸连接件的腹板曲率变化规律对比

(5) 连接件钢板厚度

本次试验对比了8mm、10mm、12mm三种厚度的角钢连接件的受力性能。三种厚度连接件破坏形态如图2-76所示。可以看出，不同厚度的角钢连接件均由混凝土压溃控制，三者破坏形态差别不大。

试验后将混凝土凿除后的角钢形态如图2-77所示。三种厚度角钢连接件变形差异不大，其中厚度为8mm的较薄角钢的腹板挠曲变形更明显。

a)厚度为8mm(T14-1)　　　b)厚度为10mm(T1-3)　　　c)厚度为15mm(T15-2)

图 2-76　三种厚度连接件破坏形态对比

a)厚度为8mm(T14-1)　　　b)厚度为10mm(T1-3)　　　c)厚度为12mm(T15-2)

图 2-77　三种厚度连接件破坏时角钢形态对比

三种厚度角钢连接件的承载力对比如图 2-78 所示。试验结果表明,本次试验中角钢厚度对承载力影响较小。原因是连接件由混凝土压溃控制其承载力,因此角钢厚度影响不大。

如图 2-79 所示,三种厚度角钢连接件的剪力-滑移曲线差别不大,刚度也较为接近,说明连接件受力性能受钢板厚度影响较小。

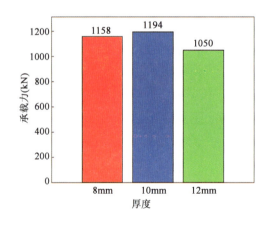 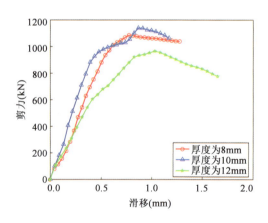

图 2-78　三种厚度连接件承载力对比(T14、T1、T15)　　　图 2-79　三种厚度连接件剪力-滑移曲线(T14、T1、T15)

(6)受力方向

本次试验对比了正向和反向连接件在推出试验中的力学性能差异。如图 2-80 所示,二者破坏过程相似,首先角钢肢尖处的混凝土产生斜裂缝,之后角钢范围内混凝土开展竖向裂缝和水平裂缝,最后角钢根部混凝土压溃破坏。但二者破坏形态存在一定差异,正向连接件的裂缝均位于下端,反向连接件会产生向上开展的裂缝,这主要是反向连接件的肢尖朝上导致的。

图 2-80 正向连接件和反向连接件破坏形态对比

试验后将混凝土凿除后的角钢形态如图 2-81 所示。破坏时正向连接件和反向连接件的角钢变形形态相近,正向连接件的翼缘发生一定转动,而反向连接件翼缘基本保持平直,这是反向连接件角钢翼缘转动时受到内侧混凝土约束导致的。

图 2-81 正向连接件和反向连接件破坏时角钢形态对比

如图 2-82 所示,正向和反向连接件的承载力接近,但反向连接件的刚度小于正向连接件,主要是由于正向连接件角钢内侧混凝土承受双重挤压,导致连接件型钢受到更强的混凝土约束。取 0.5mm 的割线刚度作为连接件的刚度,反向连接件的刚度为正向连接件的 50%。

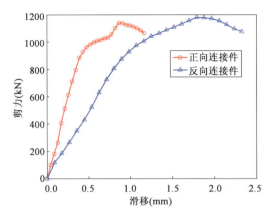

图 2-82 正向和反向连接件(T1、T12)剪力-滑移曲线对比

如图 2-83 所示，根据弯矩和剪力的导数关系，反向连接件的剪力方向沿高度保持不变，而正向连接件的剪力则在高度为 50mm 左右处出现变号，由于剪力变化幅度反映混凝土约束的强弱，因而剪力更大幅度的变化说明正向连接件所受混凝土约束更强，因而具有更大刚度。

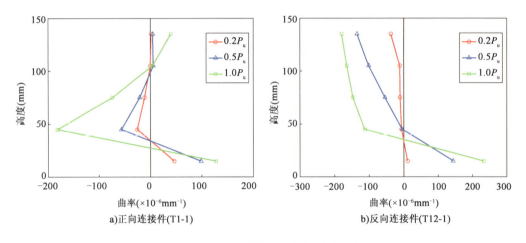

图 2-83 正向和反向连接件腹板的曲率变化规律对比

(7) 角钢和 T 型钢

本次试验还对比了 T 型钢连接件和角钢连接件的力学性能差异。如图 2-84 所示，二者破坏过程相似，首先连接件肢尖处的混凝土产生斜裂缝，之后连接件范围内混凝土开展竖向和水平裂缝，最后连接件根部混凝土压溃破坏。但二者破坏时裂缝形态存在一定差别，角钢连接件的裂缝均位于下端，T 型钢连接件的裂缝则部分位于上端，且向内开展，除了下侧混凝土参与受压以外，T 型钢连接件上侧混凝土也参与受压。

试验后将混凝土凿除后的连接件形态如图 2-85 所示。破坏时 T 型钢和角钢的变形类似，T 型钢的翼缘变形更小，说明 T 型钢的翼缘板在和混凝土接触挤压过程中起到更好的锚固作用。

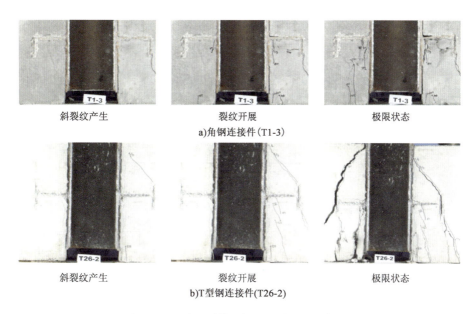

图 2-84　T 型钢连接件和角钢连接件破坏形态对比

图 2-85　角钢和 T 型钢连接件破坏时连接件形态对比

如图 2-86 所示,T 型钢连接件的承载力和刚度均大于角钢连接件,承载力提高 25%,0.5mm 的割线刚度提高 45% 左右。主要原因是,翼缘宽度相同时,T 型钢的抗拔能力(锚固性能)要高于角钢。提高锚固性能会增强连接件与周围混凝土之间的整体性,同时较小的翼缘外伸长度,改善了连接件受力前方起控制作用混凝土(压-拉)的受力状态,从而提高 T 型钢连接件的承载能力。

如图 2-87 所示,T 型钢连接件的根部应变发展慢于角钢连接件,且 T 型钢连接件极限荷载时 T 型钢根部钢板尚未进入屈服,使 T 型钢连接件刚度偏高。T 型钢的翼缘锚固性能优于角钢,从 T 型钢连接件的破坏模式可以看出,由于 T 型钢连接件翼缘在腹板两侧均能和混凝土发生接触挤压,因此能够增强其受力性能。

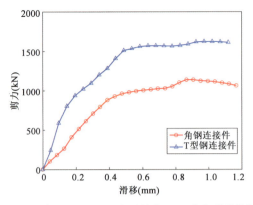

图 2-86 角钢（T1）和 T 型钢连接件（T26）剪力-滑移曲线

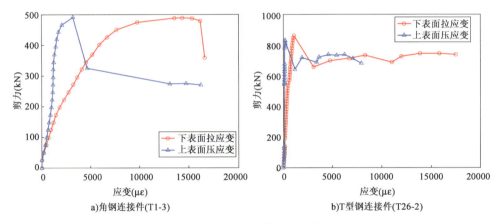

图 2-87 角钢和 T 型钢连接件应变发展规律对比

如图 2-88 所示，角钢连接件和 T 型钢连接件腹板的曲率变化规律相接近。0~50mm 高度范围内，曲率变化较显著，根据弯矩和剪力的导数关系，表明底部剪力很大，相比于角钢连接件，T 型钢连接件在 50~100mm 高度范围内曲率较平缓，在 100~150mm 高度时曲率变化显著，说明 T 型钢所受混凝土约束主要来自型钢的顶部和底部。

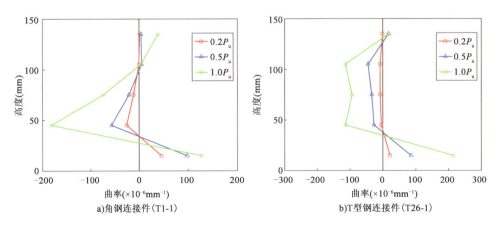

图 2-88 角钢和 T 型钢连接件腹板的曲率变化规律对比

2.7 脱空缺陷对钢壳混凝土结构整体受力性能影响分析

采用有限元量化混凝土脱空对结构整体力学性能的影响,从而为混凝土浇筑施工控制提供相应的依据。

为了提高计算效率并考虑设计控制断面,本接采用多尺度模型进行模拟。该模型长度采用反弯点间距,设计控制断面处使用实体和壳单元来模拟实际结构,而设计断面区外则采用三维弹性梁进行模拟。模型一端采用固定约束,另一端采用滑动约束。竖向水压按设计值加载,水平向设计轴力施加于滑动端以考虑实际中的压弯共同作用。有限元多尺度模型和内部加劲肋构造如图 2-89 所示。

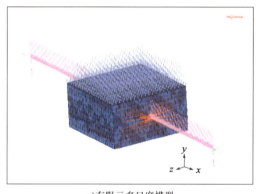
a)有限元多尺度模型

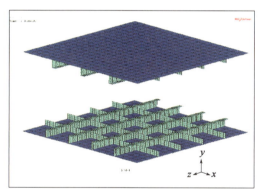
b)内部加劲肋构造图

图 2-89 有限元多尺度模型和内部加劲肋构造图

由于顶部钢板处混凝土容易产生脱空现象,因此研究主要针对顶部钢板处混凝土脱空展开。由于存在加劲肋、横隔板以及混凝土黏结等作用,底部钢板、侧面钢板和混凝土之间认为完全共同工作,不发生滑移。

脱空处混凝土和钢板之间仅考虑面的法向约束,接触受压通过非线性弹簧来模拟,非脱空处混凝土和钢板法向作用同样采用非线性弹簧进行模拟(脱空距离为0),混凝土和钢板之间均不考虑法向受拉时的刚度。

考虑到计算时的收敛性和效率,混凝土顶板加劲肋与混凝土之间的接触认为是线弹性接触,采用三个方向固定刚度的弹簧进行模拟。

2.7.1 混凝土整体脱空的影响

通过有限元分析及模拟,得出不同脱空高度下跨中荷载与位移的关系曲线,如图 2-90 所示。三者承载力与屈服点割线刚度变化情况见表 2-19。

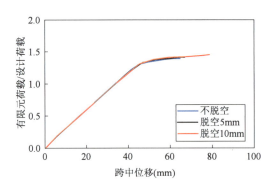

图 2-90 不同脱空高度下跨中荷载与位移的关系曲线

脱空后承载力与屈服点割线刚度变化情况　　表 2-19

脱空情况	承载力	屈服点割线刚度
不脱空	1	1
脱空 5mm	0.97	0.98
脱空 10mm	0.96	0.97

2.7.2 混凝土局部脱空的影响

考虑跨中弯矩最大,因此局部脱空的位置选在跨中位置处,局部脱空的高度为 30mm,脱空区域大小为 500mm×500mm。整体荷载-位移曲线如图 2-91 所示,脱空后承载力与屈服点割线刚度变化情况见表 2-20。

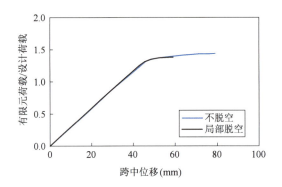

图 2-91 整体荷载-位移曲线

脱空后承载力与屈服点割线刚度变化情况　　表 2-20

脱空情况	承载力	屈服点割线刚度
不脱空	1	1
局部脱空	0.97	0.99

2.7.3 初始缺陷的影响

除了研究脱空的影响之外,还在脱空基础上对初始缺陷进行了研究。初始缺陷通过力的方式在跨中施加 3mm 初始位移,荷载-位移曲线如图 2-92 所示,脱空后承载力与屈服点割线刚度变化情况见表 2-21。

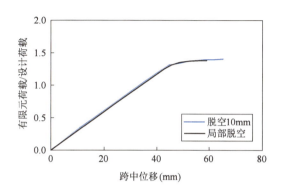

图 2-92 荷载-位移曲线结果

脱空后承载力与屈服点割线刚度变化情况 表 2-21

缺陷情况	承载力	屈服点割线刚度
无缺陷	1	1
初始缺陷	0.98	0.96

根据有限元分析结果,10mm 以内的混凝土整体脱空对整体力学性能影响不大,但会对钢壳的变形产生一定影响,整体脱空高度越大,钢壳的法向变形越明显。局部脱空同样会对钢壳变形产生影响,但对整体承载力影响很小,3mm 初始缺陷对脱空结构的影响同样很小。

考虑承载力和施工变形的要求,可以将脱空高度控制在 5mm 以内。

2.8 本章小结

本章采用 CFD 研究了自密实混凝土浇筑过程中的流变特性及"三明治"结构脱空区域的分布特性,依托清华大学土木工程安全与耐久教育部重点实验室的复合沉管隧道结构的承载力性能试验,提出了钢壳混凝土脱空高度最大限值,为脱空检测标准的制定提供理论依据,最后通过有限元分析脱空对结构整体承载性能的影响,提出脱空高度的最大限值。本章结论如下:

(1)脱空区域的形成主要受隔仓内混凝土流动及隔仓内空气排出的控制。随着自密实混凝土的不断注入,隔仓内混凝土的自由液面逐渐升高,空气在混凝土浆液的作用下扰动,并通过连通孔聚集至排气孔位置,形成排气通道,最终由排气孔排出隔仓。在此过程中,部分空气受剪切连接件的阻挡,在连通孔与排气孔附近聚集,形成脱空区域。

(2)从隔仓结构设计和混凝土浇筑工艺两个方面进行对比,讨论了不同因素对自密实混凝土在隔仓内充填质量及脱空区域分布的影响。

从隔仓结构设计角度来看,较小的连通孔间距和较多的排气孔可以促进箱体内流体的流动,有利于空气的排出和混凝土的自流平,从而改善脱空缺陷问题和提高混凝土的浇筑质量。排气孔位置对孔洞缺陷影响不大,排气孔位置的改变只影响排气孔所在部位内混凝土的填充质量。从施工方法上看,适当降低混凝土浇筑速度,有助于隔仓内空气的排出,且混凝土也有充足的时间自流平,浇筑速度的降低有利于自密实混凝土浇筑的稳定性和平滑性;排气管内混凝土的爬升高度对自密实混凝土的浇筑质量影响不大,试验采用以 300mm 的混凝土上升高度作为浇筑完成的评价标准是合理的。

(3)通过抗弯试验研究,分析了上翼缘局部屈曲、混凝土浇筑方式(是否设置支撑结构)等参数对钢-混凝土-钢结构抗弯性能的影响。试验结果表明,当下翼缘不设置剪力连接件时,抗弯承载力约有 10% 的降低,同时构件屈服后仍有良好的延性,经历了较长的屈服后强化段,可以达到全截面屈服时的极限承载力,设计中下翼缘可以考虑设置部分连接件作为构造措施;抗弯构件屈曲均发生在大塑性变形后,按全截面塑性方法计算得到抗弯承载力偏于安全,即屈服前不会发生局部屈曲。

(4)采用抗剪试验研究了剪跨比、混凝土宽度、纵横隔板布置形式等参数对钢-混凝土-钢结构抗剪性能的影响。试验结果表明,绝大部分构件出现剪切破坏的模式,均由腹板屈服及混凝土斜向压溃导致最后破坏,混凝土均沿 30°~45°方向发展剪切裂缝并形成斜压杆;试验结果表明,钢板屈服和混凝土受剪可以同时发挥作用并达到承载极限,不同抗剪机制的承载力可以叠加。通过参数控制,发现混凝土宽度对抗剪承载力的影响很大,说明混凝土部分承担了很大的剪力,其数值与混凝土斜压破坏剪力相当;横隔板对抗剪承载力的影响很大,说明了横隔板纯剪部分的抗剪承载力对总承载力有较大贡献。

(5)通过抗剪连接件受力性能试验,研究了混凝土与钢板间的相互约束作用和局部构造对连接件性能的影响。试验结果表明,混凝土处于受拉状态时,相对于处于受压状态,连接件的承载力降低约 10%,主要是由于连接件型钢所受混凝土约束较弱;正向角钢连接件和反向角钢连接件承载力差别不大;T 型钢连接件的承载力高于角钢连接件,主要原因是 T 型钢可增强连接件与周围混凝土之间的整体性,并改善连接件受力前方混凝土的受力状态;在钢壳结构正常使用阶段设计中,可不考虑滑移效应对钢壳混凝土受弯构件弹性应力的影响,按考虑混凝土开裂的容许应力法进行计算,但应保证单个抗剪连接件承受的剪力不大于 $0.75P_u$(P_u 为极限荷载)。

(6)通过抗弯承载试验和抗剪连接件推出试验,论证了脱空高度对钢壳混凝土结构承载能力的影响。试验结果表明,脱空高度为 10mm 以内对抗弯承载力影响不显著。为保证工程质量并结合工程施工的可实施性,建议控制钢与混凝土之间的脱空高度不大于 5mm;依据推出试验,脱空高度为 10mm 时,连接件承载力降低 9%~15%,脱空高度为 20mm 时,降低 28%~36%;开孔对承载力有一定影响,底部开孔率为 20% 时,承载力降低约 10%,同时考虑开孔和脱空高度影响时,即开孔和脱空高度为 10mm 同时影响时,承载力降低 20%。

(7)通过有限元数值仿真,分析了脱空高度对结构层整体性能的影响,结果表明 10mm 以内的混凝土整体脱空对整体力学性能影响不大,但是会对钢壳的变形产生一定影响。考虑承载力和施工变形的要求,可以将脱空高度控制在 5mm 以内。

第3章 沉管隧道脱空无损检测的近源波场理论

"三明治"结构沉管隧道是跨海隧道结构工程的重要组成部分,沉管外壳的内部结构复杂,使得自密实混凝土在沉管管节的预制浇筑过程中极易形成脱空缺陷,减小了钢结构与内部混凝土的黏结力,降低了结构的整体承载能力。由第2章可知,为准确识别钢壳混凝土浇筑过程中出现的脱空缺陷,研究了自密实混凝土浇筑过程中的流变特性及钢壳混凝土结构脱空区域的分布特性,依托复合沉管隧道结构的承载力性能试验,提出了钢壳混凝土脱空高度最大限值,为脱空检测标准的制定提供理论依据。本章首先详细介绍了弹性波近源波场理论,然后系统阐述了弹性波信号预处理方法,最后利用有限元分析软件和波数域弹性波数值模拟方法,建立各种缺陷情况的有限元数值仿真模型,验证并扩展了足尺原型试验,进一步研究了钢板厚度、脱空位置、缺陷尺寸、浮浆层等因素对冲击弹性波法检测结果的影响,明确了冲击弹性波法检测的应用范围和敏感性,以减少其在实际运用中的误判,提高检测精度。

3.1 弹性波近源波场理论

弹性波传播的数值模拟方法已被广泛应用于各种领域,包括地震学、地球物理和土壤力学、无损检测、凝聚态物理、声表面波器件和其他类型传感器、换能器的设计,以及生物医学超声工程。目前,已经发展出多种求解弹性波方程的数值方法,其中常用的包括有限元法、边界元法、有限体积法、积分方程法、有限差分法和伪谱法。

谱类方法的特点是利用傅里叶或多项式基函数描述弹性波场变量,与有限差分法相比,其优点是剖分网格尺寸要求低,每个波长只需两个剖分网格节点。在许多情况下(如傅里叶谱近似展开),可以使用快速傅里叶变换有效计算空间梯度。其中,伪谱法采用有限差分方式计算时间导数。作为谱类方法,波数域法(k-space methods)的特点是改进时间导数差分策略,通常用于求解具有解析解的均匀介质模型弹性波方程。在某些情况下,这允许对有限差分形式的时间导数或谱分解形式的空间导数进行调整,从而实现均匀介质弹性波场的精确求解,以及采用较大时间步长时,非均匀介质弹性波场(在指定精度下)的稳定求解。本节首先推导了波数域弹性波方程,其次推导了均匀介质弹性波方程的波数域精确解,并将其与交错网格伪谱法进行对比,以获取纵波和横波的波数空间传播算子,最后将其应用于一阶弹性波方程求解。求解过程中,使用波数域并矢张量将波场分解为纵波分量和横波分量,并分别采用单独的传播算子。此外,还讨论了数值模拟的细节问题,包括交错网格、吸收边界条件和源项等。最后,给出了几种典型模型的数值模拟结果,并将其与解析解或已发表的数值模拟结果进行对比验证。

3.1.1 弹性波方程的波数域形式

3.1.1.1 控制方程

各向同性弹性固体中变形基本方程可表示为:

$$\sigma_{ij} = \lambda \delta_{ij}\varepsilon_{kk} + 2\mu \varepsilon_{ij} \tag{3-1}$$

$$\varepsilon_{ij} = \frac{1}{2}\left(\frac{\partial u_i}{\partial x_j} + \frac{\partial u_j}{\partial x_i}\right) \tag{3-2}$$

式中,u_i 和 $u_j(i,j=1,2,3)$ 为位移;ε_{ij} 和 $\varepsilon_{kk}(i,j,k=1,2,3)$ 为应变;$\sigma_{ij}(i,j=1,2,3)$ 为应力;$\delta_{ij}(i,j=1,2,3)$ 为克罗内克函数;μ 和 λ 分别为拉梅常数;x_i 和 $x_j(i,j=1,2,3)$ 为笛卡尔坐标系的空间位置。若忽略弹性波传播的耗散特性,可引入牛顿第二定律:

$$\rho \frac{\partial^2 u_i}{\partial t^2} = \frac{\partial \sigma_{ij}}{\partial x_j} + f_i \tag{3-3}$$

式中,f_i 和 ρ 分别为体积力和质量密度;t 为弹性波传播时间。拉梅常数与纵波波速 c_p、横波波速 c_s 存在以下关系:

$$\begin{cases} \lambda + 2\mu = c_p^2 \rho \\ \mu = c_s^2 \rho \end{cases} \tag{3-4}$$

式(3-1)~式(3-3)可表示成以下耦合一阶方程:

$$\frac{\partial \sigma_{ij}}{\partial t} = \lambda \delta_{ij}\frac{\partial v_k}{\partial x_k} + \mu\left(\frac{\partial v_i}{\partial x_j} + \frac{\partial v_j}{\partial x_i}\right) \tag{3-5}$$

$$\rho \frac{\partial v_i}{\partial t} = \frac{\partial \sigma_{ij}}{\partial x_j} + f_i \tag{3-6}$$

式中,$v_i = \partial u_i / \partial t$,代表速度矢量。本部分的数值求解基于上述一阶方程。可通过消除应力张量获得二阶弹性波动方程。假设 $\boldsymbol{u} = (u_1, u_2, u_3)$,式(3-5)和式(3-6)可表示成以下矢量形式的方程:

$$\rho \frac{\partial^2 \boldsymbol{u}}{\partial t^2} = \nabla\lambda(\nabla \cdot \boldsymbol{u}) + \nabla\mu \cdot (\nabla\boldsymbol{u} + (\nabla\boldsymbol{u})^{\mathrm{T}}) + (\lambda + 2\mu)\nabla(\nabla \cdot \boldsymbol{u}) - \mu\nabla \times (\nabla \times \boldsymbol{u}) + \boldsymbol{f} \tag{3-7}$$

式中,$\cdot$ 和 $\times$ 分别代表矢量点积和乘积;$\boldsymbol{f}$ 代表矢量力源项;T 代表矩阵转置运算。对于均匀介质,方程右端前两项中拉梅常数的梯度为零,可简化为以下弹性波方程:

$$\frac{\partial^2 \boldsymbol{u}}{\partial t^2} - c_p^2 \nabla(\nabla \cdot \boldsymbol{u}) + c_s^2 \nabla \times (\nabla \times \boldsymbol{u}) = 0 \tag{3-8}$$

为了简便,这里省略了力源项。值得注意的是,针对非均匀介质,采用数值方法求解式(3-5)

和式(3-6),等效于求解式(3-7)。为了验证数值模拟结果,首先推导均匀介质弹性波方程的波数域解析解。

3.1.1.2 均匀介质弹性波方程的波数域解析解

傅里叶谱类法通常使用傅里叶变换将波场从空间域 $\boldsymbol{x} = (x_1, x_2, x_3)$ 映射到波数域 $\boldsymbol{k} = (k_1, k_2, k_3)$,即将波场在空间上进行傅里叶级数展开:

$$u_j(\boldsymbol{x}) = \sum_{\boldsymbol{k}} U_j(\boldsymbol{k}) e^{i\boldsymbol{k} \cdot \boldsymbol{x}} \tag{3-9}$$

式中,$\boldsymbol{U} = (U_1(\boldsymbol{k}), U_2(\boldsymbol{k}), U_3(\boldsymbol{k}))$ 代表波数域位移矢量。此时可直接计算空间梯度:

$$\frac{\partial}{\partial x_j} = F^{-1}\{ik_j F\{\cdot\}\} \tag{3-10}$$

式中,i 代表复数虚部;$k_j(j=1,2,3)$ 代表波数域的分量。空间梯度算子可表示为 $\nabla = i\boldsymbol{k}$。同时,存在如下关系式:

$$\boldsymbol{k} \times (\boldsymbol{k} \times \boldsymbol{U}) = (\boldsymbol{k}\boldsymbol{k} - k^2 \boldsymbol{I}) \cdot \boldsymbol{U} \tag{3-11}$$

式中,$k = |\boldsymbol{k}|$ 代表波数域矢量的模;$\boldsymbol{k}\boldsymbol{k}$ 代表 $\boldsymbol{k}$ 与自身外积形成的并矢张量;$\boldsymbol{I}$ 为单位矩阵。式(3-8)可表示为波数域形式:

$$\frac{\partial^2 \boldsymbol{U}}{\partial^2 t} + k^2 [c_p^2(\hat{\boldsymbol{k}}\hat{\boldsymbol{k}}) + c_s^2(\boldsymbol{I} - \hat{\boldsymbol{k}}\hat{\boldsymbol{k}})] \cdot \boldsymbol{U} = 0 \tag{3-12}$$

式中,$\hat{\boldsymbol{k}} = \boldsymbol{k}/k$,代表 $\boldsymbol{k}$ 的单位方向矢量。值得注意的是,对于单频率振荡信号,其对时间的二阶导数在频率域变为 $-\omega^2$,此时,ω 和 k 之间不存在简单的频散关系。变量 k 并非如纵横波速度为零($c_s = 0$ or $c_p = 0$)时具有简单的物理解释。

对于均匀介质,纵波和横波将独立传播,因此可以分离二者。形式上,可将位移矢量表示成标量势与矢量势之和,其波数域形式如下:

$$\boldsymbol{U} = \boldsymbol{U}_p + \boldsymbol{U}_s = i\boldsymbol{k}\phi + i\boldsymbol{k} \times \boldsymbol{\psi} \tag{3-13}$$

式中,$\boldsymbol{U}_p = i\boldsymbol{k}\phi$,$\boldsymbol{U}_s = i\boldsymbol{k} \times \boldsymbol{\psi}$,分别代表位移场的压缩分量和剪切分量。将其代入式(3-12),并利用二元恒等式:

$$\begin{cases} \hat{\boldsymbol{k}}\hat{\boldsymbol{k}} \cdot \boldsymbol{k} = \boldsymbol{k} \\ (\boldsymbol{I} - \hat{\boldsymbol{k}}\hat{\boldsymbol{k}}) \cdot \boldsymbol{k} = 0 \\ \hat{\boldsymbol{k}}\hat{\boldsymbol{k}} \cdot (\boldsymbol{k} \times \boldsymbol{\Phi}) = 0 \\ (\boldsymbol{I} - \hat{\boldsymbol{k}}\hat{\boldsymbol{k}}) \cdot (\boldsymbol{k} \times \boldsymbol{\Phi}) = (\boldsymbol{k} \times \boldsymbol{\Phi}) \end{cases} \forall \boldsymbol{\Phi} \tag{3-14}$$

式中,· 和 × 分别代表矢量点积和乘积;$\boldsymbol{\Phi}$ 代表任意矢量。可将式(3-12)分解为纵波和横波的传播方程:

$$\left(\frac{\partial^2}{\partial^2 t} + (c_p k)^2\right)\phi = 0 \tag{3-15}$$

$$\left(\frac{\partial^2}{\partial^2 t} + (c_s k)^2\right)\boldsymbol{\psi} = 0 \tag{3-16}$$

这些方程的解包含如下形式的标量格林函数：

$$g_p(\boldsymbol{k},t) = \begin{cases} 0 & t<0 \\ \sin(c_p kt)/(c_p k) & t\geq 0 \end{cases} \tag{3-17}$$

$$g_s(\boldsymbol{k},t) = \begin{cases} 0 & t<0 \\ \sin(c_s kt)/(c_s k) & t\geq 0 \end{cases} \tag{3-18}$$

利用该解，满足式(3-12)的矢量源项的并矢格林函数可表示成：

$$\boldsymbol{G}(\boldsymbol{k},t) = \boldsymbol{G}_p(\boldsymbol{k},t) + \boldsymbol{G}_s(\boldsymbol{k},t) \tag{3-19}$$

其中：

$$\boldsymbol{G}_p(\boldsymbol{k},t) = \begin{cases} 0 & t<0 \\ \hat{\boldsymbol{k}}\hat{\boldsymbol{k}}\sin(c_p kt)/(c_p k) & t\geq 0 \end{cases} \tag{3-20}$$

$$\boldsymbol{G}_s(\boldsymbol{k},t) = \begin{cases} 0 & t<0 \\ (\boldsymbol{I}-\hat{\boldsymbol{k}}\hat{\boldsymbol{k}})\sin(c_s kt)/(c_s k) & t\geq 0 \end{cases} \tag{3-21}$$

当(力)源项为矢量时，需要引入并矢格林函数。此时，波数域解可表示为：

$$\boldsymbol{U}(\boldsymbol{k},t) = \int \boldsymbol{G}(\boldsymbol{k},t-t') \cdot \boldsymbol{F}(\boldsymbol{k},t')\mathrm{d}t' \tag{3-22}$$

若 $t<0$，位移 $\boldsymbol{U}(\boldsymbol{k},t)=0$；若 $t=0$，位移 $\boldsymbol{U}(\boldsymbol{k},t)=\boldsymbol{U}_0(\boldsymbol{k})$，则等价于引入形如 $\boldsymbol{F}=\boldsymbol{U}_0\delta'(t)$ 的源项。该初值问题的解可表示为：

$$\boldsymbol{U}(\boldsymbol{k},t) = \cos(c_p kt)\hat{\boldsymbol{k}}\hat{\boldsymbol{k}} \cdot \boldsymbol{U}_0 + \cos(c_s kt)(\boldsymbol{I}-\hat{\boldsymbol{k}}\hat{\boldsymbol{k}}) \cdot \boldsymbol{U}_0 \tag{3-23}$$

3.1.1.3 均匀介质二阶位移弹性波方程

压缩和剪切分量的波数域改进在伪谱法中，式(3-12)可表示为一阶有限差分时间步长的形式：

$$\frac{\boldsymbol{U}(\boldsymbol{k},t+\Delta t) - 2\boldsymbol{U}(\boldsymbol{k},t) + \boldsymbol{U}(\boldsymbol{k},t-\Delta t)}{\Delta t^2} = -k^2[c_p^2(\hat{\boldsymbol{k}}\hat{\boldsymbol{k}}) + c_s^2(\boldsymbol{I}-\hat{\boldsymbol{k}}\hat{\boldsymbol{k}})] \cdot \boldsymbol{U} \tag{3-24}$$

由 $\boldsymbol{U}_p = \mathrm{i}\boldsymbol{k}\phi$ 可得 $\hat{\boldsymbol{k}}\hat{\boldsymbol{k}} \cdot \boldsymbol{U}_p = \boldsymbol{U}_p$ 和 $(\boldsymbol{I}-\hat{\boldsymbol{k}}\hat{\boldsymbol{k}}) \cdot \boldsymbol{U}_p = 0$。由 $\boldsymbol{U}_s = \mathrm{i}\boldsymbol{k}\times\boldsymbol{\psi}$ 可得 $\hat{\boldsymbol{k}}\hat{\boldsymbol{k}} \cdot \boldsymbol{U}_s = 0$ 和 $(\boldsymbol{I}-\hat{\boldsymbol{k}}\hat{\boldsymbol{k}}) \cdot \boldsymbol{U}_s = \boldsymbol{U}_s$。因此：

$$\boldsymbol{U}(\boldsymbol{k},t+\Delta t) - 2\boldsymbol{U}(\boldsymbol{k},t) + \boldsymbol{U}(\boldsymbol{k},t-\Delta t) = -4\left(\frac{c_p k\Delta t}{2}\right)^2 \boldsymbol{U}_p - 4\left(\frac{c_s k\Delta t}{2}\right)^2 \boldsymbol{U}_s \tag{3-25}$$

然后利用三角函数等式：

$$\cos[c_p k(t\pm\Delta t)] = \cos(c_p kt)\cos(c_p k\Delta t) \mp \sin(c_p kt)\sin(c_p k\Delta t)$$

将其带入式(3-23)可得：

$$U(\boldsymbol{k},t+\Delta t) - 2U(\boldsymbol{k},t) + U(\boldsymbol{k},t-\Delta t) = -4\sin^2\left(\frac{c_p k\Delta t}{2}\right)\boldsymbol{U}_\mathrm{p}(\boldsymbol{k},t) - 4\sin^2\left(\frac{c_s k\Delta t}{2}\right)\boldsymbol{U}_\mathrm{s}(\boldsymbol{k},t) \tag{3-26}$$

该式代表式(3-12)任意时间步长 Δt 的精确解,而式(3-24)仅适用于小时间步长 Δt。这表明,将 $(c_{p,s}k\Delta t/2)^2$ 替换为 $\sin^2(c_{p,s}k\Delta t/2)$,可在不降低精度的条件下增大时间步长 Δt。这提供了两种可行方案:①将 Δt 替换为 $\Delta t\mathrm{sinc}(c_{p,s}k\Delta t/2)$;②将 k^2 替换为 $k^2\mathrm{sinc}^2(c_{p,s}k\Delta t/2)$。由于 k^2 来源于式(3-8)的梯度项 $\nabla\rightarrow\mathrm{i}\boldsymbol{k}$,因此可得:

$$\nabla_{\mathrm{p,s}}\rightarrow\mathrm{i}\boldsymbol{k}\mathrm{sinc}(c_{p,s}k\Delta t/2) \tag{3-27}$$

下面使用这些波数域改进策略计算一阶方程的导数。

3.1.1.4 非均匀介质波数域一阶弹性波方程

研究非均匀介质中弹性波传播的方法之一是将介质弹性参数的扰动视作二阶弹性波动方程中的时变有效源项。然而,采用一阶耦合方程即式(3-5)和式(3-6)可十分简便地实现吸收边界条件(Absorbing Boundary Condition,ABC),消除数值模型人工截断边界造成的虚假反射,实现无限域的模拟。吸收边界条件对于傅里叶谱类方法十分必要,可有效避免波反效应。通过采用前向差分格式近似时间导数,可将波动方程改写成按时间步长 Δt 逐步积分的形式。非均匀介质的物性参数均为空间变化量,因此其弹性常数和密度均为空间坐标 $\boldsymbol{r}$ 的函数:

$$\sigma_{ij}(\boldsymbol{r},t+\Delta t) = \sigma_{ij}(\boldsymbol{r},t) + \Delta t\lambda(\boldsymbol{r})\delta_{ij}\frac{\partial v_k(\boldsymbol{r},t)}{\partial x_k} + \Delta t\mu(\boldsymbol{r})\left(\frac{\partial v_i(\boldsymbol{r},t)}{\partial x_j} + \frac{\partial v_j(\boldsymbol{r},t)}{\partial x_i}\right) \tag{3-28}$$

$$v_i(\boldsymbol{r},t+\Delta t) = v_{ij}(\boldsymbol{r},t) + \frac{\Delta t}{\rho(\boldsymbol{r})}\left(\frac{\partial\sigma_{ij}(\boldsymbol{r},t)}{\partial x_j} + f_i(\boldsymbol{r},t)\right) \tag{3-29}$$

出于灵活性考虑,本部分将采用上下标而非粗体符号。单位并矢 $\hat{\boldsymbol{k}}\hat{\boldsymbol{k}}$ 将写作 $\hat{k}_i\hat{k}_j$。p 和 s 将采用上标形式。

假设初始条件为 $\sigma_{ij}(\boldsymbol{r},t=0)$ 和 $v_i(\boldsymbol{r},t=0)$,式(3-28)和式(3-29)可采用如下数值求解流程:
(1)将粒子速度矢量分解为压缩分量(p)和剪切分量(s):

$$\begin{cases} v_i(\boldsymbol{k},t) = v_i^\mathrm{p}(\boldsymbol{k},t) + v_i^\mathrm{s}(\boldsymbol{k},t) \\ v_i^\mathrm{p}(\boldsymbol{k},t) = \hat{k}_i\hat{k}_j v_j(\boldsymbol{k},t) \\ v_i^\mathrm{s}(\boldsymbol{k},t) = (\delta_{ij} - \hat{k}_i\hat{k}_j)v_j(\boldsymbol{k},t) \end{cases} \tag{3-30}$$

(2)分别计算粒子速度矢量的散度 $\partial v_k/\partial x_k$,并矢元素 $\partial v_j/\partial x_i$ 及其转置 $\partial v_i/\partial x_j$。可采用式(3-27)中 p 和 s 的波数域梯度算子分别计算压缩分量(p)和剪切分量(s)的导数:

$$\frac{\partial_{\mathrm{p,s}}[\cdot]}{\partial x_j} = F^{-1}\{\mathrm{i}k_j\mathrm{sinc}(\hat{c}_{p,s}k\Delta t/2)F\{\cdot\}\} \tag{3-31}$$

为了保证数值计算的稳定性,其中 $\hat{c}_{p,s}$ 代表非均匀介质 P/S 波速的最大值,即 $\hat{c}_{p,s} = \max(c_{p,s}(\boldsymbol{r}))$。

(3) 计算压缩(p)和剪切(s)应力分量,并更新应力张量:

$$\Delta\sigma_{ij}^{p,s}(\boldsymbol{r},t) = \lambda(\boldsymbol{r})\delta_{ij}\frac{\partial_{p,s}v_k^{p,s}(\boldsymbol{r},t)}{\partial x_k} + \mu(\boldsymbol{r})\left(\frac{\partial_{p,s}v_i^{p,s}(\boldsymbol{r},t)}{\partial x_j} + \frac{\partial_{p,s}v_j^{p,s}(\boldsymbol{r},t)}{\partial x_i}\right) \quad (3\text{-}32)$$

$$\sigma_{ij}^{p,s}(\boldsymbol{r},t+\Delta t) = \sigma_{ij}^{p,s}(\boldsymbol{r},t) + \Delta t \Delta\sigma_{ij}^{p,s}(\boldsymbol{r},t) \quad (3\text{-}33)$$

(4) 重新整合剪切分量和压缩分量,并计算下一步的速度矢量:

$$\frac{\partial\sigma_{ij}}{\partial x_j}(\boldsymbol{r},t+\Delta t) = \frac{\partial_p\sigma_{ij}^p(\boldsymbol{r},t+\Delta t)}{\partial x_j} + \frac{\partial_s\sigma_{ij}^s(\boldsymbol{r},t+\Delta t)}{\partial x_j} \quad (3\text{-}34)$$

$$v_i(\boldsymbol{r},t+\Delta t) = v_i(\boldsymbol{r},t) + \frac{\Delta t}{\rho(\boldsymbol{r})}\left(\frac{\partial\sigma_{ij}}{\partial x_j}(\boldsymbol{r},t+\Delta t)\right) \quad (3\text{-}35)$$

(5) 返回步骤(1)进行下一个时间步长计算。

值得注意的是,非均匀介质中弹性波传播将发生模式转换,因此有必要合并和重新分解速度场,也就是在重新分解之前,将已从剪切(s)波转换为压缩(p)波的部分重新赋予速度场的压缩(p)分量,反之亦然。该方案使用交错网格和吸收边界实现,细节将在下一节中介绍。

3.1.2 弹性波数值模拟方法实现

3.1.2.1 时间和空间交错网格

交错网格在弹性波传播数值模拟中得到了广泛应用,尤其是在有限差分方法中。例如,梯度近似中心差分格式较前向或后向差分格式更精确。谱类方法并不需要对梯度计算进行改进,但交错网格已被证明可提高伪谱法的数值稳定性和计算效率。空间交错网格如图3-1所示。

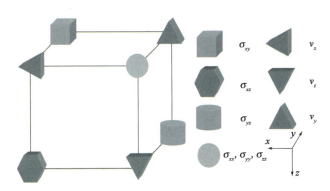

图3-1 三维空间交错网格示意图

注:二维空间交错网格仅使用顶层,同时采用时间交错格式,应力计算时刻分别为 $n\Delta t, n=0,1,\cdots$,速度计算时刻分别为 $(n+1/2)\Delta t$。

为了使用交错网格,有必要在半空间步长网格上定义介质参数,并且使用交错时间格式:与应力不同,速度以半个时间步 $\Delta t/2$ 计算。通过将式(3-31)的傅里叶分量移动半个网格间距,计算交错网格点处的场分量梯度:

$$\frac{\partial_{p,s}[\ \cdot\ ]}{\partial x_j^{\pm}} = F^{-1}\{ik_j\text{sinc}(\hat{c}_{p,s}k\Delta t/2)e^{\pm ik_j\Delta x_j/2}F\{\ \cdot\ \}\} \tag{3-36}$$

使用这些符号可以简洁地写出完整的离散方程。用于更新三个速度分量的剪切和压缩部分的六个方程可以写成：

$$v_i^{p,s}(\boldsymbol{r},t+\Delta t/2) = v_i^{p,s}(\boldsymbol{r},t-\Delta t/2) + \frac{\Delta t}{\rho^i(\boldsymbol{r})}\left\{\frac{\partial_{p,s}\sigma_{ij}^{p,s}(\boldsymbol{r},t)}{\partial x_i^+} + \sum_{j\neq i}\frac{\partial_{p,s}\sigma_{ij}^{p,s}(\boldsymbol{r},t)}{\partial x_j^-}\right\} \tag{3-37}$$

上式并不使用求和约定，而采用以下符号法则：

$$\rho^x(\boldsymbol{r}) = \rho(x+\Delta x/2, y, z)$$
$$\rho^y(\boldsymbol{r}) = \rho(x, y+\Delta y/2, z)$$
$$\rho^z(\boldsymbol{r}) = \rho(x, y, z+\Delta z/2)$$
$$\mu^{xy}(\boldsymbol{r}) = \mu(x+\Delta x/2, y+\Delta y/2, z)$$
$$\mu^{xz}(\boldsymbol{r}) = \mu(x+\Delta x/2, y, z+\Delta z/2)$$
$$\mu^{yz}(\boldsymbol{r}) = \mu(x, y+\Delta y/2, z+\Delta z/2)$$

规则网格则：$\mu(\boldsymbol{r}) = \mu(x,y,z)$，$\lambda(\boldsymbol{r}) = \lambda(x,y,z)$。12 个应力分量分为剪切和压缩部分的 6 个应力分量,可以采用以下等式进行更新:

$$\sigma_{ij}^{p,s}(\boldsymbol{r},t+\Delta t) = \sigma_{ij}^{p,s}(\boldsymbol{r},t) + \Delta t\lambda(\boldsymbol{r})\delta_{ij}\left(\frac{\partial_{p,s}v_{ij}^{p,s}(\boldsymbol{r},t+\Delta t/2)}{\partial x_k^-}\right) +$$
$$\Delta t 2\mu^*(\boldsymbol{r})\left(\frac{\partial_{p,s}v_i^{p,s}(\boldsymbol{r},t+\Delta t/2)}{\partial x_j^-} + \frac{\partial_{p,s}v_j^{p,s}(\boldsymbol{r},t+\Delta t/2)}{\partial x_i^-}\right) \tag{3-38}$$

其中对于常规网格（$i=j$），$\mu^*(\boldsymbol{r}) = \mu(\boldsymbol{r})$；对于交错网格（$i\neq j$），$\mu^*(\boldsymbol{r}) = \mu^{ij}(\boldsymbol{r})$。

该式采用求和约定。应该注意的是,使用交错网格时,必须根据式(3-39)修改波数域单位并矢,以考虑介质参数和波场变量的空间偏移。

$$\begin{cases}(\hat{k}_i\hat{k}_j)_{\text{staggered}} = (\hat{k}_i\hat{k}_j)_{\text{normal}} \times \xi_{ij} \\ \xi_{ij} = \begin{cases}1 & i=j \\ e^{i(k_{xi}\Delta_{xi}-k_{xj}\Delta_{xj})/2} & i\neq j\end{cases}\end{cases} \tag{3-39}$$

式中,括号前的 i 是虚数。值得注意的是,交错网格单位并矢非对称,与常规网格的单位并矢相反。

3.1.2.2 吸收边界条件

使用离散傅里叶变换计算空间梯度所隐含的波场周期性,将导致波场"缠绕"——当弹性波离开计算域的一侧时,会立即出现在另一侧。这种效应有时被称为"周期性边界条件",意味着计算必须比目标区域更大或大很多,以避免"缠绕"波场影响目标区域的波场。这将导致内存需求大幅增加,尤其是针对3D模拟,因此必须采取措施消除"缠绕"波。解决方案之一是在区域边缘采用完全匹配层(Perfectly Matched Layer,PML),逐渐降低靠近目标区域边缘的PML区域的波能量,以便当其到达边界并"缠绕"时,"缠绕"波场的振幅可以忽略不计。然而,仅仅吸收靠近每个边界的PML的所有场分量是不够的,因为这将影响计算区域非PML部分的波场。对于声波数值模拟,可通过人为地将标量压力场划分为与每个空间方向相关联的子场来解决,以便在PML区域仅衰减垂直于边界的分裂场。

针对弹性波的PML,可先将波场表示成矢量势,然后采用人工方式将其划分为依赖于方向的分裂场并衰减垂直于边界的分裂场。傅里叶谱类方法的缺点是,由于傅里叶变换的非局部性质,需计算全部网格点的势场及其相关辅助场,导致在每次计算时间步长中引入大量非必要的变量。另一种方法是直接使用向量场和张量场的分量实现PML。为了将该方法融入三维波数域弹性波传播数值模拟,速度场的6个分量和应力场的12个分量被分解为三个方向,以实现 x、y 和 z 方向的分裂场独立衰减。这增加了存储变量的数量,但可有效减少PML的网格数量。这里采用三个PML吸收系数来实现这一点,即 α_x、α_y 和 α_z,暂时未考虑时间交错计算。对于速度场:

$$\begin{cases} \dfrac{\partial_{p,s}}{\partial t}(_i v_i^{p,s}(\boldsymbol{r},t)) = \alpha_i(_i v_i^{p,s}(\boldsymbol{r},t)) + \dfrac{1}{\rho^i(\boldsymbol{r})}\left\{\dfrac{\partial_{p,s}\sigma_{ii}^{p,s}(\boldsymbol{r},t)}{\partial x_j^+}\right\} \\ \dfrac{\partial_{p,s}}{\partial t}(_j v_i^{p,s}(\boldsymbol{r},t)) = \alpha_j(_j v_i^{p,s}(\boldsymbol{r},t)) + \dfrac{1}{\rho^i(\boldsymbol{r})}\left\{\dfrac{\partial_{p,s}\sigma_{ij}^{p,s}(\boldsymbol{r},t)}{\partial x_j^-}\right\} \quad j \neq i \end{cases}$$

(3-40)

对于应力场:

$$\begin{cases} \dfrac{\partial_{p,s}}{\partial t}(_k \sigma_{ii}^{p,s}(\boldsymbol{r},t)) = \alpha_k(_k \sigma_{ii}^{p,s}(\boldsymbol{r},t)) + (\lambda(\boldsymbol{r}) + \mu(\boldsymbol{r})\delta_{ki}) \times \left(\dfrac{\partial_{p,s} v_k^{p,s}(\boldsymbol{r},t)}{\partial x_k^-}\right) \quad k=x,y,z \\ \dfrac{\partial_{p,s}}{\partial t}(_i \sigma_{ij}^{p,s}(\boldsymbol{r},t)) = \alpha_i(_i \sigma_{ij}^{p,s}(\boldsymbol{r},t)) + \mu^{ij}(\boldsymbol{r})\left(\dfrac{\partial_{p,s} v_j^{p,s}(\boldsymbol{r},t)}{\partial x_i^+}\right) \quad j \neq i \\ \dfrac{\partial_{p,s}}{\partial t}(_j \sigma_{ij}^{p,s}(\boldsymbol{r},t)) = \alpha_j(_j \sigma_{ij}^{p,s}(\boldsymbol{r},t)) + \mu^{ij}(\boldsymbol{r})\left(\dfrac{\partial_{p,s} v_i^{p,s}(\boldsymbol{r},t)}{\partial x_j^+}\right) \quad j \neq i \end{cases}$$

(3-41)

其中 $k,i,j=x,y,z$。注意式(3-40)和式(3-41)并未采用求和约定。基于波场沿每个特定空间方向的梯度人工标记其与方向相关的分裂场。例如,对于二维平面 (x,y) 中的应力场 σ_{xx},在每个时间步长的计算公式为 $(\lambda+2\mu)\partial u_x/\partial x + \lambda\partial u_y/\partial y$。其 x 方向的分裂场 $(\lambda+2\mu)\partial u_x/\partial x$ 与 x 方向的梯度 $\partial u_x/\partial x$ 成正比,其 y 方向的分裂场 $\lambda\partial u_y/\partial y$ 与 y 方向的梯度 $\partial u_y/\partial y$ 成正比。

式(3-40)和式(3-41)满足如下形式:$\partial R/\partial t = \alpha R + Q$,可重新排列为更稳定的计算形式 $\partial(e^{\alpha t}R(t))/\partial t = e^{\alpha t}Q(t)$。其中吸收衰减系数 $(\alpha_{xj}, j=x,y,z)$ 可根据如下幂律公式计算:

$$\alpha_{xj} = \alpha_{\max} \frac{c_{\max}}{\Delta x_j} \left(\frac{x_j - x_{j0}}{x_{j\max} - x_{j0}} \right)^n \tag{3-42}$$

式中,x_{j0}表示 PML 区域内边缘的坐标;$x_{j\max}$表示网格外边缘的坐标;$c_{\max}$表示纵横波速的最大值;Δx_j为 PML 区域的网格间距;$\alpha_{\max}$为 PML 中的最大吸收系数,单位为奈培/网格。

3.1.2.3 弹性波动方程的源项

对于数值模拟,在二维空间(x,y)中模拟了两种类型的源,压缩单极子和平面波。首先以位移压缩势(Φ)的形式考虑时间序列源$f(t)$,然后应用弹性本构方程式(3-1)和式(3-2)计算每个时间步长的应力。因此可通过向应力分量赋值来模拟超声学的短脉冲或地震学和海洋学中的爆炸性源,同时保持初始速度等于零。假设输入源信号序列为$f(t)$,入射圆柱状 P 波可以写成 $\phi = f(t - r/c_p)/\sqrt{r}$,其中,代表计算点与坐标原点的距离 $r = \sqrt{x^2 + y^2}$。该式可模拟三维空间中的线源或二维空间中的单极子源。利用本构方程式(3-1)和式(3-2)可得:

$$\begin{cases} \sigma_{xx} = \rho c_p^2 \left\{ 2g + r \frac{\partial g}{\partial r} \right\} - 2\rho c_s^2 \left\{ g + \frac{y^2}{r} \frac{\partial g}{\partial r} \right\} \\ \sigma_{yy} = \rho c_p^2 \left\{ 2g + r \frac{\partial g}{\partial r} \right\} - 2\rho c_s^2 \left\{ g + \frac{x^2}{r} \frac{\partial g}{\partial r} \right\} \\ \sigma_{xy} = \rho c_s^2 \frac{xy}{r} \frac{\partial g}{\partial r} \end{cases} \tag{3-43}$$

式中,$g = -(1/2c_p^2 r^2 \sqrt{r})\{f(t - r/c_p) + 2\sqrt{r} f'(t - r/c_p)\}$。为了满足这些条件,可以在相同节点处赋予法向应力一个已知值,并保持剪应力为 0。在 3D 空间中,单极子以 $\phi = f(t - r/c_p)/r$ 的形式传播球面波,可以采用类似的方法,得出相同的结论。

二维空间中沿任意方向x_j传播的平面 P 波 $f(t)$ 可表示为 $f(t - x_j/c_p)$。假设平面 P 波沿 x 方向传播,应用笛卡尔坐标系下的本构方程可得:

$$\begin{cases} \sigma_{xx} = \frac{\lambda + 2\mu}{c_p^2} f''\left(t - \frac{x}{c_p}\right) \\ \sigma_{yy} = \frac{\lambda}{c_p^2} f''\left(t - \frac{x}{c_p}\right) \\ \sigma_{xy} = 0 \end{cases} \tag{3-44}$$

式中,$f'' = \partial^2 f / \partial t^2$。式(3-44)表明,沿 x 方向传播的平面 P 波可等效于,将与 Lame 参数成正比的已知值赋予垂直于传播方向的线源节点处的法向应力,且 $\sigma_{xx} \neq \sigma_{yy}$,剪应力 σ_{xy} 为零。对于声波模拟,$\mu = 0, \sigma_{xx} = \sigma_{yy} = -p$,其中 p 代表声压,因此正向应力同步更新。同样,对于三维空间中传播的平面波,也可写出类似的关系式。在以下所有示例中,正应力源的时间信号为中心频率 a 和时延 t_0 的高斯脉冲一阶和二阶导数。

3.1.3 算法验证

3.1.3.1 无限均匀介质模型

第一个数值算例考虑无限均匀介质的爆炸性点源产生的弹性波场。点震源的数学表示为矩张量,其特征为9对力偶作用于一点,并可表示为对称二阶张量 $\boldsymbol{M}$。张量分量 m_{ij} 代表沿 i 轴施加并位于 j 轴上的一对反向力偶。结合给定介质弹性波场响应的格林函数,矩张量可用于计算任意震源机制引起的相应位移 u:

$$u_i = m_{jk} G_{ij,k} * s(t) \tag{3-45}$$

式中,$*$ 表示卷积运算;$G_{ij,k}$ 表示格林函数的空间导数;$s(t)$ 表示震源时间函数。均匀各向同性弹性介质中 P 波和 S 波的远场位移公式为:

$$\begin{cases} u_i^p = \dfrac{1}{4\pi r \rho V_p^3} \gamma_i \gamma_j \gamma_k m_{jk} \dot{s}\left(t - \dfrac{r}{V_p}\right) \\ u_i^s = \dfrac{1}{4\pi r \rho V_s^3} (\delta_{ij} - \gamma_i \gamma_j) \gamma_k m_{jk} \dot{s}\left(t - \dfrac{r}{V_s}\right) \end{cases} \tag{3-46}$$

式中,u_i^p 和 u_i^s 分别为距离震源 r 处的位移;V_p 和 V_s 分别为纵波和横波速度;γ_i 代表射线路径的第 i 个方向余弦;$\dot{s}$ 为震源函数的时间导数;δ_{ij} 为克罗内克函数;ρ 为介质的密度。这里采用位于 $x=100\text{m}, y=100\text{m}, z=100\text{m}$ 的爆炸点源,时间函数为高斯二阶导数(雷克子波):

$$R(t) = [1 - 2(\pi f_0 (t-t_d))^2] \exp[-(\pi f_0 (t-t_d))^2] \quad 0 < t < t_c \tag{3-47}$$

雷克子波持续时间为 $t_c = 0.06\text{s}$,中心频率 $f_0 = 60\text{Hz}$,时间延迟设置为 $t_d = 0.03\text{s}$,以便在脉冲达到峰值之前有足够的时间以确保输入脉冲在 $t=0$ 时为零。均匀介质的纵横波速分别为 $c_p = 3000\text{m/s}$ 和 $c_s = 1796\text{m/s}$,密度为 $\rho = 2500\text{kg/m}^3$。模型尺寸为 $200\text{m} \times 200\text{m} \times 200\text{m}$,均匀网格间距 $d_x = d_y = d_z = 3.0\text{m}$,对应每个最小波长($\lambda = c_s f_0 = 1796/60 \approx 30\text{m}$)包含约 10 个网格点。Courant-Friedrichs-Lewy 准则为 $\text{CFL} = c_0 \Delta t / \Delta x$,其中 c_0 代表纵横波速的最大值。这里设置 $\text{CFL} = 0.3$。数值计算时间为 $t = 0:0.0003:0.24(\text{s})$。设置 15 个接收传感器,坐标分别为:$X=0$,$Y=0$,$Z=0:10:140\text{m}$。模型全部边界采用 PML 来模拟三维无限区域,PML 厚度为 20 个网格点,幂率吸收系数 $\alpha_{\max} = 4$,幂率吸收指数 $n=4$,以最大程度消除边界反射和周期性边界条件引起的"缠绕"波场。将数值模拟结果与对应的解析解[式(3-46)]进行了比较。需要注意的是,需要将远场 x 方向位移 u_x 对时间求导以获取 x 方向速度分量 v_x。两种方法计算结果之间的误差采用均方根误差 $\sqrt{\sum_{nt}(v_x^{\text{kspace}} - v_x^{\text{analytical}})^2 / nt}$。其中,$nt$ 代表波形的总数据点数。如图 3-2 所示,数值模拟波形与解析解吻合良好,其均方根误差均在 7% 以内,两种方法的归一化振幅和响应相位没有明显差异。

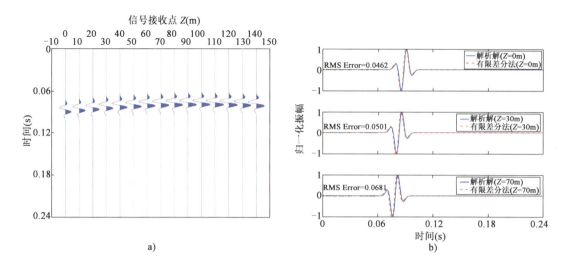

图 3-2 无限均匀介质中爆炸性点源产生的 x 方向粒子速度分量 v_x 的验证对比

3.1.3.2 非均匀介质:圆柱体对平面波的散射

本例模拟了弹性圆柱体纤维对平面 P 波的散射,并将数值模拟结果与解析解进行了对比。本例中弹性圆柱体是一种镶嵌在钛合金基体中的碳化硅纤维,是一种广泛应用于航空航天领域的复合材料。钛合金基体的弹性参数分别为: $c_p = 4500\text{m/s}, c_s = 2000\text{m/s}, \rho = 4800\text{kg/m}^3$。纤维的弹性参数分别为: $c_p = 10000\text{m/s}, c_s = 4100\text{m/s}, \rho = 2800\text{kg/m}^3$。源信号为脉冲平面波,时间函数为高斯函数一阶导数:

$$f(t) = \exp\left[\frac{-(2\pi f_0(t-t_d))^2}{4}\right](t-t_d) \qquad 0 < t < t_c \tag{3-48}$$

子波持续时间 $t_c = 600\text{ns}$,中心频率 $f_0 = 5\text{MHz}$,时间延迟设置为 $t_d = 300\text{ns}$。二维模型尺寸为 $14.4\text{mm} \times 14.4\text{mm}$,网格间距 $d_x = d_y = 50\mu\text{m}$,网格节点数为 288×288,对应于每个最小波长($\lambda = c_s f_0 = 2000/(5 \times 10^6) \approx 400\mu\text{m}$)包含约 8 个网格点。设置 Courant-Friedrichs-Lewy 准则 CFL=0.20。圆柱体纤维的半径为 1.2mm。二维模型边界同样采用 PML,厚度为 20 个网格点,幂率吸收系数 $\alpha_{\max} = 4$,幂率吸收指数 $n=4$。然而,为了有效模拟沿水平方向传播的平面波,需要取消模拟区域上下边界的 PML,以避免线状源两端节点产生的弹性绕射波,从而正确模拟理想的脉冲平面波。然而,在模拟圆柱体对平面波产生的散射作用时,由于使用了周期性边界条件,因此本例的模拟时窗设置在有限的范围内,以避免"缠绕"波场对结果的破坏。

图 3-3 显示了 $r = 3.6\text{mm}$ 处散射弹性波场水平和垂直位移的数值模拟结果与解析解的对比。为了获得频域数值结果,使用了宽频脉冲,并将 $r = 3.6\text{mm}$ 处的时域散射场转换至频域,然后将 5MHz 的结果进行比较,显示出高度一致性。图 3-4 分别显示了 $t = 1.31\mu\text{s}$、$1.50\mu\text{s}$、$1.70\mu\text{s}$、$2.25\mu\text{s}$ 的总速度绝对值 $v = \sqrt{v_x^2 + v_y^2}$ 的波场快照,显示比例尺为 $\text{dB} = 20\lg(v)$。

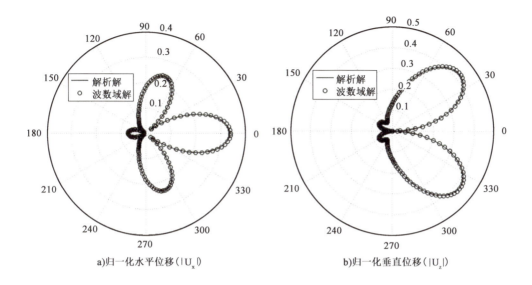

图3-3 弹性圆柱体纤维对中心频率5MHz平面P波在$r=3.6$mm处散射波场水平和垂直位移幅值

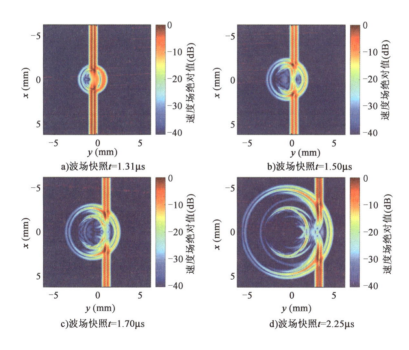

图3-4 镶嵌在钛合金基体中的碳化硅纤维对脉冲平面P波在不同时刻引起的散射波

该算例表明,本书提出的波数域模拟方法可便捷地处理多个领域的散射问题,相比有限差分等其他数值方法,尤其是在研究复杂几何体的散射效应时,可显著提升计算效率。这在许多领域都具有重要的应用价值,包括具有复杂微观结构的非均匀材料的超声无损评估(Non-Destructive Evaluation,NDE)、胶体系统中固体粒子的超声散射、地震学、地球物理学和生物医学工程等。

3.1.4 冲击产生的应力波

图3-5是冲击弹性波法示意图,该方法使用短时机械冲击产生应力波,并利用传感器监测直达应力波和反射应力波产生的表面位移。机械冲击可提供比电子传感器更高的激发能量。冲击产生的力—时间信号可近似为半周期正弦曲线。冲击力持续时间称为接触时间,必须仔细选择。接收传感器测量垂直于表面的位移,记录并存储为时域波形,如图3-5右上侧所示。冲击产生的能量会导致测试结构以一个或多个特征频率振动,这些频率提供了结构完整性的有关信息。数据分析方法的一个关键特征是将时域波形转换为振幅谱,可识别时域波形中包含的共振频率。

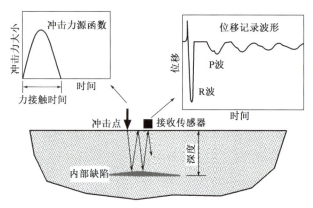

图3-5 冲击弹性波法示意图

如果固体在某一点被撞击,扰动会以三种应力波的形式从撞击点传播出去。P波和S波会沿着不断扩展的球面路径在固体中传播,R波沿着"近表面"区域远离撞击点(这类似于将卵石扔进池塘时产生的涟漪)。P波以最快的速度传播,与法向应力有关。当P波经过一个给定的点时,一个粒子平行于传播方向振动,也就是说,沿着从撞击点到粒子位置的半径振动(这条线被称为射线路径,类似于光线)。S波以较慢的速度传播,并与剪应力有关。当S波经过一个点时,粒子垂直于波的传播方向振动。R波以最慢的速度移动,就粒子运动而言更为复杂。当R波经过一个点时,一个粒子沿着椭圆路径移动。表3-1根据粒子相对于传播方向的运动、相对波速和能量比例对三种应力波进行了总结。可见,大部分能量都包含在R波中。图3-5中的时域波形显示了R波的影响,即波形开始时的大振幅位移。

根据三种波之间的能量分配可以推断,粒子运动的振幅沿波包络方向不同。冲击点源引起的粒子运动的振幅没有解析解,但已获得振荡点源的解析解。图3-6显示了沿每个波包络不同位置的粒子运动的相对振幅。P波沿垂直射线路径的振幅最高,而S波沿倾斜射线路径的振幅最高。该图显示了R波粒子运动的垂直分量的振幅。R波振幅随表面距离而衰减,因此被称为表面波。R波的深度取决于波的频率,也就是说,频率越高(波长越短),深度越小。

在冲击弹性波法中,P波是"观察"混凝土的主要波型。如果接收传感器靠近冲击点,则P波振幅较高,S波振幅较低。同时,图3-6显示了P波一次往返的入射和反射路径。入射路径上的粗实线代表P波的相对振幅。通常,冲击点到接收传感器的距离应为待测最浅反射界面深度的20%~50%。如果接收传感器距冲击点太远,记录波形将包括反射S波的影响。

表3-1 冲击点源在固体中产生的三种应力波

应力波类型	粒子运动轨迹	波速	相对波速（泊松比 $\nu=0.2$）	能量比例（%）
P波	平行于传播方向	$C_p = \sqrt{\dfrac{E(1-\nu)}{\rho(1+\nu)(1-2\nu)}}$	1	7
S波	垂直于传播方向	$C_s = \sqrt{\dfrac{E(1-\nu)}{2\rho(1-2\nu)}}$	0.61	26
R波	逆进椭圆	$C_R = C_s \dfrac{0.87+1.12\nu}{1+\nu}$	0.56	67

注:E=杨氏模量,ν=泊松比,ρ=密度。

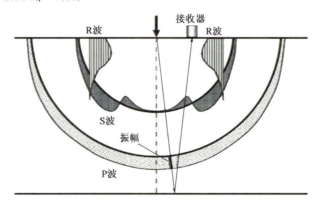

图3-6 振荡点源产生的三种应力波的相对振幅示意图

3.1.5 界面反射

如果穿过材料1的应力波入射到不同材料2之间的界面上,则入射波的一部分会被反射。反射振幅是入射角的函数,如果入射角为90°(正入射),则反射振幅最大,反射系数 R 可表示为:

$$R = \frac{Z_2 - Z_1}{Z_2 + Z_1} \tag{3-49}$$

式中,Z_2为材料2的声阻抗;Z_1为材料1的声阻抗。声阻抗是材料的一种特性,等于材料的波速和密度的乘积。表3-2列出了常见材料的P波声阻抗的近似值。最后一列给出了基于公式(3-49)的表3-2中对应材料和混凝土分界面处的反射系数。可以看出,混凝土-空气界面处反射系数的绝对值在所有实际情况下均等于1。这意味着,如果穿过混凝土的P波遇到空气界面,会发生全反射。正是这一特性使应力波传播成为定位固体(如混凝土)中空隙和裂缝的有力工具。

不同材料的声阻抗和混凝土中界面的P波反射系数　　　　表3-2

材　料	声阻抗[kg/(m²·s)]	界面的P波反射系数
空气	412	−1.00
水	1.48×10^6	−0.75 ~ −0.65
土壤	$(0.3 \sim 4) \times 10^6$	−0.90 ~ −0.30
混凝土	$(7 \sim 10) \times 10^6$	—
钢	47×10^6	0.65 ~ 0.75

根据两种材料声阻抗的相对值,式(3-49)给出的反射系数可以是负的,也可以是正的。若 $Z_2 < Z_1$,比如混凝土-空气界面,反射系数为负。这意味着反射波的应力符号与入射波的应力符号相反。因此,具有压应力的入射P波将反射为具有拉应力的P波。若 $Z_2 > Z_1$,反射系数为正,且应力符号没有变化。在这种情况下,带有压应力的入射P波将反射为带有压应力的P波。这些差异对于区分混凝土-空气界面和混凝土-钢界面的反射至关重要。

图3-7说明了在自由边界混凝土板和钢界面混凝土板中经历多次反射后,由于P波的到达,表面响应的差异。在前一种情况下,P波每次反射都会改变符号。当P波到达板的顶部时,它与拉伸应力有关,并将表面向内拉,如示意波形所示。图中2P、4P、6P代表P波到达顶面时传播的板厚度,如2P代表2倍的板厚。表面运动中连续相似模式之间的时间间隔:$\Delta t = 2T/C_{\text{plate}}$。如图3-7a)所示,P波到达的频率与时间间隔成反比:$f = 1/\Delta t = C_{\text{plate}}/(2T)$。

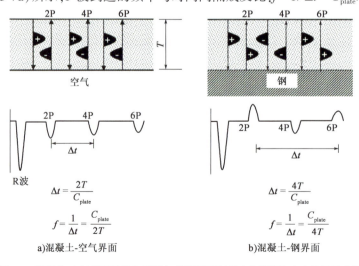

图3-7　混凝土-空气界面反射和混凝土-钢界面反射的冲击弹性波响应差异示意图

对于混凝土-钢界面，第一次反射的 P 波与压缩应力有关，当它到达顶面时，它将表面向外推。到达顶部表面的第二个 P 波（图中显示为 4P）与拉伸应力有关，并将表面向内拉。因此，P 波的每次到达都与不同的应力有关，表面交替向外推和向内拉。相似位移模式之间的时间间隔是混凝土-空气界面的两倍：$\Delta t = 4T/C_{\text{plate}}$，频率为混凝土-空气界面值的一半：$f = 1/\Delta t = C_{\text{plate}}/(4T)$。

总之，P 波在板的顶面和对侧之间经历多次反射，冲击弹性波法监测到达顶面的 P 波引起的表面位移。如果板内有反射界面，P 波将从该界面反射。如果界面位于混凝土和空气之间，则会出现全反射，反射后应力会发生变化。如果界面与钢接触，则会发生小于全反射的情况，到达表面的反射 P 波在拉伸应力和压缩应力之间交替。利用这个特征差异，可以区分混凝土-钢界面和混凝土-空气界面的反射。因此，钢筋反射产生的信号将不同于空隙和裂缝反射产生的信号。

3.1.6 板厚模式

如上一小节所示，撞击板表面产生的 P 波在平板边界之间或边界与内部界面之间经历多次反射。图 3-8 显示了 P 波在两个平板边界之间反射时的波前模式。P 波的多次反射产生共振条件，类似于用小刀敲击酒杯，会发出与酒杯几何结构相关的响声。共振频率与特定的振动模式形状有关。当混凝土板被撞击时，它也会以共振频率发出响声，并具有相关的振动模式。如图 3-9 所示，自由平板中有两种常见的振型。图 3-9a）的振型相对于平板的中心面对称，与厚度模式频率有关。图 3-9b）的振型是反对称的，因为上下界面振动方向相同，与较低频的弯曲振动有关。

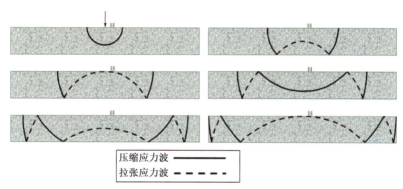

图 3-8 P 波在平板自由表面之间的多次反射

冲击弹性波测试中，自由平板的厚度模式振动与"平板兰姆波"有关。对称兰姆波的重要之处在于，其波速小于 P 波在无限半空间中的传播速度。对于薄板，平板波速由以下近似关系式给出：

$$C_{\text{plate}} \approx \sqrt{\frac{E}{\rho(1-\nu^2)}} \tag{3-50}$$

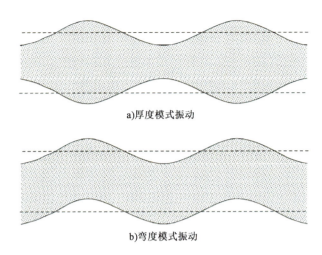

a)厚度模式振动

b)弯度模式振动

图 3-9　自由平板的厚度模式振动和弯曲模式振动

平板波速与 P 波速度的比率由以下关系式给出：

$$\frac{C_{\text{plate}}}{C_{\text{p}}} = \sqrt{\frac{(1+\nu)(1-2\nu)}{(1-\nu)(1+\nu^2)}} \tag{3-51}$$

因此，平板波速通过泊松比与纵波速度联系起来。表 3-3 显示了公式（3-51）给出的混凝土典型的泊松比范围。

平板波速与 P 波波速的比值　　　　　　　表 3-3

泊松比	$C_{\text{plate}}/C_{\text{p}}$	
	式(3-51)	Gibson 和 Popovics
0.18	0.976	0.955
0.20	0.968	0.953
0.22	0.959	0.950

Gibson 和 Popovics 求解了板的对称厚度模式振动的控制方程，并确定了表 3-3 第 3 列所示的波速比。虽然第 2 列和第 3 列中的数值并不完全相同，但它们表明平板波速略低于纵波速度。根据经验，Sansansole 建议比值为 0.96，该值在 ASTM-C1383 中用于根据表面测量获得的 P 波速度计算厚度。总之，冲击弹性波测试基于激励平板的厚度振动模式。厚度频率（f_T）与平板波速（C_{plate}）以及平板厚度 T 之间的关系为：

$$T = \frac{C_{\text{plate}}}{2f_T} \tag{3-52}$$

因此，冲击弹性波测试的目标是确定厚度频率，这可用于计算反射界面的深度。厚度频率可通过信号处理从时域波形中获得。

上述讨论适用于"板状"构件，其定义为长度至少为厚度 6 倍的平板。必须满足最小的横向尺寸，以使得冲击响应由厚度模式共振控制。对于棱柱状构件，如梁或柱，侧边界也会反射应力波,随着时间的推移,反射波前的图像比图 3-8 所示的更复杂。构件边界的多次反射导致许多振动模式,统称为"横截面模式"。因此,如果实心柱或梁受到冲击,则响应包括多个特征频率。

图 3-10 显示了方形柱侧面受到点冲击时激发的横截面振动模式。第一种模式类似于平板的厚度模式,但由于两个方向可自由振动,视波速小于平板波速。图 3-10 中的振幅谱显示了方形截面实心棱柱构件的响应。这 6 种振型对应振幅谱中的 6 个峰值频率。如图中右上角的表中所示,振型模式 2~6 的特征频率与模式 1 的特征频率存在比例关系。Popovics 表明,不同模式的频率比值是泊松比的函数,图 3-10 中的比值适用于典型的混凝土泊松比 $\nu=0.2$。这种对泊松比的依赖符合预期,因为振动模式由纵波和横波的相互作用引起,而波速比又是泊松比的函数。

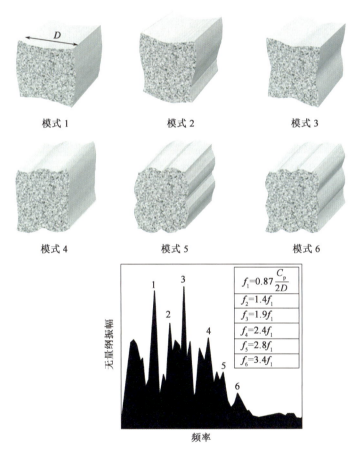

图 3-10 方形截面实心棱柱构件的振型和频率比

圆形或矩形横截面的棱柱构件的横截面模式将具有不同于图 3-10 所示的频率比值。虽然棱柱构件的振幅谱因多次共振而十分复杂,但内部不连续性的存在将破坏频率峰值的模式,这样可以确定是实心构件还是包含缺陷的构件。在任何冲击弹性波调查中,重要的一步是计算不同假设条件下的预期频率值。这在测试棱柱构件时尤其重要,因为需要知道实心构件的理论频率比值。如果冲击弹性波试验结果证实了计算出的频率比,则可以假定构件在该试验位置是实心的。如果峰值模式不同于预期,可以假设存在某种类型的缺陷,采用不同试验位置和冲击持续时间进行额外调查可能能够确定缺陷的高度。

3.2 弹性波信号预处理方法

3.2.1 基于数字带通滤波的信号消噪方法

滤波是现代通信和控制中常用的信号处理方法之一。所谓滤波就是对一系列带有误差的实际测量数据进行处理,滤除信号中的干扰,从而尽可能地恢复被噪声干扰了的信息流。

在信号分析中,数字滤波是通过数学运算从所采集的离散信号中选取人们感兴趣的一部分信号的处理方法。其主要作用是滤除测试信号中的噪声成分和虚假成分、提高信噪比、抑制干扰信号、分离频率分量等。滤波器按照频率范围分为低通滤波器、高通滤波器、带通滤波器、带阻滤波器和梳状滤波器。按照数学运算方式,可分为频域滤波器和时域滤波器。

数字滤波的频域方法的特点是方法简单,计算速度快,滤波频带控制精度高,可以用来设计包括多带梳状滤波器的任意响应滤波器。频域数据的截断会形成谱泄漏,并最终导致滤波后的时域信号失真。本小节主要介绍数字带通滤波的时域方法。

信号进入滤波器后,部分频率成分可以通过,部分受到阻挡。能通过滤波器的频率称为通带,受到阻挡或被衰减的频率范围称为阻带。通带和阻带的交界点称为截止频率。在滤波器的设计中,往往在通带和阻带之间留有一个由通带逐渐变化到阻带的频率范围,这个频率范围称为过渡带。

根据定义,数字滤波器的输入时间信号 $x(t)$ 与输出时间信号 $y(t)$ 在 Z 域内的关系表达式为:

$$Y(z) = H(z)X(z) \tag{3-53}$$

实现滤波功能的运算环节称为滤波器,数字滤波器可以用系统函数(传递函数)表示为:

$$H(z) = \frac{Y(z)}{X(z)} \tag{3-54}$$

数字滤波的时域方法是指将离散数据信号通过代入差分方程进行滤波的一种方法。经典数字滤波器的实现方法有两种:一种是 IIR 滤波器,即无限长冲击响应滤波器;另一种是 FIR 滤波器,即有限长冲击响应滤波器。

FIR 滤波器的滤波表达式可以用差分方程的形式表达为:

$$y(n) = \sum_{k=0}^{N-1} b_k x(n-k) \tag{3-55}$$

式中,$x(n-k)$、$y(n)$ 分别为输入和输出时域信号序列;b_k 为输出系数。

FIR 滤波器的特征是冲击响应,并且只能延续一定的时间,在工程实际应用中,只能采用非递归的算法来实现。一般而言,FIR 滤波器的设计着重于线性相位滤波器的设计。其主要优点是:由于具有有限长的单位冲击响应,所以总是稳定的,并且很容易使滤波器具有精确的线性相位;在设计中只包含实数算法,不涉及复数运算;不存在延迟失真,只有固定数量的延迟。长度为 M 的滤波器,计算量为 $M/2$。其主要缺点是:在给定滤波性能的条件下,FIR 滤波器的阶数要比 IIR 滤波器的高得多,相应地,时间延迟也要比同样性能的 IIR 滤波器大得多。

IIR 滤波器的特征是具有无限持续时间的冲击响应。由于这种滤波器一般需要用递归模型来实现,因而又称为递归滤波器,其数学表达式可用差分方程来描述:

$$y(n) = \sum_{k=0}^{M} a_k x(n-k) - \sum_{k=1}^{N} b_k y(n-k) \tag{3-56}$$

式中,$x(n-k)$、$y(n-k)$ 分别为输入和输出时域信号序列;a_k、b_k 均为滤波系数,系统函数可以用下式表示:

$$H(z) = \frac{\sum_{k=0}^{M} a_k z^{-k}}{1 + \sum_{k=1}^{N} b_k z^{-k}} \tag{3-57}$$

式中,N 为滤波器的阶数,或称滤波器系统传递函数的极点数;M 为滤波器系统函数的零点数;a_k、b_k 均为权函数系数。

IIR 滤波器的设计通常借助于模拟滤波器原型,再将模拟滤波器转换成数字滤波器。模拟滤波器的设计较为成熟,既有完整的设计公式,也有完整的可供查询的图表,因此充分利用这些已有的资源无疑会给数字滤波的设计带来很多便利。常用的低通模拟滤波器的原型产生函数有巴特沃斯滤波器原型、切比雪夫Ⅰ型和Ⅱ型滤波器原型、椭圆滤波器原型和贝塞尔滤波器原型。下面就带通滤波的滤波器设计进行详细介绍。

通过对原型低通模拟滤波器进行频率变换,可以得到不同类型的模拟滤波器。表 3-4 为模拟滤波器的频率变换公式。

模拟滤波器频率变换公式 表 3-4

滤波器类型	截止频率	频率变换公式
低通	Ω_1	$s = s/\Omega_1$
高通	Ω_1	$s = \Omega_1/s$
带通	$\Omega_1,\Omega_2(\Omega_1 < \Omega_2)$	$s = (s^2 + \Omega_a^2)/\Omega_b s$
带阻	$\Omega_1,\Omega_2(\Omega_1 < \Omega_2)$	$s = \Omega_b s/(s^2 + \Omega_a^2)$

注:表中 $\Omega_a = \sqrt{\Omega_1 \Omega_2}$,$\Omega_b = \Omega_2 - \Omega_1$,$\Omega_1$ 为角频率。

模拟滤波器的传递函数一般表达式为:

$$H(s) = \frac{a_0 + a_1 s + \cdots + a_m s^m}{b_0 + b_1 s + \cdots + b_n s^n} \quad m < n \tag{3-58}$$

式中,s 为传递函数的中间参数;a_i、b_i 分别为函数分子和分母的第 i 阶展开系数,$i = 0, 1, 2, \cdots, n$;m、n 分别为分子、分母的阶数。

IIR 滤波器的传递函数的一般表达式为：

$$H(Z) = \frac{e_0 + e_1 z^{-1} + \cdots + e_n z^{-n}}{f_0 + f_1 z^{-1} + \cdots + f_n z^{-n}} \tag{3-59}$$

式中，z 为传递函数的中间参数；e_i、f_i 分别为函数分子和分母的第 i 阶展开系数，$i=0,1,2,\cdots,n$；n 为展开阶数。

由以上两式可知，只要能找到原型模拟滤波器中的系数集 $\boldsymbol{AB}^T = [a_0, a_1, \cdots, a_m, b_0, b_1, \cdots, b_n]$ 与目标 IIR 滤波器中的集合 $\boldsymbol{EF}^T = [e_0, e_1, \cdots, e_n, f_0, f_1, \cdots, f_m]$ 之间的转换关系，那么，IIR 滤波器的设计就可以用计算机自动进行。下面以带通滤波器的转换关系为例对其进行详细介绍。

IIR 滤波器设计的起点是归一化的原型低通模拟滤波器，截止频率为 1Hz。设原型低通模拟滤波器的传递函数为式(3-58)，从表 3-4 可得目标带通模拟滤波器的传递函数为：

$$H_2(s) = \frac{c_0 + c_1 s + \cdots + c_n s^n \cdots + c_{2n} s^{2n}}{d_0 + d_1 s + \cdots + d_n s^n \cdots + d_{2n} s^{2n}} \tag{3-60}$$

式中，c_i、d_i 分别为函数分子和分母的第 i 阶展开系数。

推导原型模拟滤波器到目标模拟滤波器的传递矩阵，为讨论方便，引入函数 $f(a,b)$，并令：

$$f(a,b) = \begin{cases} 0 & b < a, b < 0, \text{或者 } b \text{ 不是整数} \\ \dfrac{a!}{b!(a-b)!} & \text{其他} \end{cases} \tag{3-61}$$

对于截止频率为 Ω_1、Ω_2 的带通滤波器设计，根据表 3-4 中的频率转换公式，原型与目标模拟带通滤波器传递函数的系数之间的关系可用以下矩阵表示。

$$\begin{bmatrix} c_0 \\ c_1 \\ \cdot \\ \cdot \\ \cdot \\ c_{2n} \end{bmatrix} = \boldsymbol{X}_{nm}^{BP} \boldsymbol{S}_m^{BP} \begin{bmatrix} a_0 \\ a_1 \\ \cdot \\ \cdot \\ \cdot \\ a_m \end{bmatrix}; \quad \begin{bmatrix} d_0 \\ d_1 \\ \cdot \\ \cdot \\ \cdot \\ d_n \end{bmatrix} = \boldsymbol{S}_n^{BP} \begin{bmatrix} b_0 \\ b_1 \\ \cdot \\ \cdot \\ \cdot \\ b_n \end{bmatrix} \tag{3-62}$$

式中，$\boldsymbol{X}_{nm}^{BP} = (\boldsymbol{\Omega}_b)^{n-m} \begin{bmatrix} \boldsymbol{O}_{n-m,2m+1} \\ \boldsymbol{I}_{2m+1} \\ \boldsymbol{O}_{n-m,2m+1} \end{bmatrix} \in \Re^{(2n+1)\times(2m+1)}$；$\boldsymbol{S}_{nm}^{BP} = [s_{ij}^{BP}] \in \Re^{(2n+1)\times(n+1)}$；$s_{ij}^{BP} = f(j,(i+j-n)/2) \Omega_a^{j-i+n} \Omega_b^{n-j}$。

通过双线性变换，模拟滤波器传递函数可以转换为数字滤波器的传递函数。设模拟滤波器的传递函数为式(3-58)，将双线性变换公式 $s = \dfrac{1}{T} \cdot \dfrac{1-z^{-1}}{1+z^{-1}}$（式中 T 为信号周期）代入式(3-58)即可得数字滤波器的传递函数，即式(3-59)。定义如下两个矩阵：

$$\boldsymbol{Y}_{nm} = [y_{ij}] \in \Re^{(n+1)\times(m+1)}, y_{ij} = f((n-m),(i-j))$$

$$\boldsymbol{Q}_n = [q_{ij}] \in \Re^{(n+1)\times(n+1)}, q_{ij} = \sum_{k=0}^{i}(-1)^{i-k}f(j,(i-k))f((n-j),k)$$

则从模拟滤波器到数字滤波器的转化可用如下矩阵表示：

$$\begin{bmatrix} e_0 \\ e_1 \\ \cdot \\ \cdot \\ \cdot \\ e_n \end{bmatrix} = \boldsymbol{Y}_{nm}\boldsymbol{Q}_m \begin{bmatrix} a_1 \\ a_2 \\ \cdot \\ \cdot \\ \cdot \\ a_m \end{bmatrix}; \begin{bmatrix} f_0 \\ f_1 \\ \cdot \\ \cdot \\ \cdot \\ f_n \end{bmatrix} = \boldsymbol{Q}_n \begin{bmatrix} b_0 \\ b_1 \\ \cdot \\ \cdot \\ \cdot \\ b_n \end{bmatrix} \quad (3-63)$$

IIR 滤波器的设计步骤如下：

（1）按一定规则将给出的数字滤波器的技术参数转换为模拟滤波器的技术参数。

（2）根据转换后的技术参数设计模拟滤波器；考虑到一些工具箱中只提供了低通模拟滤波器，故若要设计高通、带通或带阻滤波器，首先应将高通、带通或带阻的技术参数转换为低通模拟滤波器的技术参数，然后按一定规则设计出低通模拟滤波器。

（3）按一定规则将模拟滤波器转换为数字滤波器。

下面应用 IIR 带通滤波器对一信号进行消噪分析：某信号数学表达式 $y(t) = \mathrm{e}^{-0.2t}\sin(6\pi t) + \mathrm{rand}(0,1)$ 为一频率为3Hz 的正弦信号，在此基础上加上一个高斯白噪声信号，原始信号和加入白噪声后信号如图 3-11 所示，经过带通滤波器（通带 2.5~3.5Hz，阻带 2~4Hz）滤波后的信号如图 3-12 所示。

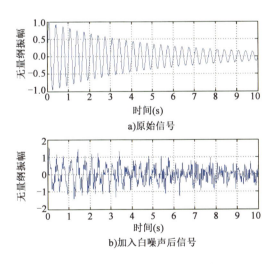

图 3-11 原始信号和加入白噪声后信号

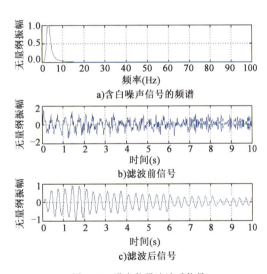

图 3-12 噪声信号滤波后信号

结合以上实例可以发现：

（1）在信号消噪时，如果无法确定信号的频率范围，则可能过滤掉有效信号。在实际工程中，可以借助于有限元模拟，了解结构的前几阶频率范围，进而应用该方法进行滤波处理，即可以有效地消除噪声，提高频率的识别精度。

(2)由图3-11和图3-12可以看出,滤波基本上消除了高斯白噪声的影响,使信号变得光滑。另外,波峰和波谷的数目与原始信号基本一致,但是信号的幅值在一定程度上有所降低。这说明滤波在一定程度上也消减了信号的能量,使得信号的幅值降低。即,使用基于数字滤波的方法对信号进行滤波后,若使用模态参数识别方法对阻尼比进行识别,识别结果有可能是不准确的。

3.2.2 基于小波理论的振动信号消噪方法

一直以来,傅里叶变换在信号处理领域占据着重要的位置,其对信号有三个基本假设:线性、高斯性和平稳性。然而在现代信号处理中,非平稳信号的处理和研究越发引人注目。傅里叶分析是一种全局变换,无法表述信号的时频局部性质,即不能将信号的时域和频域有机地结合起来,不具备局部分析信号的功能。此外,传统消噪方法的不足在于使信号变换后的熵增高、无法刻画出信号的非平稳特性并且无法得到信号的相关性。为了弥补上述缺点,人们开始使用小波变换解决信号消噪问题,主要手段包括:小波分解与重构法、非线性小波变换法及平移不变量小波消噪法等。下面重点对小波分解与重构法进行详细介绍。

小波变换是近年来发展起来的一种新的信号处理工具,其具有多分辨率的时频分析特性,不仅适用于平稳信号的分析处理,还适用于非平稳的振动信号的分析处理。应用小波变换对信号进行消噪具有以下优点:

①低熵性:小波系数的稀疏分布,使信号变换后的熵降低。

②多分辨率特性:可以非常好地刻画信号的非平稳特性,如边缘、尖峰、断点等。

③去相关性:可以去除信号的相关性,且噪声在小波变换后有白化趋势,所以比时域方法更利于消噪。

④选基灵活性:小波变换可以灵活选择基函数,可以根据信号特点和消噪要求选择合适的小波。

小波消噪的基本原理是:携带信息的原始信号在小波域的能量相对较为集中,这个特点表现为在能量密集区域的信号分解系数的绝对值较大,而噪声信号的能量谱相对分散,所以小波系数的绝对值较小。基于以上前提,就可以通过小波分解,并通过作用阈值的方法过滤掉绝对值小于一定阈值的小波系数,从而达到消噪目的。

小波消噪处理的算法是:

①强制消噪处理。将一维信号小波分解,把小波分解结构中的高频系数全部变为零,再对信号进行重构。这种方法比较简单,重构后的信号比较平滑,但容易丢失信号的某些高频有用成分。

②给定阈值消噪处理。分为三个步骤:一维信号的小波分解;小波分解高频系数的阈值量化;一维小波的重构。

小波分析被认为是傅里叶分析方法的突破性发展,是一种新的时变信号时-频两维分析方法。与短时傅里叶变换的最大不同是分析精度可变,是一种通过加时变窗进行分析的方法,在时-频相平面的高频段具有高的时间分辨率和较高的频率分辨率,这正符合低频信号变化缓慢而高频信号变化迅速的特点。小波变换比短时傅里叶变换具有更好的时频窗口特性,克服了傅里叶变换中时-频分辨率恒定的弱点,因此能在具有足够时间分辨率的前提下分析信号中的短时高频成分,又能在很好的频率分辨率下估计信号中的低频成分。但小波分析源于傅里叶分析,小波函数的存在性证明依赖于傅里叶分析,因此不可能完全取代傅里叶分析。本质上,小波变换仍是一种线性变换,不能用于处理非线性问题。此外,小波变换的分析分辨率仍有一定的极限,这使得变换结果在某些场合失去了物理意义。

假设有如下测量信号 $f(t)$:

$$f(t) = s(t) + n(t) \tag{3-64}$$

式中,$s(t)$ 为有用量测信号;$n(t)$ 为方差为 σ^2 的高斯白噪声,服从 $N(0,\sigma^2)$。显然,直接从量测信号 $f(t)$ 中把有用信号 $s(t)$ 中提取出来是十分困难的,小波的阈值消噪是通过以下三个步骤来实现的:

① 对量测信号 $f(t)$ 进行小波变换,得到一组小波系数 $w_{j,k}$。

对一维量测信号 $f(t)$ 进行离散采样后,得到 N 点离散信号 $f(n)$,$n=0,1,\cdots,N-1$,其小波变换为:

$$Wf(j,k) = 2^{-j/2} \sum_{n=0}^{N-1} f(n) \psi(2^{-j}n - k) \tag{3-65}$$

式中,$Wf(j,k)$ 称为小波系数,简写为 $w_{j,k}$。

② 对小波系数 $w_{j,k}$ 进行阈值处理,通常使用的阈值 $\lambda = \sqrt{2\lg(N)}$,然后采用软阈值估计方法求得估计小波系数 $\tilde{w}_{j,k}$。

③ 利用估计小波系数 $\tilde{w}_{j,k}$ 进行小波重构,得到消噪后的估计信号 $\tilde{f}(k)$。

应用小波变换重构公式:

$$\tilde{f}(k) = \frac{1}{C_\psi} 2^{-j} \sum_{j=0}^{N-1} \sum_{k=0}^{N-1} \tilde{w}_{j,k} \cdot \psi(2^{-j}n - k) \tag{3-66}$$

式中,C_ψ 为 ψ 函数有关的待定系数;$\tilde{f}(k)$ 为量测信号消噪后的信号。

下面应用小波分解与重构法对某一信号进行消噪。某信号数学表达式为 $y(t) = \mathrm{e}^{-0.2t}\sin(6\pi t) + 0.5\sin(6\pi t) + \mathrm{rand}(0,1)$,为频率为 3Hz 和 10Hz 的两个正弦信号的合成,在此基础上加上一个高斯白噪声信号,原始信号、含噪信号和消噪后信号的波形如图 3-13 所示。

消噪后的信号有两个特性:一是噪声几乎完全得到抑制;二是反映原始信号的特征尖峰点得到很好的保留。该方法之所以特别有效,是因为小波变换具有一种"集中"能力,能够将信号的能量集中到少数几个小波系数上;而白噪声信号在任何正交基上的变换仍然是白噪声,并且有着相同的幅度。信号的小波变换系数必然大于那些能量分散且幅值较小的噪声信号的小波系数,因而显得非常突出。故若选择一个合适的阈值,对含噪声信号的小波系数进行阈值处理,就可以达到去除噪声而不去除有用信号的目的。尽管所恢复的信号丢失了一部分信息,但恢复后的信号仍能满足要求。

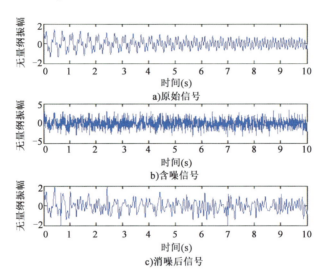

图 3-13 某原始信号、含噪信号和消噪后信号波形图

3.2.3 经验模态分解（EMD）滤波器

对任意信号 $x(t)$ 进行 EMD,都可以得到一系列从高频到低频排列的固有模态分量 $c_i(t)$ 和一个残余项 $r_n(t)$。

$$x(t) = \sum_{i=1}^{n} c_i(t) + r_n(t) \tag{3-67}$$

根据信号自身的特性及可能含有噪声的特点,对 $c_i(t)$ 按照一定的规律进行组合,可以构成基于 EMD 的滤波器。

低通滤波器可表示为：

$$L_k(t) = \sum_{i=k}^{n} c_i(t) + r_n(t) \tag{3-68}$$

高通滤波器可表示为：

$$H_k(t) = \sum_{i=1}^{k} c_i(t) \tag{3-69}$$

带通滤波器可表示为：

$$B_k(t) = \sum_{i=b}^{k} c_i(t) \tag{3-70}$$

式中,k 表示 $c_i(t)$ 中 i 的取值。基于 EMD 的滤波器充分保留了信号本身的特性,通过滤波处理后可以降低或消除噪声的影响。

3.2.4 基于卡尔曼（Kalman）滤波的振动信号消噪方法

为了观察行星运动，测定谷神星运行轨道，高斯提出了经典的最小二乘方估计。第二次世界大战前，由于炮火指挥仪的需要，维纳总结了时间连续的平稳随机过程的预报、滤波、内插的结果（称为"维纳滤波"）。他采用频域处理方法，对一类具有有理谱密度的广义平稳随机过程给出了在"方差最小"的意义下最优的滤波器传递函数，但维纳滤波要求已知输入的自协方差（相应的观察功率谱密度）、观察与状态的互协方差（相应的交互功率谱密度）。为了便于计算，有人对单输入单输出系统提出了近似的递推维纳滤波算法，也有人对非平稳、多维问题进行了研究。

从 20 世纪 40 年代开始，随着数字计算的出现、实时处理需求的增多，对于非平稳、多维的随机序列估计问题，Kalman 和 Bucy 在 1960 年继承并发展了前人的实践，对估计的状态引进了动态模型表示，结合观察方程，不必知道观察的自协方差、观察与状态的互协方差即可获得状态的线性、无偏、最小方差估计和估计误差协方差方阵的递推形式。Kalman 滤波和预测理论的出现，正是坚持"时间范畴"的方法（观点）所获得的结果，给出了滤波和预测的新方法。这种方法最大的特点在于：①使用"状态转移"的方法叙述动态系统；②将线性滤波作为希尔伯特空间的正交投影。

滤波的概念来源于信号的处理，是指消除所获信息中随机因素的影响，得到误差最小的状态估计（图 3-14）。Kalman 滤波有两个基本假设：

（1）信息过程是足够精确的模型，是由白噪声所激发的线性（也可以是时变的）动态系统。
（2）每次的测量信号都包含附加的白噪声分量。

根据这些假设，对于被噪声污染的时间信号，寻找信息的最优线性估值。为此，Kalman 滤波方法给出了四个基本关系（方程）：

（1）状态预测方程。
（2）预测误差协方差矩阵。
（3）用误差表达的最优滤波器随时间而变化的权矩阵、增益矩阵。
（4）滤波误差协方差。

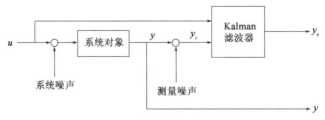

图 3-14　滤波前后输入输出信号

考虑下面的离散系统：

$$x[n+1] = \boldsymbol{A}x[n] + \boldsymbol{B}(u[n] + w[n]) \tag{3-71}$$

$$y[n] = Cx[n] \tag{3-72}$$

式中，$w[n]$ 为在输入端加入的高斯噪声；A、B、C 为线性转换矩阵。

在给定输入 $u[n]$ 和带噪声输出测量值 $y_v[n] = Cx[n] + v[n]$ 的情况下估计系统的输出 $y_e[n]$。其中，在振动信号消噪问题中设 $u[n] = 0$，$v[n]$ 是高斯白噪声。

测量值修正计算：

$$\hat{x}[n|n] = \hat{x}[n|n-1] + M(y_v[n] - C\hat{x}[n|n-1])$$
$$\hat{x}[n+1|n] = A\hat{x}[n|n] + Bu[n] \tag{3-73}$$

式中，M 为修正增益。

总之，滤波器的功能是在已知输入噪声方差的条件下尽可能消除输出信号中的噪声影响。下面通过实例对其进行说明，经 Kalman 滤波后结果如图 3-15 所示。

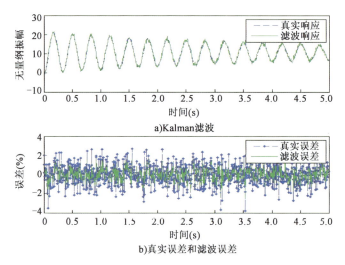

图 3-15　噪声信号 Kalman 滤波图

3.2.5　振动信号白噪声消除的随机减量方法

随机减量法是指从线性结构振动的一个或多个平稳随机反应样本函数中，获取该结构自由振动反应数据，是为试验模态参数时域识别提供输入数据所进行的预处理。该方法仅适用于白噪声信号。该方法的主要思想是利用平稳随机振动信号的平均值为零的特点，对包含有确定性信号和随机信号的两种成分的实测振动响应信号进行辨别，将确定性信号从随机信号中分离出来，得到自由衰减响应信号，而后便可利用时域方法进行识别。下面介绍其原理。

流激振动下结构的位移反应可表示为：

$$y(t) = y(0)D(t) + \dot{y}(0)V(t) + \int_0^t h(t-\tau)f(\tau)\mathrm{d}\tau \tag{3-74}$$

式中，$D(t)$ 为初始速度为 0 的结构自由振动反应；$V(t)$ 为初始位移为 0、初始速度为 1 的结构自由振动反应；$h(t-\tau)$ 为结构单位脉冲响应函数；$f(\tau)$ 为均值为 0 的平稳随机激励；

$y(0)$、$V(t)$ 分别为结构初始位移和初始速度。选取一个适当的振幅 A 去截取这个样本函数，可得到一系列交点 t_i ($t_i = 1,2,3,\cdots,n$)。对于自 t_i 时刻开始的反应，则有：

$$y(t-t_i) = y(t_i)D(t-t_i) + \dot{y}(t_i)V(t-t_i) + \int_{t_i}^{t} h(t-\tau)f(\tau)\mathrm{d}\tau \tag{3-75}$$

将式(3-75)的时间起始点 t_i 移至坐标原点，则：

$$x_i(t) = AD(t) + \dot{y}(t_i)V(t) + \int_0^t h(t-\tau)f(\tau)\mathrm{d}\tau \tag{3-76}$$

$x_i(t)$ 的统计平均为：

$$\dot{x}(t) \doteq AD(t) \tag{3-77}$$

由此获得了初始位移为 A、初始速度为 0 的自由振动反应。如果在实测振动响应信号中含有测量噪声时，该方法还能够抵抗噪声的干扰。

3.3 振动信号的时频分析

傅里叶变换传统上用于获取信号的频率成分(或傅里叶谱)。频谱给出了信号能量在其组成频率分量中的分布。傅里叶系数代表信号整个持续时间内的平均频谱振幅。因此，傅里叶变换是对能量在整个信号中均匀分布的周期性和平稳信号进行频谱分析的理想工具。冲击弹性波信号显然是具有非均匀频率特性的非平稳信号。由于冲击持续时间短以及弹性波在混凝土中传播会发生衰减，冲击弹性波信号具有瞬态特性。当表面波能量不是很强、结构简单(环境噪声小)且反射清晰可识别时，傅里叶频谱足以区分目标弹性波的频率峰值。然而，入射面波通常会在很宽的频率范围内，造成傅里叶频谱幅值虚假增大，目标弹性波和环境噪声在频域中可能并不总是可分离的，当存在多个反射界面时，很难解释冲击弹性波频谱中的频率峰值。因此，需要一种更适合处理非平稳信号的分析方法。

图 3-16 显示了传统傅里叶频谱应用于具有噪声的冲击弹性波信号分析的局限性。试样尺寸和试验装置如图 3-16a)所示。敲击点固定在距离混凝土试样一个边缘 0.06m 的位置。检波器沿图 3-16a)所示方向自动在试样上移动，并记录指定位置的表面响应。在距离敲击点 0.09m 处记录到如图 3-16b)所示的信号。该信号有 4096 个点，以 625kHz 的采样频率记录。信号频谱如图 3-16c)所示。表面波速度测量值为 2117m/s。假设混凝土的泊松比 $\nu = 0.2$，则纵波速度 $V_p = 3780$m/s。

由于试样尺寸有限，因此表面记录波形将包含很多噪声。记录波形包括表面波、在试样周围传播的反射衰减表面波以及来自试样边界的反射体波。在该记录中，与大振幅的结构振荡相比，表面波能量不强。由于冲击激发了有限试样的固有振动模式，信号中将出现低频大振幅波信号。因此，在图 3-16b)所示的信号时程中，无法识别来自试样底部或脱空造成的高频反射。信号的频谱主要由 1.2kHz 和 2.2kHz 的两个极低频峰值控制。板底部和脱空引起的反射波的频率分别为 7.4kHz 和 14.9kHz。然而,受环境噪声的影响,在图 3-16c)所示的频谱中无法识别。应该注意的是,该记录时间越长,包含的环境噪声就越多。因此,从更长的记录中获得的频谱会更复杂。对完整信号的频谱与截断信号的频谱进行比较(此处未显示),虽然观察到较短记录中的低频峰值不太明显,但即使在频谱分析中仅考虑了记录的前 1/8(512 个数据点),这些峰值仍占频谱的主导地位。

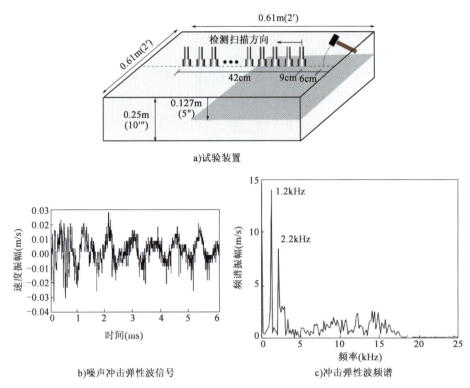

图 3-16 冲击弹性波试验装置及其时频分析示例

使用时频分析作为研究复杂冲击弹性波信号的补充工具,实现在二维时频平面上绘制冲击弹性波信号的变化频谱。表面波、钢筋混凝土板内部几何边界或不均匀体的弹性波在时域和/或频域上可与目标弹性波(板底部或脱空界面的反射波)分离。因此,信号的 2 维时频表示可区分包含噪声的冲击弹性波信号中的目标弹性波,而在基于 FFT 的平均频谱中可能无法识别该信号。

频域分析已被广泛应用于研究信号的频率分布,但不适用于非平稳过程。换而言之,频域分析显示了信号的频率分布,但无法找出某个频率分量出现的时刻。时频分析使用局部变换将信号表示为时间和频率的函数,它有助于揭示某一频率出现时能量随频率和时间的变化。时频分析的常用方法有短时傅里叶变换、小波变换、希尔伯特-黄变换等。

3.3.1 短时傅里叶变换 (Short-Time Fourier Transform,STFT)

STFT 用于获取信号的局部时变频谱。首先,通过适当的滑动时间窗函数 $\eta(t)$,将原始信号划分为多段相同时间长度的局部信号,这些局部信号近似为平稳过程。然后,采用傅里叶变化将每段信号从时间域转化到频率域,可得到随时间变化的频谱。STFT 可以表示为:

$$\text{STFT}_z(t,f) = \int_{-\infty}^{+\infty} z(t') \eta^*(t'-t) e^{-j2\pi ft'} dt' \tag{3-78}$$

式中,$z(t')$ 为原始信号;$\eta^*(t'-t)$ 为以零为中心的窗函数;f 为频率;j 为虚数的单位。应正确选择时窗长度,若时窗较宽,则频率分辨率增加,但时间分辨率降低,则意味着这些频率分量只能确定为出现在这一较宽的时间段内,而不是某一瞬间。

图 3-17 显示了 STFT 计算的两种情况的三维时频图。条件 A 不包含空洞,可在约 700Hz、900Hz 和 1200Hz 处观察到三个能量峰值。条件 B 包含空洞,能量峰值的数量增加,并且这些峰值都高于条件 A。其中,约 700Hz 处的能量峰值最高。在 0~100Hz 的低频段,能量沿时间轴广泛分布。总之,当空洞存在时,振动能量变得更强,这表明混凝土-空气界面的反射波增加。此外,更多的能量转移到约 700Hz 的频率,使其成为主导频率。同时还可看出,空洞的存在导致低频能量衰减变慢。

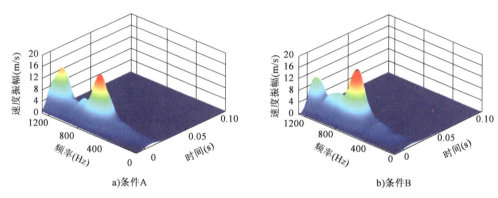

图 3-17 两种条件采用 STFT 分析获得的三维时频图

注:条件 A 不包含空洞,条件 B 包含空洞。

3.3.2 小波变换

小波变换使用母小波函数表示原始信号:

$$\text{WT}_z(a,b) = \frac{1}{\sqrt{a}} \int_R z(t) \varphi\left(\frac{t-b}{a}\right) dt \tag{3-79}$$

式中,$\text{WT}_z(a,b)$ 为小波变换结果;$z(t)$ 为原始信号;$\varphi((t-b)/a)$ 为母小波函数;a 和 b 分别为尺度参数和平移参数,尺度参数 a 表示母小波的拉伸或压缩,平移参数 b 决定母小波沿时域的移动。拉伸母小波对应于低频分辨率,压缩母小波对应于高频分辨率。计算原始信号 $z(t)$ 与母小波函数在不同尺度下的互相关系,产生的极值对应的频率就是原始信号这一区间含有的频率。通过在时域上移动母小波来获得某个频率出现的时刻。对于 STFT,当确定时窗宽度时,整个时间-频率范围内的时间和频率分辨率是恒定的。然而,在信号分析中,低频范围需要高的频率分辨率,而高频范围需要高的时间分辨率。因此,小波变换更符合要求。

图 3-18 显示了利用 Cmor 小波变换分析获得的两种情况的时频图。除了 STFT 分析的时频图特征外,子波分析的时频图还揭示了新特征。当空洞存在时,1000Hz 和 1200Hz 之间的频率分量出现在 0~0.005s 之间。此外,1200Hz 以上的频率分量出现在 0.005~0.01s 之间。对于 STFT,由于时间分辨率较低,只能在出现频率分量时粗略确定。然而,小波变换可以清楚地计算出某个频率分量出现的时刻。这意味着小波变换可揭示更详细的时频信息。

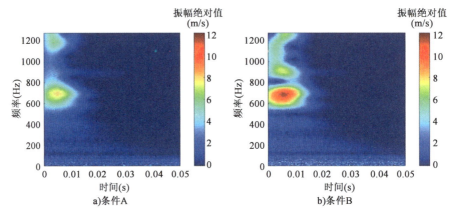

a)条件A　　　　　　　　b)条件B

图 3-18　采用 Cmor 小波变换分析获得的时频图

注:条件 A 不包含空洞,条件 B 包含空洞。

3.3.3　希尔伯特-黄变换（Hilbert-Huang Transform,HHT）

HHT 将信号分解为固有模态函数(Intrinsic Mode Functions,IMFs)和趋势信号,然后获得瞬时频率数据。HHT 的计算包括两个步骤:经验模态分解(Empirical Mode Decomposition,EMD)和希尔伯特变换(Hilbert Transform)。通过 EMD,冲击弹性波信号可分解为不同的简单非正弦信号,称为 IMF。通过希尔伯特变换将每个 IMF 变换至同一个时频域,然后将其叠加得到时频图。信号 $x(t)$ 的 EMD 可表示为:

$$x(t) = \sum_{i=1}^{n} c_i(t) + r_n(t) \qquad (3-80)$$

式中,$c_i(t)$ 表示 IMF 函数;$r_n(t)$ 代表趋势信号。单个 IMF 的希尔伯特频谱及其瞬时频率可表示为:

$$\begin{cases} H_i(t) = |H(c_i(t))| \\ a_i(t) = \sqrt{(c_i(t))^2 + (H_i(t))^2} \end{cases} \qquad (3-81)$$

$$\begin{cases} \theta_i(t) = \tan^{-1}\left(\dfrac{H_i(t)}{c_i(t)}\right) \\ \omega_i(t) = \dfrac{d(\theta_i(t))}{dt} \end{cases} \qquad (3-82)$$

式中,$H_i(t)$ 表示 $c_i(t)$ 的希尔伯特变换;$a_i(t)$ 和 $\theta_i(t)$ 分别表示 $c_i(t)$ 的振幅和相位。可使

用如下公式重建 EMD 的信号：

$$x(t) = \text{Re}(\sum_{j=1}^{m} a_j(t) e^{i\theta_j(t)}) = \text{Re}(\sum_{j=1}^{m} a_j(t) e^{i\int \omega_i(t)dt})\tag{3-83}$$

上述方程表示振幅的时间和频率分布，被称为 HHT 的 Hilbert-Huang 谱。可见，HHT 可看作是振幅随时间和频率变化的傅里叶变换的一种广义形式。图 3-19 显示了 HHT 分析获得的时频图。原始信号被分解成几个 IMF，第一个 IMF 在 600～1200Hz 范围。条件 A 不包含空洞，振动能量峰值位于 700Hz 和 5ms，5ms 后能量显著衰减，10ms 时接近零。条件 B 包含空洞，有两个能量峰值，其中一个出现在 1100Hz 和 3.5ms 处，另一个出现在 700Hz 和 6ms 处，10ms 前依然存在较显著能量。

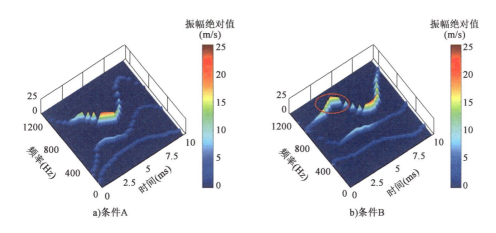

图 3-19 两种条件采用 HHT 分析获得的三维时频图
注：条件 A 不包含空洞，条件 B 包含空洞。

总之，空洞导致 3.5ms 处出现 1100Hz 的能量峰值，对应混凝土-空气界面的强反射波。这一现象也解释了空洞导致弹性波需要更长的传播时间，700Hz 的能量峰值延迟 1ms 出现。此外，空洞导致尾部振动能量持续时间更长。通过 HHT 将一个信号分离为几个在不同频率范围内占主导地位的子信号，可以单独研究子信号的关键频带，可清楚地显示弹性波传播和频率分量分布，但由于原始信号的分离，整体性较差。STFT 和小波变换分析着重分析整个时间-频率平面上的振动能量，可清晰地显示不同波形之间的能量差异。与 STFT 不同，小波变换可在分析信号的不同频率时改变尺度，实现较高的时间和频率分辨率。因此，后续将选择小波变换对信号进行时频分析。

3.3.4 频率分析

冲击弹性波法可确定平板厚度或内部反射界面高度，其关键是从时域波形中提取与厚度模式振动对应的频率。这是通过傅里叶级数原理实现的。该原理指出，任何周期函数 $f(t)$ 都可分解为一个常数项和一系列具有不同振幅和相位的正弦曲线的和，可表示为：

$$\begin{cases} f(x) = a_0 + \sum_{1}^{n} a_n (2\pi f_0 t + \phi_n) \\ f_0 = \frac{1}{T} \end{cases} \quad (3\text{-}84)$$

式中，a_0、a_n、ϕ_n 为傅里叶展开系数；T 为波形周期，即波形在等于 T 的时间间隔后重复。例如，图 3-20a) 中的周期波形可以分解为如图 3-20b) 所示的具有不同相位的 4 条正弦曲线和 1 条水平直线（常数项）。

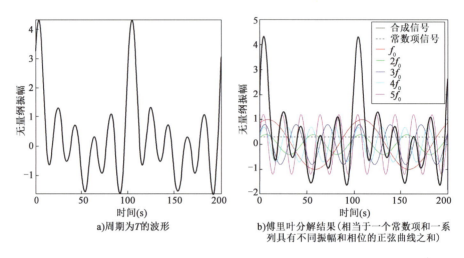

图 3-20 周期函数的傅里叶分析

在冲击弹性波法中，时域波形是通过对接收传感器的输出进行小时间步长采样获得的。因此，波形由一系列离散点组成，而非如图 3-21a) 所示的连续函数。离散傅里叶变换（Discrete Fourier Transform，DFT）可获取采样波形中的频率分量。如果采样波形中有 N 个点，DFT 的输出将是 $N/2$ 个点的复数序列。每个复数都可以使用复数操作原理转换为振幅和相位。产生的振幅谱显示了构成波形的各种频率分量（正弦曲线）的振幅。在冲击弹性波测试中，不使用相位谱。在表面波谱分析（Spectral Analysis of Surface Waves，SASW）中，仅使用相位谱。

快速傅里叶变换（Fast Fourier Transform，FFT）是执行 DFT 计算的有效算法。该程序设计用于处理点数等于 2^N 的时域记录。因此，波形的典型采样点数为 $2^9 = 512$、$2^{10} = 1024$、$2^{11} = 2048$ 或 $2^{12} = 4096$。振幅谱将包含 $N/2$ 个点。这里给出一个例子来展示 FFT 的应用。图 3-21a) 显示了由 512 个采样点组成的时域波形，采样率为 200kHz。波形由以下正弦曲线之和生成：

$$f(t) = 1 \times \sin(2\pi \times 3000 \times t) + 2 \times \sin(2\pi \times 5000 \times t) + 3 \times \sin(2\pi \times 7000 \times t) \quad (3\text{-}85)$$

该波形包括三个频率分量：3kHz，振幅为 1m/s；5kHz，振幅为 2m/s；7kHz，振幅为 3m/s。图 3-21b) 显示了 FFT 分析所获得的振幅谱的一部分。振幅谱中的频率间隔为 200/512 = 0.39(kHz)。振幅谱显示有三个频率分量，但频率值和相对振幅不完全等于式(3-85)中的值。

由于振幅谱的离散特性,3kHz、5kHz 和 7kHz 不等于离散频率值,因此实际峰值频率为最接近上述理论离散频率的值,即 3.12kHz、5.07kHz、7.02kHz。

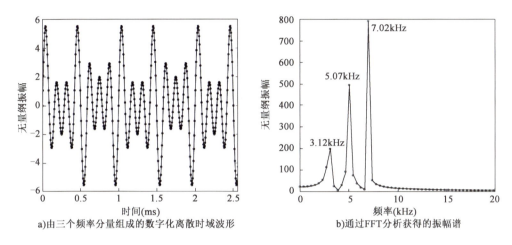

a)由三个频率分量组成的数字化离散时域波形　　b)通过FFT分析获得的振幅谱

图 3-21　复杂离散信号的 FFT 频谱分析

在冲击弹性波测试中,时域波形代表与可能存在的不同共振频率相关的表面运动。利用 FFT 将时域波形变换到频域,可以揭示响应中的主要频率分量,这些频率分量在振幅谱中显示为峰值。图 3-22a)展示了从实心混凝土板的冲击弹性波测试中获得的时域波形的示例。采样间隔为 2μs,采样点数为 1024。初始较大幅值信号代表 R 波,随后的振荡来自混凝土板的厚度模式共振。图 3-22b)显示了 40kHz 范围的振幅谱。峰值频率 7.81kHz 代表混凝土板的厚度模式频率。如果已知混凝土板波速,则可使用式(3-39)将频率转换为厚度。例如,若 $C_{\text{plate}} = 3900\text{m/s}$,则厚度将为 $3900\text{m/s} \div (2 \times 7810\text{Hz}) = 0.25\text{m}$。

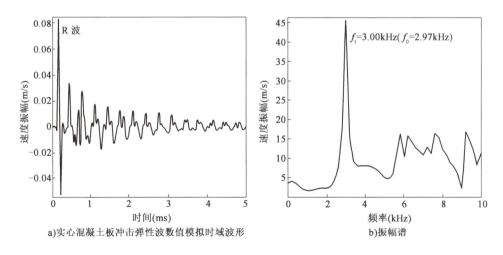

a)实心混凝土板冲击弹性波数值模拟时域波形　　b)振幅谱

图 3-22　实心混凝土板的冲击弹性波测试

注:数值模拟的厚度模式频率与理论计算值基本吻合。

总之,频率域信号分析方法是冲击弹性波法的关键突破之一。FFT 允许将时域波形快速转换为振幅谱,振幅谱揭示了与厚度模式共振相关的主要频率分量。

3.4 冲击响应强度分析

冲击弹性波法起源于石油勘探中的地震映像法。地震映像法常用于判断地下土层情况,检测对象一般尺寸较大,接收到的地震波信号波形成分较容易分析。而土木工程中的混凝土结构,一般尺寸较小,加之振动信号在混凝土材料中的传播速度较快,分析响应波形数据时很难将接收到的振动信号中的直达波、反射波、面波等波形区分开。由此,工程技术人员基于弹性波传播机理,发展了特殊的计算分析方法,提出了适用于大型混凝土建筑物结构无损检测的冲击弹性波法。

冲击响应强度的计算主要包括冲击力度基准值、冲击力度影响系数、冲击响应强度归一化、冲击响应强度基准值和冲击响应强度指数。具体如下:

(1)冲击力度基准值按式(3-86)计算。

$$\overline{K} = \frac{\sum_{i=1,j=1}^{i=b,j=a} K_{ij}}{N} \tag{3-86}$$

式中,$\overline{K}$ 为冲击力度基准值(N);a、b 分别为测区纵向、横向的检测点数量;i、j 分别为检测点位置编号,表示第 i 行、第 j 列,$i=1,2,\cdots,b$,$j=1,2,\cdots,a$;K_{ij} 为第 i 行第 j 列检测点的冲击力度;N 为测区检测点总数,$N = a \times b$。

(2)冲击力度影响系数按式(3-87)计算:

$$k_{ij} = \frac{K_{ij}}{\overline{K}} \tag{3-87}$$

式中,k_{ij} 为第 i 行第 j 列检测点的冲击力度影响系数。

(3)冲击响应强度按式(3-88)计算:

$$A_{ij} = \frac{\sum_{s=1}^{n} |F_s|}{k_{ij}} \tag{3-88}$$

式中,A_{ij} 为第 i 行第 j 列检测点的冲击响应强度;n 为采样点数;s 为记录时长内的采样点数,$s=1,2,\cdots,n$;F_s 为某一采样点的冲击响应波形的振幅数值。

(4)冲击响应强度基准值按式(3-89)计算:

$$\overline{A} = \frac{\sum_{i=1,j=1}^{i=b,j=a} A_{ij}}{N} \tag{3-89}$$

式中,$\overline{A}$ 为检测区域冲击响应强度基准值。

(5)冲击响应强度指数按式(3-90)计算：

$$I_{ij} = \frac{A_{ij}}{A} \tag{3-90}$$

式中，I_{ij} 为第 i 行第 j 列检测点的冲击响应强度指数。

3.5 本章小结

本章从理论层面介绍了弹性波的传递过程、信号预处理方法、信号的时频分析和冲击响应强度的概念。

(1)从理论层面分析了弹性波的波动方程以及数值模拟方法的实现，通过算法验证了无限均匀介质及非均匀介质的波场特性。

(2)介绍了弹性波的信号预处理方法，包括带通滤波、小波分解、Kalman 滤波，提出了消除振动信号白噪声的随机减量法。

(3)介绍了信号的时频分析方法，包括傅里叶变换、小波变换、希尔伯特-黄变换，通过时频分析方法可以对振动信号进行频谱特性分析。

(4)提出了冲击响应强度的概念及计算方法。

第4章 基于有限元模拟的弹性波波场信号特性分析

4.1 弹性波波场信号有限元数值模拟

4.1.1 弹性波动方程

弹性体的变形通过微分六面体单元描述,微分单元体的变形分为两个部分,一是微分单元体棱边的伸长和缩短,二是棱边之间夹角的变化,分别使用正应变和切应变表示这两种变形。微分体的棱边分别平行于 x 轴、y 轴和 z 轴。将与 x 轴、y 轴和 z 轴方向相同的外法线向量定义为正。由此,3 个负面上的应力分量可分别表示为:x 轴,σ_x, σ_{xy}, σ_{xz};y 轴,σ_y, σ_{yz}, σ_{yx};z 轴,σ_z, σ_{zx}, σ_{zy}。3 个正面上的应力分量则可分别表示为:

$$x \text{ 轴正面}: \sigma_x + \frac{\partial \sigma_x}{\partial x}\mathrm{d}x, \tau_{xy} + \frac{\partial \tau_{xy}}{\partial x}\mathrm{d}x, \tau_{xz} + \frac{\partial \tau_{xz}}{\partial x}\mathrm{d}x$$

$$y \text{ 轴正面}: \sigma_y + \frac{\partial \sigma_y}{\partial y}\mathrm{d}y, \tau_{yx} + \frac{\partial \tau_{yx}}{\partial y}\mathrm{d}y, \tau_{yz} + \frac{\partial \tau_{yz}}{\partial y}\mathrm{d}y$$

$$z \text{ 轴正面}: \sigma_z + \frac{\partial \sigma_z}{\partial z}\mathrm{d}z, \tau_{zx} + \frac{\partial \tau_{zx}}{\partial z}\mathrm{d}z, \tau_{zy} + \frac{\partial \tau_{zy}}{\partial z}\mathrm{d}z$$

微分体的平衡方程为:

$$\sum F_{(x,y,z)} = 0 \tag{4-1}$$

平衡微分方程为:

$$\begin{cases} \dfrac{\partial \sigma_x}{\partial x} + \dfrac{\partial \sigma_{yx}}{\partial y} + \dfrac{\partial \sigma_{zx}}{\partial z} + F_x = 0 \\ \dfrac{\partial \sigma_y}{\partial y} + \dfrac{\partial \sigma_{xy}}{\partial x} + \dfrac{\partial \sigma_{zy}}{\partial z} + F_y = 0 \\ \dfrac{\partial \sigma_z}{\partial z} + \dfrac{\partial \sigma_{yx}}{\partial y} + \dfrac{\partial \sigma_{xz}}{\partial x} + F_z = 0 \end{cases} \tag{4-2}$$

根据求和约定表达式:

$$\sigma_{ij,j} = \frac{\partial \sigma_{ix}}{\partial x} + \frac{\partial \sigma_{iy}}{\partial y} + \frac{\partial \sigma_{iz}}{\partial z} \quad i = x, y, z \tag{4-3}$$

方程可改写为:

$$\sigma_{ij,j} + F_i = 0 \quad i = x, y, z \tag{4-4}$$

空间三维应变的几何方程为:

$$\begin{cases} \varepsilon_x = \dfrac{\partial u}{\partial x}, \varepsilon_y = \dfrac{\partial v}{\partial y}, \varepsilon_z = \dfrac{\partial w}{\partial z} \\ \gamma_{xy} = \dfrac{\partial v}{\partial x} + \dfrac{\partial u}{\partial y}, \gamma_{yz} = \dfrac{\partial w}{\partial y} + \dfrac{\partial v}{\partial z}, \gamma_{zx} = \dfrac{\partial u}{\partial z} + \dfrac{\partial w}{\partial x} \end{cases} \tag{4-5}$$

在各向同性均匀的本构方程中：

$$\begin{cases} \varepsilon_x = \dfrac{1}{E}[\sigma_x - \mu(\sigma_y + \sigma_z)], \gamma_{yz} = \dfrac{\tau_{yz}}{2G} \\ \varepsilon_y = \dfrac{1}{E}[\sigma_y - \mu(\sigma_z + \sigma_x)], \gamma_{zx} = \dfrac{\tau_{zx}}{2G} \\ \varepsilon_z = \dfrac{1}{E}[\sigma_x - \mu(\sigma_x + \sigma_y)], \gamma_{xy} = \dfrac{\tau_{xy}}{2G} \end{cases} \tag{4-6}$$

其中，

$$G = \dfrac{E}{2(1+\mu)} \tag{4-7}$$

式中，E 为弹性模量；μ 为泊松比；G 为剪切模量。式(4-6)是平衡状态下的弹性力学基本方程，将式(4-5)代入式(4-6)后再代入式(4-2)，即可得动态下的位移方程：

$$\begin{cases} (\lambda + \mu)\dfrac{\partial}{\partial x}(\dfrac{\partial u_x}{\partial x} + \dfrac{\partial u_y}{\partial y} + \dfrac{\partial u_z}{\partial z}) + \mu \nabla^2 u_x = \rho \dfrac{\partial^2 u_x}{\partial t^2} \\ (\lambda + \mu)\dfrac{\partial}{\partial y}(\dfrac{\partial u_x}{\partial x} + \dfrac{\partial u_y}{\partial y} + \dfrac{\partial u_z}{\partial z}) + \mu \nabla^2 u_y = \rho \dfrac{\partial^2 u_y}{\partial t^2} \\ (\lambda + \mu)\dfrac{\partial}{\partial z}(\dfrac{\partial u_x}{\partial x} + \dfrac{\partial u_y}{\partial y} + \dfrac{\partial u_z}{\partial z}) + \mu \nabla^2 u_z = \rho \dfrac{\partial^2 u_z}{\partial t^2} \end{cases} \tag{4-8}$$

其中，拉普拉斯算子：

$$\nabla^2 = \dfrac{\partial^2}{\partial x^2} + \dfrac{\partial^2}{\partial y^2} + \dfrac{\partial^2}{\partial z^2} \tag{4-9}$$

当 $\nabla = \dfrac{\partial}{\partial x} + \dfrac{\partial}{\partial y} + \dfrac{\partial}{\partial z}$ 时，方程改写为：

$$(\lambda + \mu)\nabla \nabla u + \mu \nabla^2 u = \rho \dfrac{\partial^2 u}{\partial t^2} \tag{4-10}$$

或者

$$(\lambda + \mu)u_{ij,j} + \mu u_{ij,j} = \rho u \tag{4-11}$$

式中，u 表示位移量；λ、μ 表示拉梅常数，可由下式方程表示：

$$\begin{cases} \lambda = \rho(V_L^2 - 2V_S^2) \\ \mu = \rho V_S^2 \end{cases} \tag{4-12}$$

式中，V_L 表示纵波波速；V_S 表示横波波速。

4.1.2 有限元模型及材料参数

4.1.2.1 有限元计算模型

第 2 章中足尺模型试验对钢壳混凝土沉管隧道空洞缺陷区域的冲击弹性波信号特征进行了研究，试验中模型尺寸为宽 55.4m、高 10.6m、长 9.6m，并采用与实际工程相同的施工条件、工艺和方法，模拟沉管隧道预制浇筑过程中可能出现的空洞缺陷。本章在足尺模型试验研究的基础上引入数值分析方法,验证并扩展足尺模型试验,建立各种缺陷条件下的数值模型,通过建立不同工况下的数值分析模型,研究影响检测精度的因素。为简化数值分析模型,数值模拟选取标准隔仓为分析对象,隔仓尺寸为 2.8m×3.0m×1.5m,中部设置浇筑孔,隔仓四周设置 8 个大排气孔和 2 个小排气孔,如图 4-1 所示。

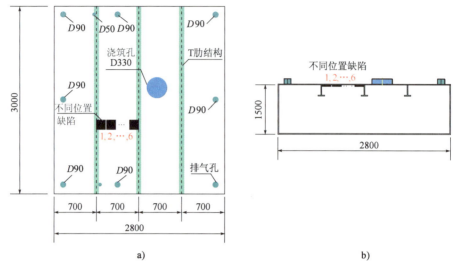

图 4-1　足尺钢壳混凝土沉管隧道隔仓(尺寸单位:mm)

数值分析模型的尺寸依据图 4-1 所示的足尺模型试验的隔仓尺寸设置,在计算模型的钢板与混凝土交界面间设置矩形脱空缺陷,缺陷的大小和位置由计算条件决定,模型尺寸及网格划分情况如图 4-2 所示。计算模型长 2.8m、高 1.5m,为二维有限元计算模型。模型由上层钢板部分(尺寸为 2.8m×0.014m)和下层混凝土结构(尺寸为 2.8m×1.486m)组成,缺陷尺寸为 200mm×20mm。从缺陷上方的钢板上表面施加冲击荷载,进行有限元动力响应分析。模型的边界条件为上表面设置自由边界条件,其他边界设置黏弹性边界条件,由于瞬时冲击荷载在混凝土中产生的应力值很小,可以合理假设混凝土为各向同性的线弹性材料,选取 Newmark 算法进行计算分析。

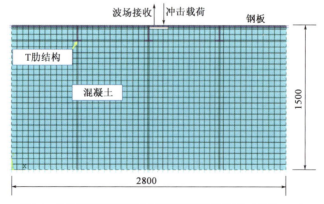

图 4-2　足尺模型钢壳混凝土沉管隧道计算模型(尺寸单位:mm)

4.1.2.2 波动特性及网格尺寸

荷载步的设置对弹性波数值模拟计算结果的精度和准确性至关重要。合理的荷载步通常由式(4-13)计算得出：

$$\Delta t = \frac{1}{20 f_{\max}} \tag{4-13}$$

式中，$f_{\max}$为冲击弹性波的最大频率。由第2章足尺模型试验中得到的响应波形数据可知，试验中密实区域和脱空缺陷区域的响应波形频率均在0~2000Hz范围内，故取计算步长为2.5×10^{-5}s。

为了让仿真计算结果最接近试验情况，每个波长的长度内至少要包含8个节点，每个波长包含10个节点即能满足仿真要求。因此，选定每个波长包含12个节点，网格尺寸可由下式计算得出：

$$l = \frac{\lambda_{\min}}{12} \tag{4-14}$$

式中，l代表均匀网格尺寸(水平和垂直方向网格尺寸相等)；$\lambda_{\min}$为指弹性波的最小波长。由试验波形数据可知，冲击弹性波的频率范围是500~2000Hz，且已知钢结构外壳的材料为Q235碳素钢，横波在其中的传播速度约为3200m/s，纵波的速度约为5900m/s。因此，可以计算出纵波的波长约为2.95m，横波的波长约为1.6m。根据式(4-14)，网格的最大尺寸要控制在0.13m内。

4.1.2.3 材料属性和冲击荷载

在本小节的分析中，由于荷载和位移均很小，因此不考虑材料非线性，模型计算材料参数见表4-1。另外，对于软弱的混凝土浮浆层，计算中将材料初始参数设置为与混凝土相同量级，然后设置5个计算工况，不同程度地逐渐减小浮层的材料参数的数值，通过对比各模型的计算结果，研究弱浮层对波形特征的影响。

材料参数　　　　　　　　　　　　　　　　　　　　　　　表4-1

材料类型	设计强度(MPa)	弹性模量 E(Pa)	泊松比	密度(kg/m³)
Q235碳素钢	60	2.06×10^{11}	0.28	7800
自密实混凝土	24	3.15×10^{10}	0.24	2450

试验中冲击荷载由人力锤击激发，因此负载输入因情况而异，需要记录其大小并在后处理时进行力锤归一化处理。赫兹理论推导了自由落体钢球与混凝土表面接触时间的估算方法，但冲击锤是由人力击打，不适用于赫兹理论，ASTM C1383给出了此类情形下估算冲击锤与混凝土接触时间的方法，即以在冲击荷载下接收到的波场信号中起始段表面波的信号宽度估算接触时长。基于试验波形数据对接触时长进行分析，确定仿真计算模型中施加冲击荷载的脉冲宽度。因此，在钢板表面垂直施加0.001s的半周期三角形冲击荷载，与力锤的冲击荷载波形大致相符，并使用Rayligh方法进行衰减。数值积分的荷载步长取$\Delta t = 0.05$ms，计算步长为1000步。

4.2 数值模拟弹性波信号波场特性研究

4.2.1 脱空缺陷区域的波形特征

本小节数值计算模型设置钢板厚度与足尺试验中钢板厚度相同,为14mm,孔洞缺陷宽度为20cm,脱空缺陷位于T肋附近。图4-3是有限元数值模拟计算的测点响应波形,图4-4是足尺模型试验中采集的缺陷区域的测点电压波形。由图可知,虽然两个波形的纵坐标轴属性不同,但波形振幅的衰减倾向等振动特性吻合较好。另外,由数值计算和试验数据得到的波形频谱图可知,当在脱空缺陷正上方激发弹性波时,试验结果及仿真分析的结果均显示,脱空缺陷区域不仅在频率500~700Hz范围内出现峰值,在更高的频带也出现多次峰值,显示出脱空缺陷区域与密实区域不同的振动特性,说明弹性波传播过程中遇到缺陷产生衍射、散射,反射回来产生多个峰值;且当钢板厚度为14mm、脱空缺陷位于T肋附近时,响应波形一般出现3次峰值。

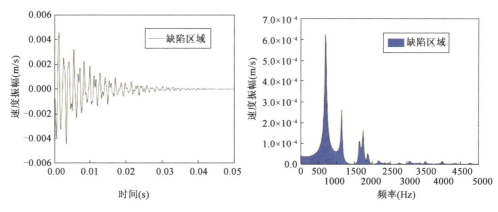

图4-3 数值模拟缺陷区域响应波形数据时程曲线和频谱图

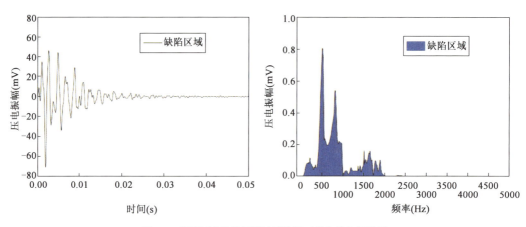

图4-4 模型试验缺陷区域波形数据时程曲线和频谱图

4.2.2 密实区域的波形特征

由图4-5、图4-6波形时程曲线和频谱图结果可知,在密实区域,数值计算结果与试验结果的波形振幅的衰减倾向等振动特性非常一致。同时,脱空区域与密实区域波形的不同特征规律与足尺模型试验中表现出的规律相一致。与脱空缺陷相比,密实区域仅在500~800Hz范围出现峰值,波形频谱图中的主频单一,显示出两种工况不同的振动特性。综合对比分析结果可知,有限元模型数值仿真的计算结果与足尺模型试验结果总体符合较好,仿真分析能较好地模拟弹性波在"三明治"结构钢壳混凝土中的传播过程,计算精度及结果满足分析研究的要求。因此,采用数值仿真分析的方法研究弹性波在钢壳混凝土弹性波的传播过程,进一步研究了钢板厚度、脱空位置、缺陷尺寸、浮浆层等因素对检测结果波形特征的影响,为明确基于弹性波的检测方法的应用范围和敏感性提供了有效的方法支撑。

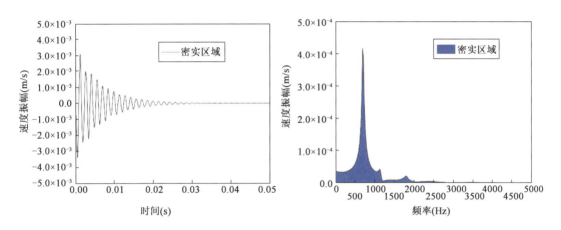

图4-5 数值模拟密实区域波形数据时程曲线和频谱图

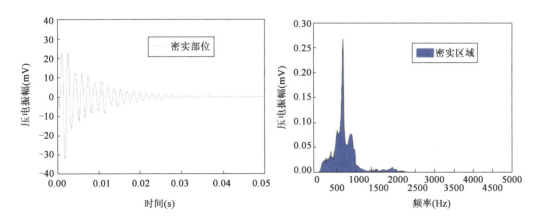

图4-6 模型试验密实区域波形数据时程曲线和频谱图

4.3 脱空缺陷的波场特性敏感性分析

4.3.1 钢板板厚的影响

在全尺模型试验中,钢壳的制作只考虑了14mm/26mm的钢板厚度,不同钢板厚度对信号特征的影响尚不清楚。本小节比较了不同钢板厚度情况下数值分析计算响应波形的特征,数值计算分析中假设脱空缺陷位于T形加劲肋附近,且缺陷宽度为20cm,考虑冲击荷载作用于缺陷中心。在本部分,除了钢板厚度不同外,其他计算条件(缺陷大小及位置、冲击荷载的大小及激发位置、波形数据的提取位置)均相同,在计算中根据钢板厚度的不同,分别建立7个不同钢板厚度(8mm、10mm、12mm、14mm、20mm、30mm、42mm)的模型,计算结果如图4-7所示。

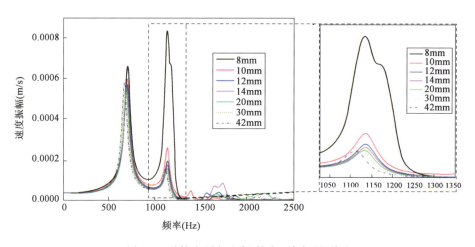

图4-7 不同钢板厚度下脱空缺陷区域波形频谱图

由图可知,虽然各模型的钢壳厚度不同,但缺陷位置处的响应波形频谱图中皆有两个峰值(一个在500~700Hz范围内,另一个峰值在1200Hz左右),这与4.2.1节的结果一致。各数值计算结果的不同之处在于随着钢板厚度的增加,缺陷部位的振动特性发生了变化,第二个峰值频率的振幅逐渐下降。具体而言,在钢板厚度为8mm时,脱空缺陷的频谱图有两个峰值,且1100~1200Hz范围处的频率峰值与其他钢板厚度的模型相比非常大,而在1500~2000Hz范围内不存在峰值。而随着钢板厚度的增加,1100~1200Hz范围处的频率峰值的振幅明显降低,且在钢板厚度从8mm增加到14mm范围内降低幅度较大;当钢板厚度增加至14mm以上,随着钢板厚度的增加,主要频率的降低幅度减小,由钢板厚度带来的波形差异性影响降低。分析结果表明,冲击弹性波法对薄钢板下的脱空缺陷更为敏感,识别精度更高,且当钢板厚度在20mm以下时,由钢板厚度增加带来的影响更为显著;随着钢板厚度不断增加,冲击弹性波响应波形信号对缺陷的敏感性降低,导致识别精度变差。

4.3.2 缺陷尺寸的影响

本小节比较了当钢板厚度为 14mm、24mm、36mm 时,冲击弹性波法对不同尺寸脱空缺陷的识别灵敏度。图 4-8 为在 T 肋附近不断增加脱空缺陷尺寸时,钢板厚度为 14mm 的缺陷模型的计算结果。由图可知,当脱空缺陷长度为 25cm 时,波形频谱图的峰值频率的振幅明显异于其他工况的波形计算结果,其 1100~1200Hz 之间峰值的振幅很大,与密实区域的波形特征明显不同,因此,很容易区分出缺陷区域。当脱空缺陷长度降低为 20cm 时,虽然 1100~1200Hz 范围内的频率峰值降低明显,但同时在 1700Hz 时出现第三次频谱峰值,与密实区域的频谱相比差异较大,仍可以较容易识别出脱空缺陷;但随着缺陷尺寸的进一步减小,1100~1200Hz 范围内的频率峰值出现显著降低。当缺陷长度为 10cm 时,缺陷区域与密实区域频谱图的差异较小。因此,在 14mm 钢板厚度模型中,当缺陷尺寸降低至 10cm 以内时,缺陷区域的振动特性与密实区域的振动特性差别小,加之在实际的检测过程中存在的现场噪声等的影响,较小的差异值使缺陷很难被准确识别,导致检测难度很大。

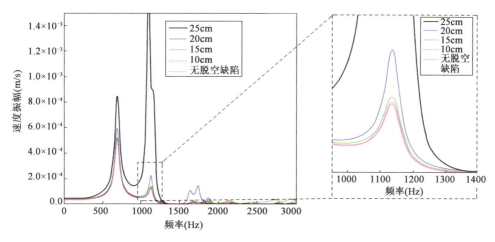

图 4-8 不同脱空缺陷长度下脱空缺陷区域波形频谱图

综合钢板厚度为 24mm 和 36mm 时模型的计算结果,分析在不同钢板厚度下,冲击弹性波法对不同尺寸缺陷的敏感性。从图 4-9 可以看出,当缺陷长度为 10cm 时,缺陷区域与密实区域的波形特征频谱峰值差异均在 5% 以内,三种钢板厚度模型的检测灵敏度都相对较小。但随着缺陷尺寸增加,差异性不断增加,当缺陷长度为 15cm 时,缺陷区域与密实区域的波形特征差异基本接近 10%,此时可以区分出空洞缺陷。当缺陷长度为 20cm 时,14mm 厚钢板模型的计算结果显示波形特征差异显著增加,达到 87.2%;24mm 和 36mm 厚钢板模型的差异也基本接近 20%,可以较为容易地识别出空洞缺陷。上述结果表明,冲击弹性波法对缺陷长度大于 10cm 的空洞缺陷更敏感,而对 10cm 以下的空洞缺陷识别敏感度较低,识别准确率不高。同时计算结果也显示,在可识别的缺陷范围内,钢板越薄,对缺陷的敏感性越好,越容易识别出脱空缺陷。

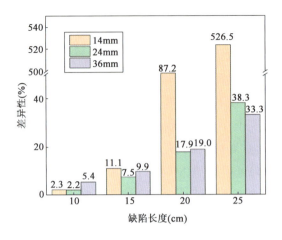

图 4-9 不同脱空缺陷长度下的响应波形差异性分析

4.3.3 偏移距影响分析

冲击弹性波法的理论基础是弹性波理论和近源波场理论。在被测物体表面激发弹性波场后,在激发位置附近放置检波器,接收被测区域的波场信息。由于荷载冲击位置不同,导致弹性波的路径不同,从而影响整个检测区域的波场信息。检波器的布置位置和荷载的冲击位置影响冲击弹性波法的检测精度,因此,本小节设置三种工况的计算模型,研究当荷载冲击和接收位置不同时,对冲击弹性波法空洞缺陷识别能力的影响:①荷载冲击位置和波形接收位置均布置在脱空缺陷上方;②在缺陷边缘位置施加冲击荷载,在密实区域上方进行波形接收;③在密实区域施加冲击荷载,在缺陷上方进行波形信号接收,见表 4-2 和图 4-10。

缺陷边缘位置处检测敏感性分析　　　　　表 4-2

检测位置	波形激发和接收位置	
	激发位置	接收位置
a—a'	缺陷内部	缺陷内部
b—b'	缺陷内部	密实区域
c—c'	密实区域	缺陷内部

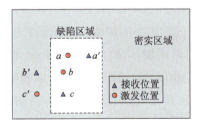

图 4-10 波形激发-接收位置布置示意图

图4-11为不同工况下的波形频谱结果,当在缺陷上方施加荷载冲击和接收波场信号时,接收到的响应波形表现出明显的缺陷区域波形特征(工况 a)。当在缺陷区域施加荷载冲击,但在密实区域上方进行波场信号接收时,接收到的响应波形特征与密实情况的响应波形信息特征相同(工况 b)。当在密实区域施加冲击荷载,但在脱空缺陷区域上方进行波场信号收集时,接收到的响应波形又显示出明显的缺陷区域波形特征(工况 c)。由此分析可知,检波器的放置位置(波形信号的接收位置)会影响冲击弹性波法的检测结果,只有当检波器放置在空洞缺陷的上方时,接收到的响应波形才表现出明显的缺陷区域波形特征;而当检波器未置于缺陷上方,即使冲击荷载位于缺陷上方,接收到的响应波形特征与密实情况下的波形特征差别较小,此时很难识别出脱空缺陷。由此可知,在实际的工程应用中,如果检波器不在缺陷上方,可能会发生漏检。因此,应综合考虑钢板厚度、可检测的最小脱空缺陷范围以及检测设备的局限性,合理进行测线布置,并确定合适的测线网格尺寸和数据采集方案。

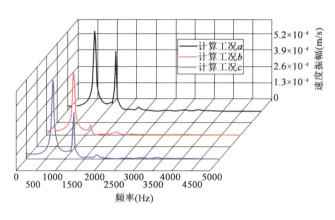

图4-11 不同激发-接收位置条件下的计算结果图

4.3.4 脱空位置的影响

沉管隧道的浇筑隔仓由内外面板和纵横隔板组成,并且内外面板上设置T肋、焊钉等结构,使得隔仓顶板处不同位置处的局部结构构造存在差异。由于内部加筋T肋等的影响,不同位置处的脱空缺陷可能具有不同的响应波形特征。本小节建立12个模型工况[6种不同位置处的脱空缺陷,见图4-12a)、b),以及相对应的6种密实情况下的不同位置处的计算模型],分别计算脱空缺陷位于两T肋之间不同位置时的波形特点,并与同位置处密实情况下的波形特征进行对比分析。

由图4-12a)密实区域的波形特征可知,虽然检测的结构位置不同,但不同位置处密集区域的波形特征相对一致,在混凝土浇筑密实的情况下,1~6号位置的波形频谱图都仅有一个峰值。而在脱空缺陷情况下,各工况计算模型的规律也基本一致,在靠近边界横隔板的1号位置,更高频段中出现了第三个频谱峰值,说明此时在缺陷区域有多个波重叠;在2~6号位置处的波形频谱图皆出现两个峰值,由以上计算结果可知,虽然不同结构位置处的脱空缺陷区域的振动特性,如峰值频率的振幅大小等存在一定的差异,但其波形特征基本相同,且均与相对应位置处密实情况下的波形特征存在明显区别,易于区分出脱空缺陷区域,故结构构造引起的差异对脱空缺陷识别的影响较小,可通过同一结构位置处的数据归一化处理,消除不同结构位置处振幅值不同的影响。

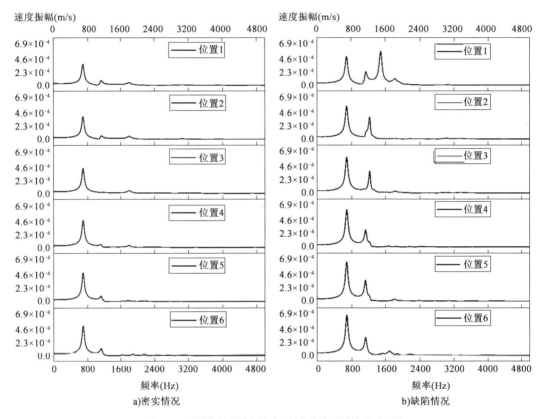

图 4-12 不同位置处脱空缺陷区域与密实区域波形对比图

4.3.5 混凝土浮浆层的影响

在钢壳混凝土原型试验中发现,根据隔仓模型试验确定的基于弹性波的归一化冲击响应强度脱空缺陷判别标准,在试验数据印证分析中出现将密实区域误判为脱空缺陷的现象,通过对误判位置实际填充混凝土的情况做进一步研究发现,虽然钢板下填充了足够的混凝土,但该位置处混凝土的强度明显低于设计标准,表面存在一层软弱的混凝土浮浆层。自密实混凝土在浇筑硬化过程中,如果坍落度过高或者某些减水剂使用不当,可能会导致自密实混凝土质量较差,在浇筑隔仓的混凝土上表面形成 1~2cm 厚的软弱浮浆层。本小节在计算模型的钢板结构和混凝土结构之间设置 2cm 厚的浮浆层材料区域(图 4-13),并采用逐渐降强的方法设置浮浆层区域的材料参数,共设置 4 个降强梯级的计算工况(具体参数设置情况见表 4-3),研究浮浆层的存在对冲击弹性波法检测结果的影响。

第4章 基于有限元模拟的弹性波波场信号特性分析

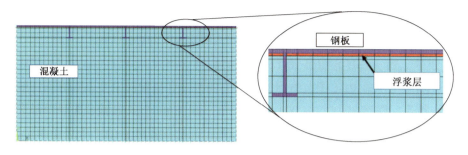

图4-13 混凝土浮浆层计算模型示意图

混凝土浮浆层不同工况材料计算参数　　表4-3

工况	弹性模量	泊松比	密　度	工况	弹性模量	泊松比	密　度
1	3.15×10^{10}Pa	0.24	2450kg/m³	3	3.15×10^{8}Pa	0.26	1700kg/m³
2	3.15×10^{9}Pa	0.24	2000kg/m³	4	3.15×10^{7}Pa	0.26	1700kg/m³

各工况下材料参数逐渐减小的计算结果表明,响应波形振动的频率分布随材料参数的变化而变化。材料弹性模量由3.15×10^{10}Pa 降低至3.15×10^{7}Pa,密度由2450kg/m³降低至1700kg/m³。在工况1~3时,材料参数降低较小,计算结果的响应波形信号未出现明显的脱空缺陷区域的波形特征,但当材料参数降低至工况4的情况,浮浆层材料选用的材料参数的弹性模量减小到3.15×10^{7}Pa,密度减小到1700kg/m³,此时,数值模拟计算得到的波形特征表现出明显的缺陷位置的特征属性。由图4-14d)可知,此时响应波形的频谱图中也出现两个频谱峰值,与缺陷波形的特征相似。

数值模拟的计算结果表明,混凝土浮浆层这种软弱夹层的存在会影响冲击弹性波法的识别结果,当浮浆层的强度较低时,冲击弹性波法极易将其识别为填充不密实的脱空缺陷区域,导致误判。但在实际的脱空缺陷检测中,浮浆层一般都是大面积成片存在,因此,当检测结果中显示存在大面积脱空缺陷区域时,应该将浮浆层的影响考虑在内,对预警区域进行复检确认,以减少误判的概率,提高检测方法的精确度。

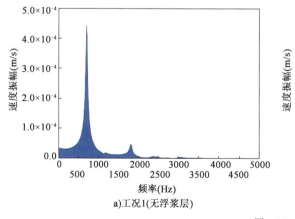

a)工况1(无浮浆层)

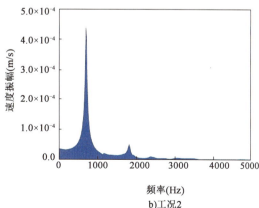

b)工况2

图　4-14

135

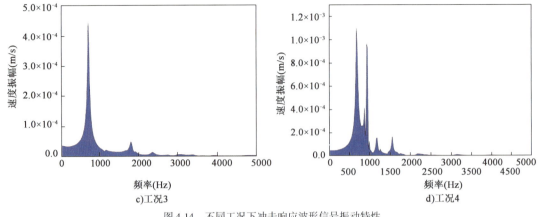

图 4-14　不同工况下冲击响应波形信号振动特性

4.4　本章小结

本章通过数值仿真分析方法对足尺模型试验进行了验证和拓展。通过多个数值计算模型,对比分析了钢板厚度、缺陷尺寸、检波器位置、软弱浮浆层等多种因素对检测结果的影响,主要研究结果如下:

(1)通过对比研究,试验测得的电压波形与数值模拟得到的表面振动波形吻合较好,说明数值模拟中使用的计算参数与实际情况一致,计算结果可靠,能反映真实情况下沉管隧道结构在冲击荷载激励下的振动性能。

(2)不同钢板厚度模型的计算结果表明,随着钢板厚度的增加,缺陷区域响应波形的高频频谱峰值的振幅值明显减小,与密实区域响应波形的差异性降低,说明钢板厚度越小(小于14mm),该方法的检测效果和精度越好。同时,在不同钢板厚度条件下,该方法对不同缺陷尺寸的识别灵敏度的研究结果表明,冲击弹性波法对长度大于15cm的空洞缺陷更敏感,而对长度小于10cm的空洞缺陷则不那么敏感,识别精度较低。

(3)对荷载激发及波形信号接收位置的数值研究结果表明,冲击荷载的激发位置对检测结果的影响较小,但波形信号的接收位置对检测结果的影响是至关重要的。当检波器正好位于空洞缺陷的上方进行波形信号接收时,不论波场的激发位置是否位于缺陷的正上方,该方法均能够识别出不同结构位置处的空洞缺陷。但当检波器未放置于缺陷上方时,即使在缺陷正上方施加冲击荷载,接收的波形信号也显示出密实区域的波形特征,空洞缺陷无法被识别。

(4)当隔仓浇筑的混凝土质量较差,表层混凝土出现浮浆层时,数值模拟计算得到的振动波形表现出明显的空洞缺陷波形特征,说明浮浆层的存在使得基于波形频谱特征的判断容易出现失误,将密实区域识别为脱空缺陷区域。

因此,在实际的工程检测工作中,应该合理地布置测线密度及检波器的位置,确保在可检测精度范围内的空洞缺陷不出现漏检。同时,当检测结果中显示出现较大面积的疑似脱空缺陷区域时,应考虑浮浆层的潜在影响。

第 5 章 钢壳混凝土脱空无损检测硬件设备及软件系统研发

通过调研、整理、分析国外类似沉管隧道工程案例、相关文献,并紧密结合深中通道工程建设条件和工程结构特点,开发了适用于检测作业的智能化检测装备,包括:精确定位装置、快速数据采集硬件、自动数据处理与分析软件等。

5.1 检测硬件

为达到快速数据采集的目标,冲击弹性波法检测仪器设备采用一体化、集成化设计,具备自动化采集、滚动扫描冲击、连续接收弹性波信号、可视化数据展示等功能。硬件系统主要由采集阵列单元和控制单元构成,实现多点快速数据采集,原始数据实时传输。

采集阵列单元由多道高精度振动传感器构成,传感器之间及其与硬件结构之间采取有效隔振措施,保证在硬件移动、振动激发过程中,各道信号可以独立获取,不产生共振干扰,提高数据采集质量和后期处理效率。各道振动传感器均安装有高硬度、高耐磨的滚珠轴承,实现硬件移动流畅、快速、长时间工作的目标。采用电磁激发方式,激发力度可调、稳定,并实现敲击力度的数字记录,为后续数据的归一化处理提供依据。采集单元整体移动采用电子测距轮进行记录和控制,与定位系统协同工作,实现检测点和敲击点的精确定位。

控制单元由数模转换仪和个人计算机(PC 机)组成。采用多道高精度数模转换仪,将振动传感器接收的信号转化为数字信号,并保证数据转换的精确度和保真性。PC 机安装有专用的数据采集软件,实现噪声监控和原始数据显示功能,作业过程中实时判断数据质量,从源头确保数据的有效性和科学性。同时,PC 机与数据分析中心实现通信,将现场采集的原始数据实时传输至分析中心,实现各阶段、各部门工作的流畅、高效衔接。冲击弹性波法检测设备主要技术参数见表 5-1。检测设备系统构成及检测设备如图 5-1、图 5-2 所示。

检测设备主要技术参数 表 5-1

检测设备		指标	性能
定位系统	GPS 系统	型号	Trimble 双频 R5
		精度	水平:10mm + 1ppmRMS;垂直:15mm + 1ppmRMS
	激光定位	型号	HT-307
		最大测距	150m
		精度	$\pm(3.0mm + 5\times10^{-5}D)$

续上表

检测设备		指标	性能
定位系统	测距轮	最小读数	2cm
		精度	±2mm
激发装置		最大激发力度	10kN
		冲击力偏差	±3%
传感器		型号	CDJ-Z100(垂直分量,速度型)
		自然频率	100Hz±5Hz
		阻尼系数 B_1	0.5±0.025
		谐波失真 D	不大于0.2%
耦合器		极限移动距离	5000m
地震仪		型号	DH5981(8CH)
		通道数	8通道/台
		输入阻抗	10MΩ+10MΩ
		同步方式	交换机1588时钟同步,同步误差不大于200ns
		输入方式	GND、SIN-DC、DIF-DC、AC、IEPE
		采样速率	8通道同步,最高采样速率128kHz
		频响	DC-50kHz(20kHz平坦,截止频率-3~+0.5dB)
		抗混滤波器	截止频率:采样速率的1/2.56倍,设置采样速率时同时设定; 阻带衰减:-120dB/oct; 平坦度(分析频率范围内):±0.05dB
		A/D转换器	24bit A/D
		共模抑制比	≥100dB
		低通滤波器	截止频率:3kHz、300Hz、30Hz、PASS; 平坦度:小于0.1dB(1/2截止频率内); 阻带衰减:大于-18dB/oct

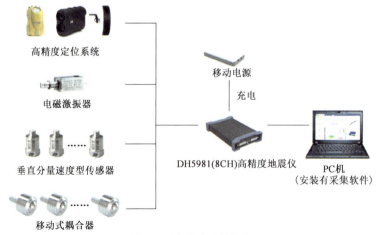

图 5-1 检测设备系统构成

图 5-2　检测设备

5.2　软件系统

为快速、高效完成数据的采集与处理,研发自动化、流程化的数据采集与分析软件 Surfstar。软件具备成套化的采集与处理流程,可实现对原始数据的快速采集、处理与分析。

(1)采集软件

仪器设备具备自动化采集功能。检测过程中,定位系统、电磁激振器、振动传感器、耦合器、地震仪等元件将协同工作,具体为:定位系统确定测点的位置信息,电磁激振器触发冲击力,产生的弹性波信号被振动传感器接收,信号传输至采集仪,并通过控制单元在控制电脑上显示。自动化采集图像如图 5-3 所示。

(2)分析软件

检测设备使用专业数据处理与分析软件——Surfstar,软件具备信道分离与排列、位置信息预处理、波形处理、滤波分析、评价参数调取和综合评价分析等功能。通过对原始数据文件进行预处理、波形处理、滤波处理和反演分析,以及评价参数调取和综合评价分析等,获得可视化云图,包括波形云图、冲击响应强度分布图。然后,根据冲击响应强度与脱空高度的函数关系,处理获得脱空高度分布图,以不同颜色划分脱空高度值,显示脱空位置,并对脱空面积、高度等参数进行统计,形成统计饼图等便于评价与分析的图、表。处理软件具备可视化展示功能,包括波形展示、波形可视化云图展示、冲击响应强度可视化云图展示、脱空高度分布可视化云图展示、脱空高度占比统计饼图展示。

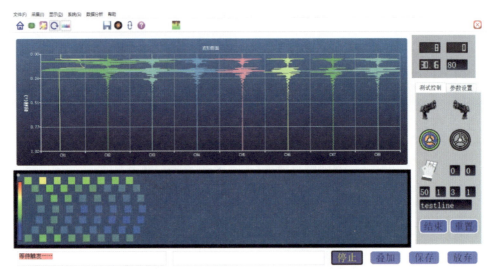

图 5-3 自动化采集示例

数据处理的目的是对检测数据进行编辑、滤波和数学变换等,去除或压制噪声,并把有用信息按特定的表现形式表现出来,主要包括数据预处理、数据归一化、波形处理、波场分离以及生成响应强度分布图等。

数值模拟:建立实体结构的足尺三维模型,设置多种脱空形式,包括厚度、面积等,以及吸收边界条件;输入激振信号,进行三维波动方程模拟;最后对接收信号进行多维度的分析,与既定的缺陷形式进行匹配,建立脱空判定标准。

数据预处理:进行有限数据提取、重新排列和格式变换,并加入位置信息。

数据归一化:对冲击锤上传感器记录的冲击加速度数据进行归一化处理,以去除敲击力度不一致的影响,确保激发强度相同。

波形处理:包括非正常数据处理、时窗切除和滤波。首先,对于存在异道号的数据,将数据异常部分切除,并用相邻数据进行内插。其次,对于干扰信号与检测信号的时间段不一致的数据,设计合适的时间窗口,切除时间窗口以外的数据。最后,设计各种频率滤波器(低通、高通、带阻等),在频率域对噪声数据进行压制。

波场分离与响应强度分析:将振动信号的面波、纵波直达波、纵波反射波和横波-纵波转换波等进行分离与转换,比选合适的信号进行响应强度、卓越频率和频谱等的处理,并与数值模拟的评价标准进行比对与优化。

冲击弹性波法数据处理分析流程如图 5-4 所示。

(3)自动化数据处理与分析软件开发

为快速、高效完成原始数据的处理与分析,研发了自动化、流程化的数据处理与分析软件 Surfstar。软件具备成套化的处理流程,可实现对原始数据的快速处理与分析,包括:信道分离与排列、位置信息预处理、波形处理、滤波分析、评价参数调取和综合评价分析等。同时,分析软件形成单次检测结果的可视化云图,并实时上传,实现数据的实时共享。

第5章 钢壳混凝土脱空无损检测硬件设备及软件系统研发

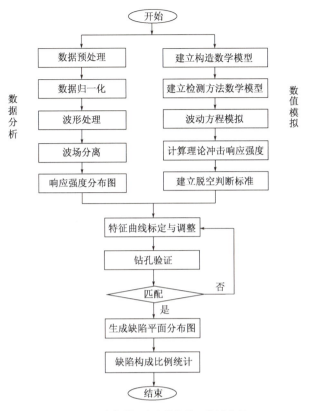

图 5-4 冲击弹性波法数据处理分析流程

波形可视化展示、波形云图可视化展示、脱空高度分布可视化展示如图 5-5 ~ 图 5-7 所示。

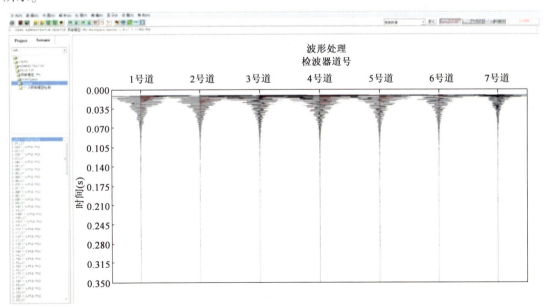

图 5-5 波形可视化展示示例

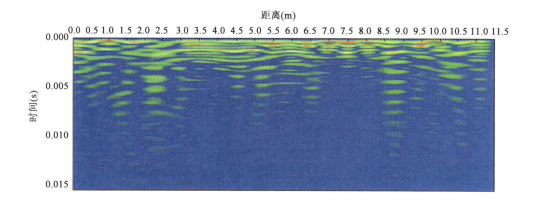

图 5-6 波形云图可视化展示示例

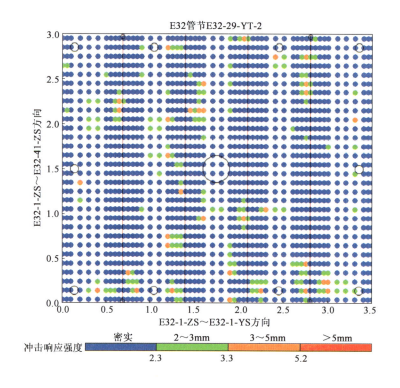

图 5-7 脱空高度分布可视化展示示例

检测结果可视化云图的横、纵坐标代表单次检测范围,以不同颜色划分脱空程度及显示脱空位置,并统计分析脱空面积占比、脱空高度占比等,如图5-8所示。

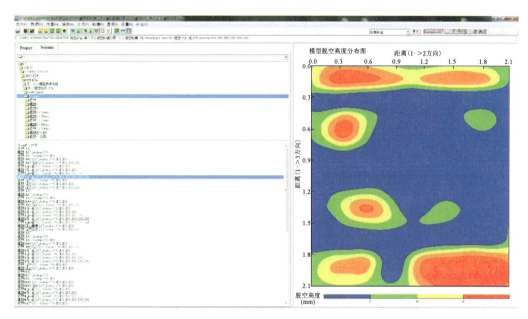

图 5-8 当前处理结果界面

5.3 本章小结

研发脱空检测的装备和软件,集成硬件与软件系统,形成成套的检测硬件、软件和技术装备。检测仪器设备采用一体化、集成化设计,具备自动化采集、连续接收信号、可视化数据展示等功能。开发升级数据采集软件和处理软件,优化参数选取、波形分析、反演分析等处理流程,形成流程化、系统化的处理平台,并采用可视化的方式进行处理结果的展现。集成硬件系统和分析软件系统,形成集成化、流程化和智能化的硬、软件系统,实现精准定位、快速数据采集与传输、流程化数据分析与结果可视化展示。

第6章 沉管隧道钢壳混凝土比尺模型检测试验

6.1 比尺模型介绍

6.1.1 S08标段比尺模型介绍

深圳至中山跨江通道工程S08标段钢壳模型浇筑试验实施单位为广东省长大公路工程有限公司。本次钢壳模型试验在中山长大基地(中山市火炬开发区沿江东五路预制场)开展,钢壳模型共制作了5种类型,共计12个,见表6-1。试验采用与实际相同的施工流程、施工方法进行钢壳混凝土试验模型的浇筑,采用"拖泵+布料机+导向小车"的方式将C50自密实混凝土泵送至指定的钢壳模型中,模拟实际钢壳管节的施工情况。

S08标段钢壳模型参数一览表　　　表6-1

序号	隔仓编号	顶板厚度(mm)	T肋通气孔间距(cm)	排气孔数量(个)	钢壳浇筑试验模型方案
1	SZSD-MNGCJZ-1-1	40	30	8	方案一
2	SZSD-MNGCJZ-1-2		50		
3	SZSD-MNGCJZ-3改-1	14	30	10	方案二
4	SZSD-MNGCJZ-3改-2		30		
5	SZSD-MNGCJZ-3改-3		50		
6	SZSD-MNGCJZ-3-3	14	30	8	方案三
7	SZSD-MNGCJZ-4-1	12	30	8	方案四 带斜倒角隔仓
8	SZSD-MNGCJZ-4-2		30		
9	SZSD-MNGCJZ-5-1	14	30	8	方案五 顶面5°横坡
10	SZSD-MNGCJZ-5-2		50		
11	SZSD-MNGCJZ-5-3		30	10	
12	SZSD-MNGCJZ-5-4		50		

(1)方案一(图6-1):模型尺寸3m×3.5m×1m,顶板开设8个排气孔,顶面无倾斜角度,顶部钢板厚度为40mm和14mm,T肋开孔间距分别为50cm和30cm,共2个模型。

(2)方案二(图6-2):模型尺寸3m×3.5m×1m,3个出气孔在T肋上,外加2个小出气孔,共3个模型。

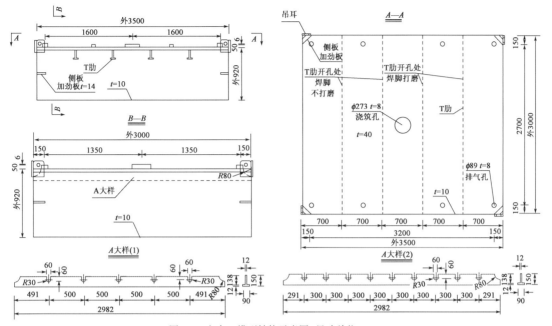

图6-1 方案一模型结构示意图(尺寸单位:mm)

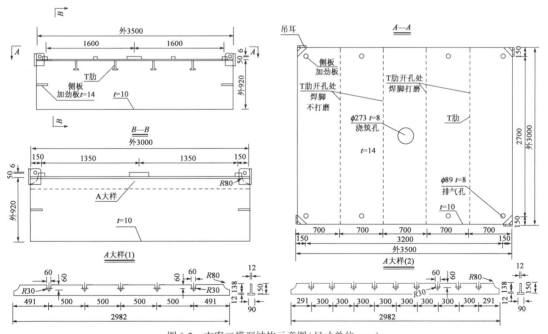

图6-2 方案二模型结构示意图(尺寸单位:mm)

(3)方案三(图6-3):模型尺寸3m×3.5m×1m,顶板开设10个排气孔,顶面无倾斜角度,顶部钢板厚度为14mm,T肋开孔间距分别为50cm和30cm,共1个模型。

(4)方案四(图6-4):模型尺寸3m×2.5m×1m,底板带斜倒角隔仓,顶板开设8个排气孔,T肋开孔间距分别为50cm和30cm,顶面倾斜角度与设计图纸一致,顶部钢板厚度为12mm,共2个模型。

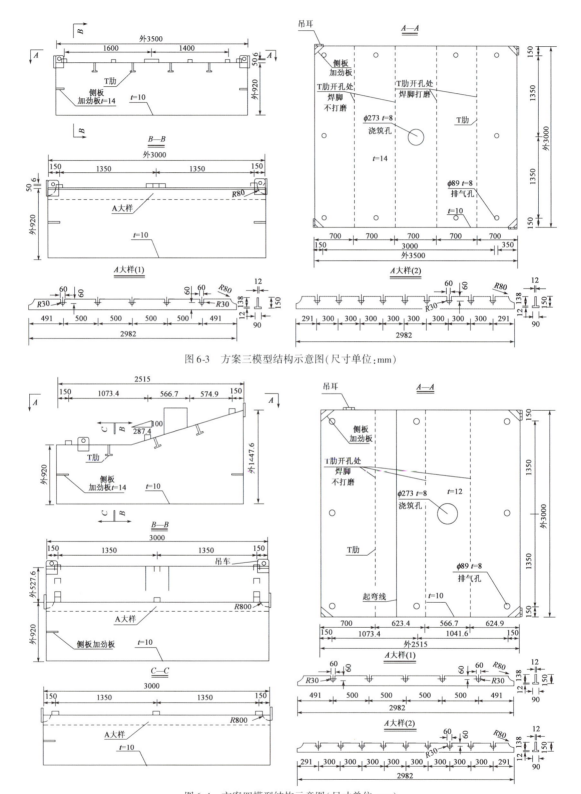

图 6-3　方案三模型结构示意图(尺寸单位:mm)

图 6-4　方案四模型结构示意图(尺寸单位:mm)

(5)方案五(图6-5):模型尺寸3m×3.5m×1m,底板带倾角隔仓,顶板开设8个或10个排气孔,T肋开孔间距分别为50cm和30cm,顶板设置5°坡度,顶部钢板厚度为14mm,共4个模型。

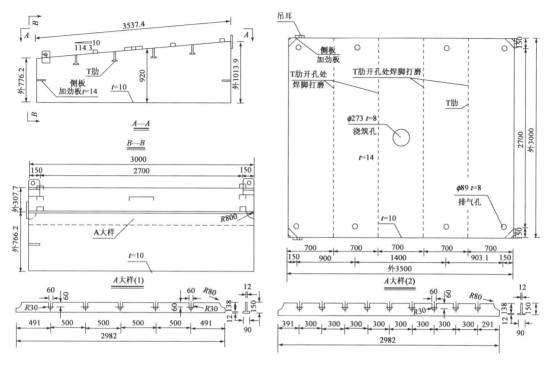

图6-5 方案五模型结构示意图(尺寸单位:mm)

6.1.2 S09标段比尺模型介绍

深圳至中山跨江通道工程S09标段钢壳模型浇筑试验实施单位为中交第四航务工程局有限公司。本次钢壳模型试验在珠海牛头岛开展,钢壳模型共制作了5种类型,共计10个,见表6-2。试验采用与实际相同的施工流程、施工方法进行钢壳试验模型的浇筑,模拟实际钢壳管节的施工情况,采用智能浇筑机的方式将C50自密实混凝土泵送至指定的钢壳模型中。

S09标段钢壳模型参数一览表 表6-2

序号	隔仓编号	顶板厚度(mm)	T肋通气孔间距(cm)	排气孔数量(个)	钢壳浇筑试验模型方案	备注
1	模型1	40	30	14	方案一	开盖
2	模型2		30			开盖
3	模型3	14	30	16	方案二	开盖
4	模型4		30			开盖

续上表

序号	隔仓编号	顶板厚度（mm）	T肋通气孔间距(cm)	排气孔数量（个）	钢壳浇筑试验模型方案	备注
5	模型5	40	30	10	方案三	开盖
6	模型6		30			开盖
7	模型7	12	30	22	方案四	开盖
8	模型8		30			开盖
9	模型9	14	30	22	方案五	开盖
10	模型10		30			开盖

（1）方案一（图6-6）：模型尺寸3m×3.5m×1m，纵肋开孔间距30cm，开孔处焊脚磨平，厚薄板拼接处不增设排气孔。

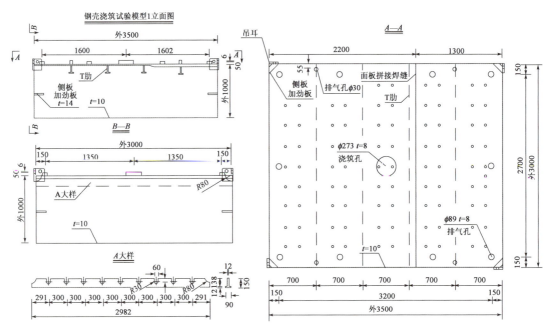

图6-6　方案一模型结构示意图(尺寸单位：mm)

（2）方案二（图6-7）：模型尺寸3m×3.5m×1m，纵肋开孔间距30cm，开孔处焊脚磨平，厚薄板拼接处增设排气孔。

（3）方案三（图6-8）：模型尺寸3m×3.5m×1m，纵肋开孔间距30cm，开孔处焊脚磨平，厚薄板拼接处增设排气孔，取消腰孔，排气孔移位。

（4）方案四（图6-9）：模型尺寸3m×4.5m×1m，纵肋开孔间距30cm，开孔处焊脚磨平。

（5）方案五（图6-10）：模型尺寸3m×4.5m×1m，纵肋开孔间距300mm，开孔处焊脚磨平，焊缝高度<3mm。

第6章 沉管隧道钢壳混凝土比尺模型检测试验

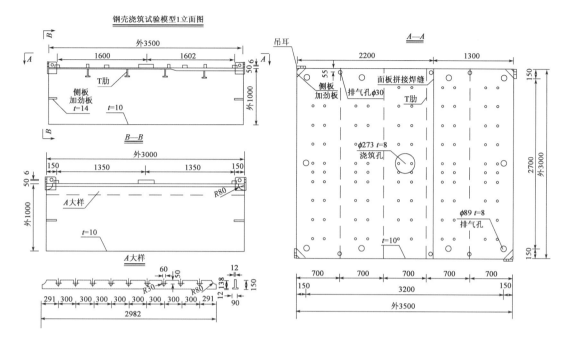

图6-7 方案二模型结构示意图(尺寸单位:mm)

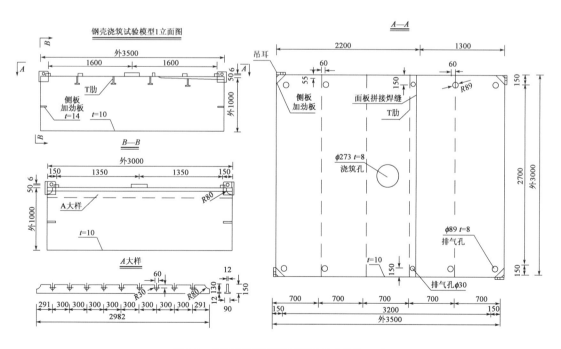

图6-8 方案三模型结构示意图(尺寸单位:mm)

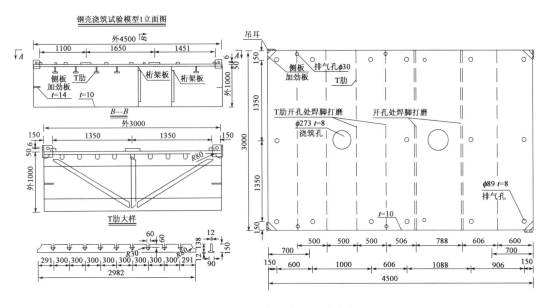

图 6-9　方案四模型结构示意图(尺寸单位:mm)

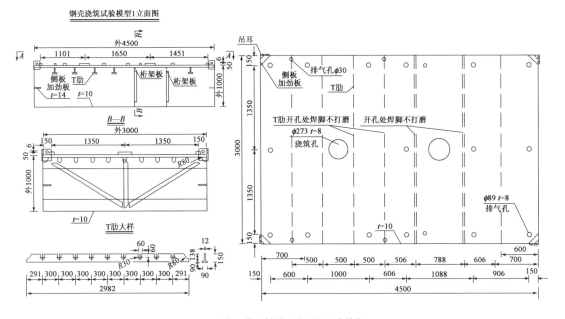

图 6-10　方案五模型结构示意图(尺寸单位:mm)

6.2　比尺模型测线布置及数据采集

测线布置:定义各个方案隔仓的纵、横隔板相交处为坐标原点,以尺寸变化侧为 x 轴正向,3m 固定尺寸侧方向为 y 轴正向;测线沿 T 肋方向布置,测线间距 10cm,测点间距 10cm,测点密度 10cm×10cm,隔板及 T 肋两侧 5cm、15cm 处加密测线,测点密度 5cm×10cm。模型尺寸 3m×3.5m×1m 测线布置示意如图 6-11 所示。

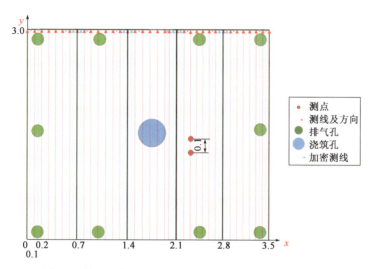

图 6-11 模型尺寸 3m×3.5m×1m 测线布置示意(尺寸单位:m)

数据采集:

(1)现场准备:熟悉现场环境及模型状态,对检测表面进行必要的清理;检查仪器设备情况,确保各部件完整可靠,处于正常工作状态。

(2)参数设置:设置采样间隔 20.833μs,记录时长 0.2s,震源偏移距 0.1m。

(3)采集过程中测点尽量远离边界,降低边界效应的影响;严格按照 10cm 网格布置好测线,敲击点与激发点保证相同的偏移距,采集过程中,应避免连接线干扰和人员的走动;删除超限数据,并重复采集至符合规范要求。

6.3 检测结果与开盖结果分析

6.3.1 S08 标段检测结果

本次模型试验共检测模型 12 个,模型编号为:SZSD-MNGCJZ-1-1、SZSD-MNGCJZ-1-2、SZSD-MNGCJZ-3 改-1、SZSD-MNGCJZ-3 改-2、SZSD-MNG CJZ-3 改-3、SZSD-MNGCJZ-3-3、SZSD-MNGCJZ-4-1、SZSD-MNGCJZ-4-2、S ZSD-MNGCJZ-5-1、SZSD-MNGCJZ-5-2、SZSD-MNGCJZ-5-3 和 SZSD-MNGCJZ-5-4。

结合前期模型检测经验,通过对振动信号进行滤波、波形处理等,对信号的频率、频谱峰值、振幅等进行数值化处理,对冲击响应强度进行归一化处理,获得标准化冲击响应强度 I。同时,将参数 I 分为五个等级,并将不同等级分别用蓝色、绿色、黄色、橙色和红色表示,表征钢板与混凝土的贴合状态,具体见表 6-3。

评价指标与解释　　　　　　　　　表6-3

标准化冲击响应强度(I)	表 示 颜 色	贴 合 状 态	解　　　释
$0<I\leqslant1.4$	蓝色	密实	钢板与混凝土紧密结合
$1.4<I\leqslant2.3$	绿色	轻微剥离	钢板与混凝土呈轻微分离状态,脱离高度1～3mm
$2.3<I\leqslant3.3$	黄色	剥离	混凝土呈蜂窝麻面状,脱落高度3～5mm
$3.3<I\leqslant5.2$	橙色	轻微脱空	钢板与混凝土呈分离状态,脱空高度5～8mm
$I>5.2$	红色	疑似超限脱空	钢板与混凝土呈分离状态,疑似脱空高度≥8mm

本次共检测12个隔仓,共打开8个钢板厚度为14mm或40mm、排气孔数量为10个的隔仓模型,其中有5个模型存在脱空,符合检测标准1"分格(面积10cm×10cm),脱空高度大于5mm"需要补强的要求;3个模型不存在脱空情况。结果显示,在检测标准1的条件下,共存在11处脱空不满足要求,符合率为100%。检测情况见表6-4。

S08标段小模型开盖分格(面积10cm×10cm)存在脱空高度大于**5mm**的情况统计　　表6-4

序号	模型编号	检测脱空数量(个)	开盖结果(个)
1	SZSD-MNGCJZ-3-3	3	3
2	SZSD-MNGCJZ-3 改1	0	0
3	SZSD-MNGCJZ-3 改2	0	0
4	SZSD-MNGCJZ-3 改3	2	2
5	SZSD-MNGCJZ-5-1	2	2
6	SZSD-MNGCJZ-5-2	1	1
7	SZSD-MNGCJZ-5-3	0	0
8	SZSD-MNGCJZ-5-4	3	3

依据检测标准1"分格(面积10cm×10cm),脱空高度大于5mm"需要补强的要求,开盖隔仓自密实混凝土表面状态的实际检测结果如下:

(1)检测结果表明3改1模型未发现脱空区域;实际开盖表明本模型不存在脱空区域;识别准确率100%。开盖情况如图6-12所示。

(2)检测结果表明3改2模型未发现脱空区域;实际开盖表明本模型不存在脱空区域;识别准确率100%。开盖情况如图6-13所示。

(3)检测结果表明3改3模型分格整体(面积10cm×10cm)不符合要求的脱空2处;实际开盖表明本模型分格整体(面积10cm×10cm)脱空2处;识别准确率100%。开盖情况如图6-14所示。

(4)检测结果表明3-3模型分格整体(面积10cm×10cm)不符合要求的脱空3处;实际开盖表明本模型分格整体(面积10cm×10cm)脱空3处;识别准确率100%。开盖情况如图6-15所示。

第6章 沉管隧道钢壳混凝土比尺模型检测试验

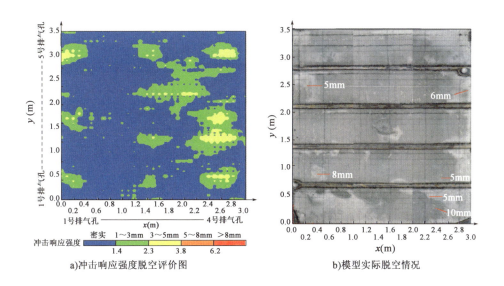

图6-12 SZSD-MNGCJZ-3 改1模型隔仓

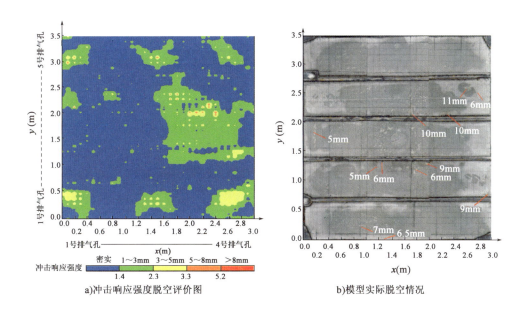

图6-13 SZSD-MNGCJZ-3 改2模型隔仓

153

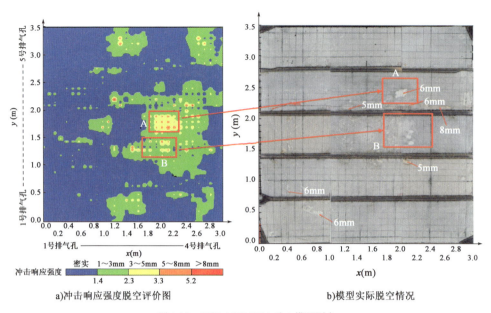

图 6-14 SZSD-MNGCJZ-3 改 3 模型隔仓

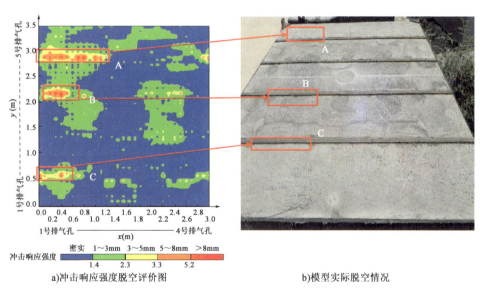

图 6-15 SZSD-MNGCJZ-3-3 模型隔仓

(5)检测结果表明 5-1 模型分格整体(面积 10cm×10cm)不符合要求的脱空 2 处;实际开盖表明本模型分格整体(面积 10cm×10cm)脱空 2 处;识别准确率 100%。开盖情况如图 6-16 所示。

(6)检测结果表明 5-2 模型分格整体(面积 10cm×10cm)不符合要求的脱空 1 处;实际开盖表明本模型分格整体(面积 10cm×10cm)脱空 1 处;识别准确率 100%。开盖情况如图 6-17 所示。

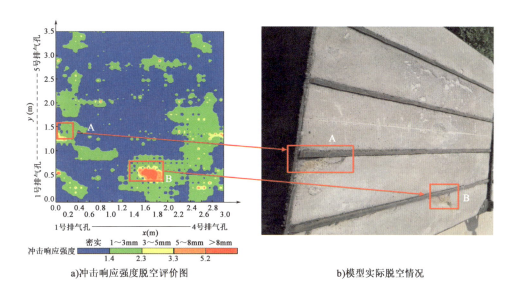

图 6-16 SZSD-MNGCJZ-5-1 模型隔仓

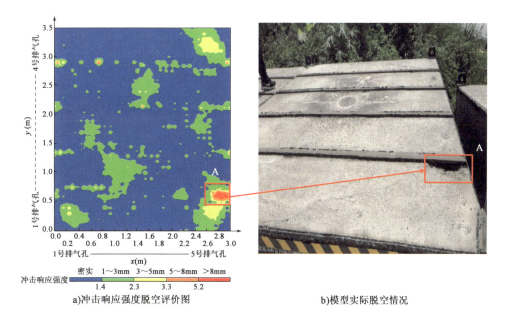

图 6-17 SZSD-MNGCJZ-5-2 模型隔仓

(7)检测结果表明 5-3 模型未发现脱空区域;实际开盖表明本模型不存在脱空区域;识别准确率 100%。开盖情况如图 6-18 所示。

(8)检测结果表明 5-4 模型分格整体(面积 10cm×10cm)不符合要求的脱空 3 处;实际开盖表明本模型分格整体(面积 10cm×10cm)脱空 3 处;识别准确率 100%。开盖情况如图 6-19 所示。

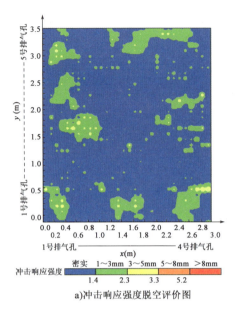

a)冲击响应强度脱空评价图　　　　　　　b)模型实际脱空情况

图 6-18　SZSD-MNGCJZ-5-3 模型隔仓

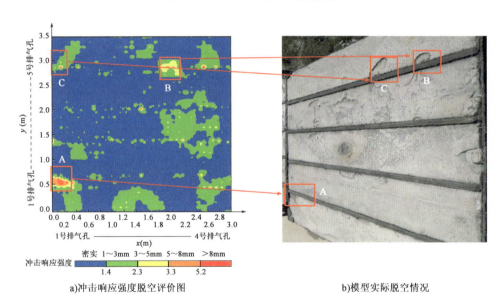

a)冲击响应强度脱空评价图　　　　　　　b)模型实际脱空情况

图 6-19　SZSD-MNGCJZ-5-4 模型隔仓

本次共检测 12 个隔仓,共打开 8 个钢板厚度为 14mm 或 40mm、排气孔数量为 10 个的隔仓模型,其中有 5 个模型存在脱空,符合检测标准 3"分格(面积 10cm×10cm),脱空高度大于 8mm"需要补强的要求;3 个模型不存在脱空情况。结果显示,在检测标准 3 的条件下,共存在 5 处脱空不满足要求,符合率为 100%。检测情况见表 6-5。

S08 标段小模型开盖分格(面积 10cm×10cm)**存在脱空高度大于 8mm 的情况统计**　表 6-5

序号	模型编号	检测脱空数量(个)	开盖结果(个)
1	SZSD-MNGCJZ-3-3	0	0
2	SZSD-MNGCJZ-3 改 1	0	0
3	SZSD-MNGCJZ-3 改 2	0	0
4	SZSD-MNGCJZ-3 改 3	0	0
5	SZSD-MNGCJZ-5-1	2	2
6	SZSD-MNGCJZ-5-2	1	1
7	SZSD-MNGCJZ-5-3	0	0
8	SZSD-MNGCJZ-5-4	2	2

依据检测标准 3"分格(面积 10cm×10cm),脱空高度大于 8mm"需要补强的要求,开盖隔仓自密实混凝土表面状态的实际检测结果如下：

(1)检测结果表明 5-1 模型分格整体(面积 10cm×10cm)不符合要求的脱空 2 处;实际开盖表明本模型分格整体(面积 10cm×10cm)脱空 2 处;识别准确率 100%。开盖情况如图 6-20 所示。

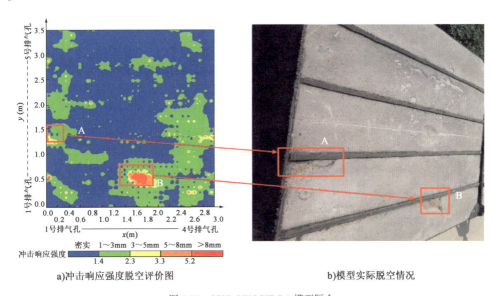

a)冲击响应强度脱空评价图　　b)模型实际脱空情况

图 6-20　SZSD-MNGCJZ-5-1 模型隔仓

(2)检测结果表明 5-2 模型分格整体(面积 10cm×10cm)不符合要求的脱空 1 处;实际开盖表明本模型分格整体(面积 10cm×10cm)脱空 1 处;识别准确率 100%。开盖情况如图 6-21 所示。

(3)检测结果表明 5-4 模型分格整体(面积 10cm×10cm)不符合要求的脱空 2 处;实际开盖表明本模型分格整体(面积 10cm×10cm)脱空 2 处;识别准确率 100%。开盖情况如图 6-22 所示。

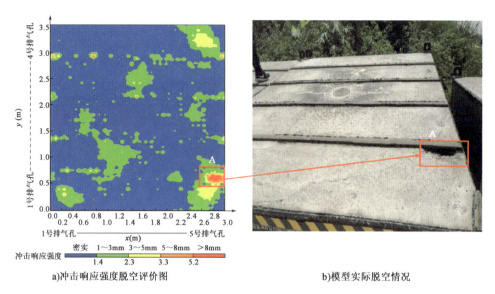

a)冲击响应强度脱空评价图　　　　b)模型实际脱空情况

图 6-21　SZSD-MNGCJZ-5-2 模型隔仓

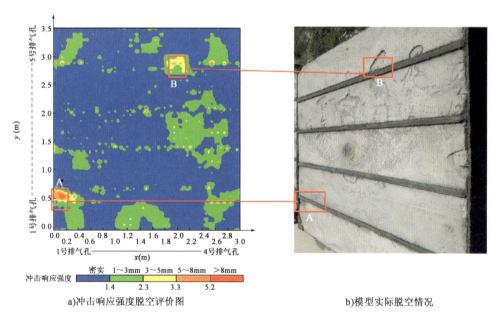

a)冲击响应强度脱空评价图　　　　b)模型实际脱空情况

图 6-22　SZSD-MNGCJZ-5-4 模型隔仓

6.3.2　S09 标段检测结果

本次模型试验共检测模型 10 个,模型编号为模型 1～模型 10。10 个隔仓全部开盖,其中有 3 个模型存在脱空,符合检测标准 1"分格(面积 10cm×10cm),脱空高度大于 5mm"需要补强的要求;7 个模型不存在脱空情况。结果显示,在检测标准 1 的条件下,共存在 8 处脱空不满足要求,符合率为 100%。检测情况见表 6-6。

S09 标段小模型开盖分格(面积 10cm×10cm)存在脱空高度大于 5mm 的情况统计 表 6-6

序号	模型编号	检测脱空数量(个)	开盖结果(个)
1	模型 1(3.5m×3m)	3	3
2	模型 2(3.5m×3m)	0	0
3	模型 3(3.5m×3m)	0	0
4	模型 4(3.5m×3m)	0	0
5	模型 5(3.5m×3m)	0	0
6	模型 6(3.5m×3m)	0	0
7	模型 7(4.5m×3m)	0	0
8	模型 8(4.5m×3m)	3	3
9	模型 9(4.5m×3m)	2	2
10	模型 10(4.5m×3m)	0	0

依据检测标准 1"分格(面积 10cm×10cm),脱空高度大于 5mm"需要补强的要求,开盖隔仓自密实混凝土表面状态的实际检测结果如下:

(1)检测结果表明模型 1 分格整体(面积 10cm×10cm)不符合要求的脱空 3 处;实际开盖表明本模型分格整体(面积 10cm×10cm)脱空 3 处;识别准确率 100%。开盖情况如图 6-23 所示。

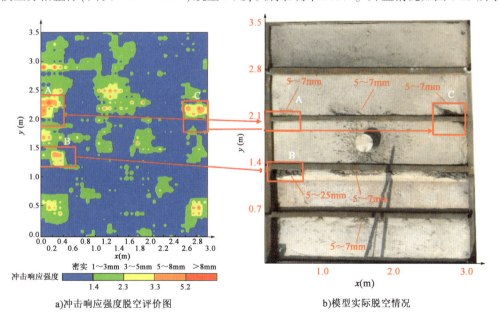

a)冲击响应强度脱空评价图　　b)模型实际脱空情况

图 6-23　模型 1 隔仓

(2)检测结果表明模型 2 未发现脱空区域;实际开盖表明本模型不存在脱空区域;识别准确率 100%。开盖情况如图 6-24 所示。

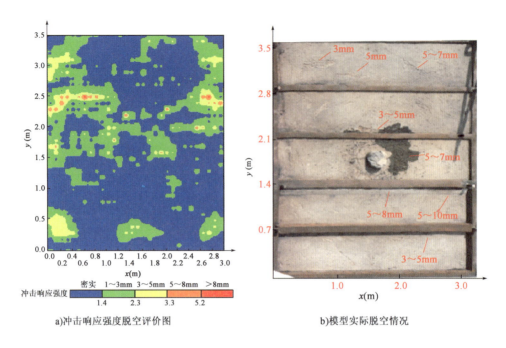

a)冲击响应强度脱空评价图　　b)模型实际脱空情况

图6-24　模型2隔仓

(3)检测结果表明模型3未发现脱空区域;实际开盖表明本模型不存在脱空区域;识别准确率100%。开盖情况如图6-25所示。

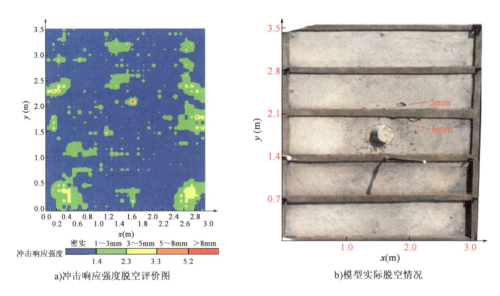

a)冲击响应强度脱空评价图　　b)模型实际脱空情况

图6-25　模型3隔仓

(4)检测结果表明模型4未发现脱空区域;实际开盖表明本模型不存在脱空区域;识别准确率100%。开盖情况如图6-26所示。

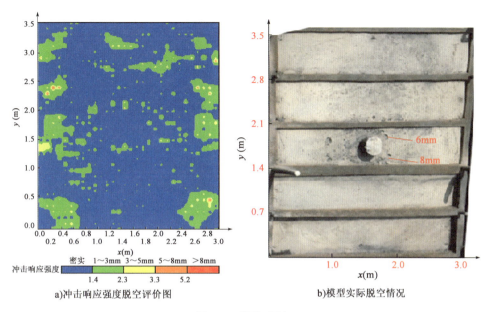

a)冲击响应强度脱空评价图　　　　　　b)模型实际脱空情况

图 6-26　模型 4 隔仓

（5）检测结果表明模型 5 未发现脱空区域；实际开盖表明本模型不存在脱空区域；识别准确率 100%。开盖情况如图 6-27 所示。

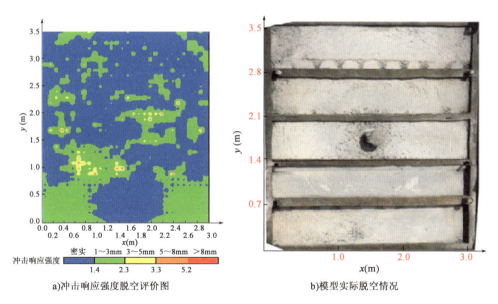

a)冲击响应强度脱空评价图　　　　　　b)模型实际脱空情况

图 6-27　模型 5 隔仓

（6）检测结果表明模型 6 未发现脱空区域；实际开盖表明本模型不存在脱空区域；识别准确率 100%。开盖情况如图 6-28 所示。

（7）检测结果表明模型 7 未发现脱空区域；实际开盖表明本模型不存在脱空区域；识别准确率 100%。开盖情况如图 6-29 所示。

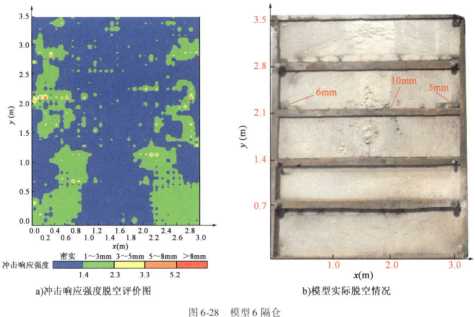

a) 冲击响应强度脱空评价图　　　　b) 模型实际脱空情况

图 6-28　模型 6 隔仓

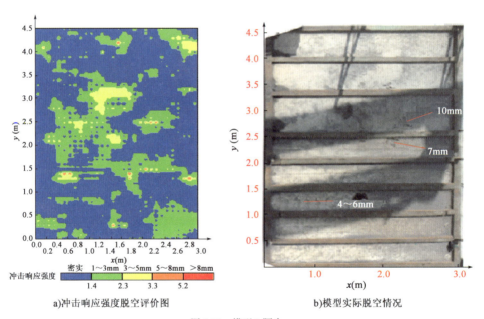

a) 冲击响应强度脱空评价图　　　　b) 模型实际脱空情况

图 6-29　模型 7 隔仓

（8）检测结果表明模型 8 分格整体（面积 10cm×10cm）不符合要求的脱空 3 处；实际开盖表明本模型分格整体（面积 10cm×10cm）脱空 3 处；识别准确率 100%。开盖情况如图 6-30 所示。

（9）检测结果表明模型 9 分格整体（面积 10cm×10cm）不符合要求的脱空 2 处；实际开盖表明本模型分格整体（面积 10cm×10cm）脱空 2 处；识别准确率 100%。开盖情况如图 6-31 所示。

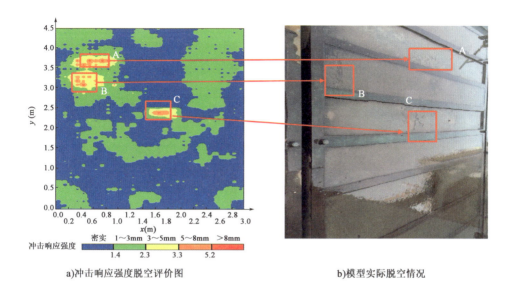

a)冲击响应强度脱空评价图　　　　　　b)模型实际脱空情况

图 6-30　模型 8 隔仓

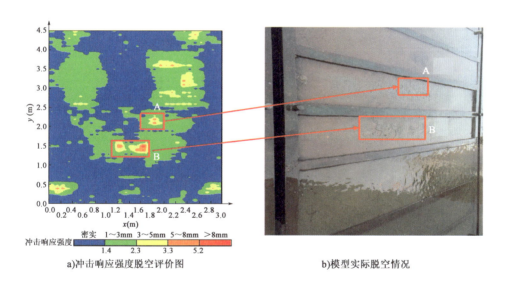

a)冲击响应强度脱空评价图　　　　　　b)模型实际脱空情况

图 6-31　模型 9 隔仓

(10)检测结果表明模型 10 未发现脱空区域;实际开盖表明本模型不存在脱空区域;识别准确率 100%。开盖情况如图 6-32 所示。

依据检测标准 2"隔仓(面积 3m×3.5m),总面积大于 0.1m²,脱空高度 5～8mm"需要补强的要求,本次共检测 10 个隔仓且全部开盖,经统计检测结果发现,各隔仓模型脱空高度为 5～8mm,但总面积均小于设计允许的脱空面积 0.1m²,无须注浆补强。检测符合率为 100%。检测情况见表 6-7。

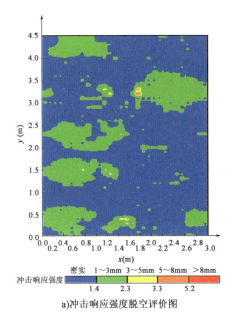
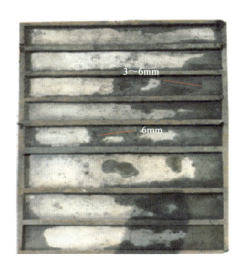

a) 冲击响应强度脱空评价图　　　　　　　b) 模型实际脱空情况

图 6-32　模型 10 隔仓

S09 标段小模型与检测标准 2 的对应符合情况　　　　　　　　表 6-7

序号	模 型 编 号	脱空高度 5~8mm 的面积（m²）	设计要求（m²）
1	模型 1(3.5m×3m)	0.06	0.10
2	模型 2(3.5m×3m)	0.06	0.10
3	模型 3(3.5m×3m)	0.02	0.10
4	模型 4(3.5m×3m)	0.01	0.10
5	模型 5(3.5m×3m)	0.01	0.10
6	模型 6(3.5m×3m)	0.01	0.10
7	模型 7(4.5m×3m)	0.10	0.13
8	模型 8(4.5m×3m)	0.08	0.13
9	模型 9(4.5m×3m)	0.03	0.13
10	模型 10(4.5m×3m)	0.01	0.13

本次共检测 10 个隔仓且全部开盖,其中有 2 个模型符合检测标准 3"分格(面积 10cm×10cm),脱空高度大于 8mm"的要求,需要补强;结果显示,在检测标准 3 的条件下,共存在 5 处脱空不满足要求,符合率为 100%。检测情况见表 6-8。

S09 标段小模型开盖分格(面积 10cm×10cm)存在脱空高度大于 8mm 的情况统计　表 6-8

序号	模型编号	检测脱空数量(个)	开盖结果(个)
1	模型 1(3.5m×3m)	3	3
2	模型 2(3.5m×3m)	2	2
3	模型 3(3.5m×3m)	0	0
4	模型 4(3.5m×3m)	0	0
5	模型 5(3.5m×3m)	0	0
6	模型 6(3.5m×3m)	0	0
7	模型 7(4.5m×3m)	0	0
8	模型 8(4.5m×3m)	0	0
9	模型 9(4.5m×3m)	0	0
10	模型 10(4.5m×3m)	0	0

依据检测标准 3"分格(面积 10cm×10cm),脱空高度大于 8mm"需要补强的要求,开盖隔仓自密实混凝土表面状态的实际检测结果如下:

(1)检测结果表明模型 1 分格整体(面积 10cm×10cm)不符合要求的脱空 3 处;实际开盖表明本模型分格整体(面积 10cm×10cm)脱空 3 处;识别准确率 100%。开盖情况如图 6-33 所示。

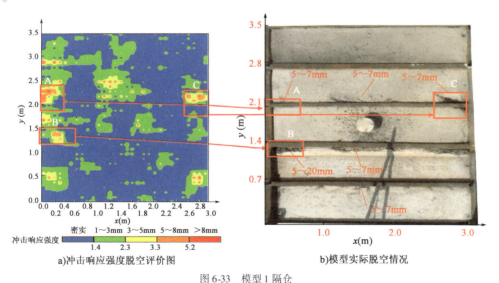

图 6-33　模型 1 隔仓

(2)检测结果表明模型 2 分格整体(面积 10cm×10cm)不符合要求的脱空 2 处;实际开盖表明本模型分格整体(面积 10cm×10cm)脱空 2 处;识别准确率 100%。开盖情况如图 6-34 所示。

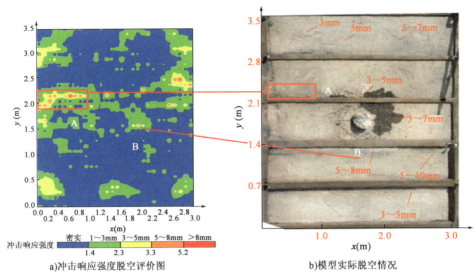

图 6-34 模型 2 隔仓

6.4 本章小结

（1）采用冲击弹性波法，对 S08 标段和 S09 标段的五种隔仓模型的混凝土浇筑脱空情况进行了检测。通过数据采集、处理与结果分析，结合开盖测量结果，对冲击响应强度进行归一化处理，经标定的标准化冲击响应强度能够很好地表征脱空状态。

（2）根据冲击响应强度数值和混凝土的缺陷状态，将标准化冲击响应强度 I 划分为五个等级，分别为：0～1.4、1.4～2.3、2.3～3.3、3.3～5.2、>5.2。同时，采用蓝色、绿色、黄色、橙色和红色表示不同的等级，分别代表密实、轻微剥离、剥离、轻微脱空和疑似超限脱空。

（3）对 S08 标段各模型检测结果等级占比进行统计分析，各隔仓模型密实平均占比约 31.58%，剥离平均占比约 55.42%，轻微脱空（5～8mm）平均占比约 9.58%，疑似超限脱空（≥8mm）平均占比约 3.42%。同时，根据招标文件要求，疑似脱空区域需采用中子法进行复测；单格脱空高度大于或等于 5mm 但小于 8mm，未连成片，脱空总面积大于 $0.1m^2$/隔仓（占比大于 0.95%），需要进行注浆补强处理。

（4）对 S09 标段各模型检测结果等级占比进行统计分析，各隔仓模型密实平均占比约 63.5%，剥离平均占比约 28%，轻微脱空（5～8mm）平均占比约 7.7%，疑似超限脱空（≥8mm）平均占比约 0.8%。同时，根据招标文件要求，疑似脱空区域需采用中子法进行复测；单格脱空高度大于或等于 5mm 但小于 8mm，未连成片，脱空总面积大于 $0.1m^2$/隔仓（占比大于 0.95%），需要进行注浆补强处理。

第7章 沉管隧道钢壳混凝土足尺模型检测试验

现有无损检测方法在钢壳混凝土沉管隧道的脱空缺陷检测中适用性较差,且尚无有效的技术方法能对钢壳混凝土沉管的浇筑质量进行快速、准确、大范围的检测。采用足尺钢壳混凝土沉管隧道模型进行脱空缺陷试验研究的科研案例较少,为避免室内试验中由于尺寸、模型预制方式、预设脱空缺陷与实际脱空缺陷差异性等的影响,本章参考原位试验的研究思路,设计足尺钢壳混凝土沉管模型试验,试验按照实际工程中钢壳混凝土沉管生产的施工条件、施工流程和施工方法进行足尺模型的制作、运输和浇筑,且模型不预设脱空缺陷,以模拟实际钢壳混凝土沉管生产施工过程中可能出现的脱空缺陷情况。通过盲检开盖验证,即先给结果再开盖验证的方式,验证检测方法的准确率。

7.1 足尺模型介绍

为了准确模拟深中通道沉管隧道的施工全过程,工程开工前按照实际工程尺寸浇筑了足尺模型,如图7-1所示。

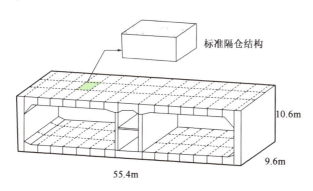

图7-1 足尺模型整体结构图

足尺模型的结构介绍如下:

(1)足尺钢壳混凝土沉管隧道模型(简称足尺模型)的结构尺寸为:长9.6m,宽55.4m,高10.6m。

(2)采用14mm/44mm钢板焊接而成,整个钢壳结构重约740t,自密实混凝土的浇筑量约1500m^3,模型的横断面尺寸、隔仓大小及细部构造与实际施工中Ⅰ类钢壳完全一致。

(3)纵、横隔板将整个足尺模型的钢壳结构分隔为 105 个独立浇筑的隔仓,包括底板隔仓 51 个、墙体隔仓 12 个、顶板隔仓 42 个。

(4)图 7-2 为标准隔仓结构的内部构造示意图,其尺寸为 3.0m×3.5m×1.5m,隔仓顶板布置 4 条 T 形加劲肋(间隔为 0.7m),并在 T 形加劲肋之间布置焊钉结构(共 5 组,每组 24 根),隔仓底板布置 4 条纵向 L 形角钢和 4 条横向扁肋。

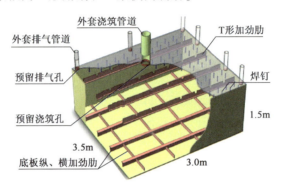

图 7-2 隔仓结构图

(5)浇筑孔布置在隔仓中部,并在隔仓四周布置排气孔,排气孔按照单个标准隔仓 10 个孔布置;并且下料管、排气管为两段驳接,下段为配套钢管(高 50mm),上段为外套插入式管道。

足尺模型的隔仓浇筑不预设脱空缺陷,试验按照实际工程中钢壳混凝土沉管生产的施工条件、施工流程和施工方法进行足尺模型的制作、运输和浇筑,模拟实际沉管在预制浇筑过程中可能出现的脱空缺陷。隔仓采用自密实混凝土进行全陆域浇筑,自密实混凝土材料参数及配合比见表 7-1 和表 7-2,隔仓浇筑选用不同浇筑方案。隔仓浇筑完成且渡过初凝期之后,进行脱空缺陷检测试验。

材料参数表 表 7-1

材料	水泥	粉煤灰	矿粉	细集料	粗集料		水	减水剂
规格型号	P·II42.5	I 级	S95	中粗砂	5~10mm	10~20mm	自来水	聚羧酸
产地/品牌	华润	谏壁	曹妃甸	东江	广西盘隆石场		—	苏博特

自密实混凝土配合比 表 7-2

类别	水泥	粉煤灰	矿渣粉	碎石(5~10mm)	碎石(10~20mm)	河砂	水	减水剂
参数(kg/m³)	270	196	84	339	508	782	171	5.5

7.2 足尺模型测线布置及数据采集

足尺模型脱空检测试验以隔仓为单位进行数据采集,数据采集时,用小钢球击打隔仓顶部钢板,使检测区域产生弹性波动场,并在距离波源激发位置 10cm 处放置垂直检波器记录波场数据。隔仓检测的测线沿 T 肋方向进行布置,以 2.8m×3.5m×1.5m 尺寸隔仓为例,隔仓上每条测线间距为 10cm,但在 T 肋两侧进行测线加密,加密区域测线间距为 5cm,见图 7-3a)、b)。图 7-3c)为隔仓的水平正视图。在测线上布置测点进行数据采集,测点间距为 10cm,见图 7-3d)。因此,测线构成的测点网格在非 T 肋部位测点呈 10cm×10cm 等间距网格,在 T 肋部位附近测点呈 5cm×10cm 等间距网格。

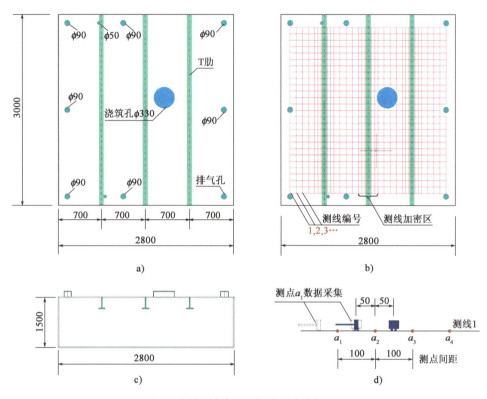

图 7-3 隔仓测点布置示意图(尺寸单位:mm)

现场数据采集采用单点式,沿测线进行,采集间隔 20.83μs,采样点数 8192。在小钢球锤击激发弹性波后,用垂直检波器接收钢壳表面的弹性波动信息,记录应力波传播与反射信号,然后保持激发点和接收点的距离、击打方向和击打力度不变,将数据采集系统移至下一个测点,并重复以上数据采集过程。

7.3 检测结果验证方法

7.3.1 脱空缺陷面积测量

在进行脱空缺陷检测数据采集时,根据隔仓尺寸和预埋 T 肋结构对隔仓钢板表面进行测线网格布置。在 T 肋结构附近,网格尺寸为 5cm×10cm,在其他区域,网格尺寸一般为 10cm×

10cm。隔仓开盖后,可将该测线网格投影到混凝土表面,脱空面积可通过计算网格数占比得到。

7.3.2 缺陷位置测量

根据测线布置时用的坐标系,用尺子或数网格的方法测量出缺陷区域的中心点坐标,考虑到缺陷形状的随意性与复杂性,此处所述缺陷位置仅仅为方便描述缺陷部位时所用,以其大致形心位置坐标为准。

7.3.3 脱空缺陷量测量

以钢板顶平面作为缺陷量测量的基准面,使用可塑性较强的橡皮泥填充于开盖部位,将开盖区域全部填充密实,利用钢尺将凸出钢板顶平面的橡皮泥表面削平,使其与钢板面平齐,然后取出橡皮泥放入预先加水的塑料量杯中(加水量保证能完全淹没橡皮泥且不会溢水),如图7-4所示。放入前,读取容积Q_1,放入后,读取体积Q_2,则橡皮泥体积$Q = Q_2 - Q_1$,实际缺陷量由下式计算:

$$实际缺陷量 = Q - 开盖长 \times 开盖宽 \times 钢板厚度 \tag{7-1}$$

图7-4 脱空缺陷量测量

7.3.4 脱空高度测量

开盖位置处脱空缺陷皆为随机缺陷类型,其尺寸和脱空范围极不规则,试验中,缺陷的脱空高度和脱空范围的测量采用游标卡尺和测量架配合进行,如图7-5所示。测量时,以钢板顶面作为脱空高度测量的基准面,采用图7-5所示的测量架与游标卡尺相配合进行测量。将游标卡尺主尺的尾端卡在测量架横梁的顶部,同时以游标卡尺的深度尺抵至混凝土表面,然后在游标卡尺的主尺上(两个外测量爪之间)读出深度值,并通过下式计算出开盖位置处实际脱空高度值:

图7-5 脱空缺陷高度测量

$$实际脱空高度 = 游标卡尺读数 - 钢板厚度 - 测量架横梁高度 \tag{7-2}$$

7.4 检测及开盖结果分析

由于篇幅限制,本节选取了S08标段的4个典型隔仓进行脱空检测结果的分析,检测结果基于冲击弹性波法和中子法共同得出。

7.4.1 隔仓 ZC-3-YB-7 检测结果

ZC-3-YB-7 疑似脱空区域2处,分别为 x、y 坐标(0.65m,0.6m)处,脱空面积 $0.085m^2$,脱空高度 3~6mm 左右; x、y 坐标(0.65m,2.35m)处,脱空面积 $0.025m^2$,脱空高度 2~5mm。两处脱空位于 T 肋远离浇筑孔附近,且脱空较严重,建议在 x、y 坐标区域(0.55~0.85m,0.5~0.8m)和(0.55~0.85m,2.2~2.5m)两处区域开盖验证,如图 7-6 所示。

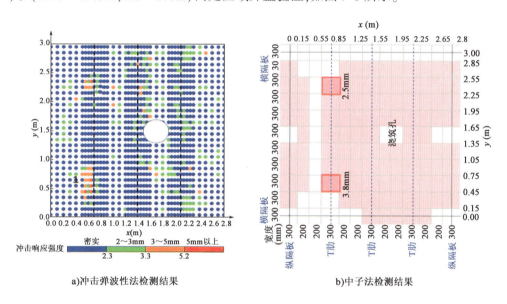

图 7-6 ZC-3-YB-7 冲击弹性波法与中子法综合检测结果

7.4.2 隔仓 ZC-2-YB-7 检测结果

ZC-2-YB-7 疑似脱空区域4处,分别为 x、y 坐标(0.65m,0.55m)处,脱空面积 $0.045m^2$,脱空高度 3~5mm; x、y 坐标(0.65m,2.45m)处,脱空面积 $0.035m^2$,脱空高度 3~5mm; x、y 坐标(2.2m,0.5m)处,脱空面积 $0.060m^2$,脱空高度 3~5mm; x、y 坐标(2.2m,2.65m)处,脱空面积 $0.050m^2$,脱空高度 2~5mm。脱空集中在两处 T 肋($x=0.7m$ 和 $x=2.1m$)远离浇筑孔的外侧,脱空严重,建议开盖 x、y 坐标区域(0.4~0.7m,2.3~2.6m)、(2.1~2.4m,0.4~0.7m)、(1.95~2.25m,2.5~2.8m); T 肋($x=1.4m$)远离浇筑孔外侧检测结果密实,但该区域易出现脱空,建议开盖 x、y 坐标区域(1.1~1.4m,1.9~2.2m)验证,如图 7-7 所示。

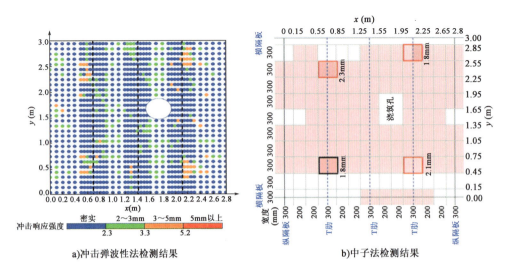

图7-7 ZC-2-YB-7 冲击弹性波法与中子法综合检测结果

7.4.3 隔仓 ZC-3-YB-6 检测结果

ZC-3-YB-6 疑似脱空区域1处,为 x、y 坐标（1.1m,2.25m）处。x、y 坐标区域（2.1~2.4m,1.0~1.3m）位于T肋远离浇筑孔一侧,易出现脱空,检测结果密实,建议开盖验证,如图7-8所示。

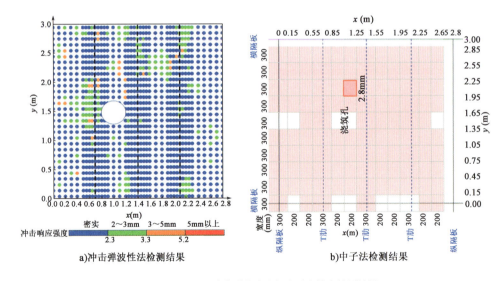

图7-8 ZC-3-YB-6 冲击弹性波法与中子法综合检测结果

7.4.4 隔仓 ZC-2-M-2 检测结果

ZC-2-M-2 疑似脱空区域1处,为 x、y 坐标（2.3m,0.8m）处,脱空面积 $0.035m^2$,脱空高度

3~5mm,脱空严重且位于T肋及隔板附近,建议开盖验证。x、y坐标(0.5~0.8m,1.0~1.3m)位于T肋一侧,检测结果密实,建议开盖验证,如图7-9所示。

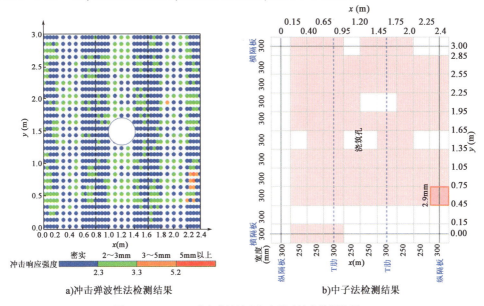

a)冲击弹波性法检测结果　　　　b)中子法检测结果

图7-9　ZC-2-M-2冲击弹性波法与中子法综合检测结果

7.5　开盖结果

为保证开盖过程钢壳不发生形变和不对钢板下的混凝土造成损伤,采用碳弧气刨热切割方式开盖。开盖位置的上部钢板切割完成后,基于上述测量方法,本节对不同隔仓开盖位置处混凝土的填充情况进行精确测量,包括对存在脱空缺陷的位置进行精确定位,并对脱空面积、脱空高度进行测量。由于足尺模型脱空缺陷检测试验为了模拟实际浇筑情况下可能存在的脱空缺陷,试验未预设脱空缺陷,故每个隔仓中6处开盖的分格位置皆为随机选取,分格编号及分布情况如图7-10所示。每个分格面积为30cm×30cm或30cm×20cm,一般包含15~21个冲击响应信号测点数据,由隔仓的测线布置示意图可知,在对隔仓进行冲击响应信号数据采集时,在T肋结构两侧会进行测线加密,加密后不同测线之间的间隔由10cm缩小至5cm,测点分布较密,间隔为5cm×10cm,故横跨T肋结构处的开盖位置一般包含21个测点数据,典型加密区开盖位置的测点分布及编号情况如图7-11a)所示。未加密处,测点间隔为10cm×10cm,一般包含14个测点,典型非加密区的测点分布及编号情况如图7-11b)所示。已有的试验研究和足尺模型浇筑试验的结果均表明,T肋结构附近是发生脱空缺陷的高风险区域,因此,在T肋附近提高测线密度,可以丰富采样数据集,有利于提高检测精度。由于不同隔仓的开盖位置选取不完全相同,故每个隔仓6处开盖位置记录的总测点数目不同,以隔仓ZC-3-YB-7为例,6处开盖位置共记录105个冲击响应信号。图7-10~图7-12显示了4个典型隔仓的24处开盖位置的混凝土实际浇筑情况、开盖后混凝土脱空实测数据的三维绘图,以及开盖位置处测点的编号及布置情况。

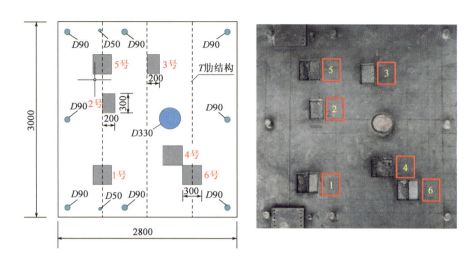

图 7-10　隔仓 ZC-3-YB-7 开盖位置分布及编号情况(尺寸单位:mm)

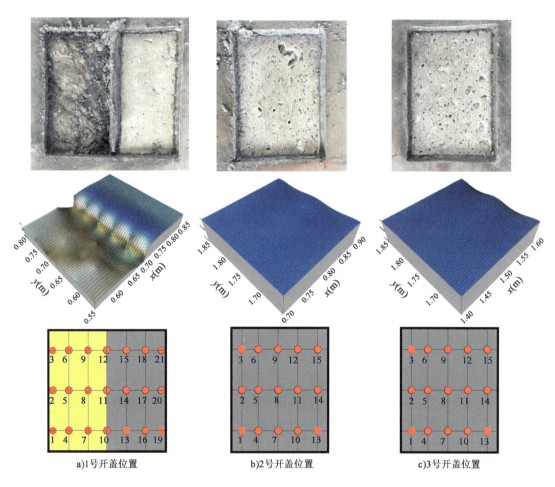

图 7-11　1~3 号开盖位置实际脱空情况、检测结果及测点编号情况对照图

第7章 沉管隧道钢壳混凝土足尺模型检测试验

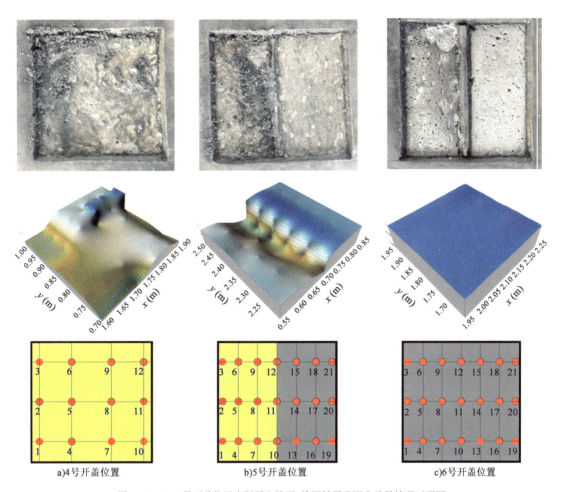

图7-12 4~6号开盖位置实际脱空情况、检测结果及测点编号情况对照图

7.5.1 隔仓 ZC-3-YB-7 开盖结果

由图7-10可知,1号开盖位置,分格面积为30cm×30cm,开盖位置横跨T肋结构,属于测线加密区,包含测点21个。开盖位置测点编号情况和开盖后混凝土的实际填充情况如图7-11a)所示:T肋左侧区域存在脱空缺陷,脱空面积为0.045m²,T肋右侧区域混凝土填充密实;经现场测量,在T肋左侧脱空区域中,越靠近T肋区域,脱空缺陷越严重,且在靠近T肋的右下角位置脱空高度最大,可达12mm以上,通过对整个开盖位置区域内进行脱空高度测量,确定每个测点控制范围内的实际脱空情况。

2号开盖位置,分格面积为30cm×20cm,包含测点15个(图7-11b),开盖后混凝土的填充情况为:混凝土填充情况较好,开盖面平整,无明显缺陷。

3号开盖位置,分格面积为30cm×20cm,包含测点15个(图7-11c),开盖后混凝土的填充情况为:混凝土填充情况较好,仅有几处细小气泡麻面,无明显缺陷,基本密实。

由图7-10可知,4号开盖位置的分格面积为30cm×30cm,且4号开盖位置位于两T肋结构的中间位置,此处未进行测线加密,仅包含 12 个测点。开盖后混凝土的填充情况(图 7-12a)为:此处开盖位置属于脱空严重区域,区域内全部出现脱空高度不一的脱空缺陷,混凝土脱空面积达 0.090m^2,其中右上角位置脱空情况轻微,脱空高度在 2~3mm 左右,而在其他部位,脱空高度都比较大,均在 5mm 以上,由图 7-12a)中的混凝土填充情况测量结果的三维视图可知,脱空缺陷最严重部位出现在开盖位置的左侧位置,脱空高度可达 8~9mm。

5 号开盖位置,横跨 T 肋结构两侧,分格面积为 30cm×30cm,包含测点 21 个。开盖后混凝土的填充情况(图 7-12b)为:T 肋左边区域存在脱空缺陷,脱空面积为 0.045m^2,而在 T 肋右侧区域,混凝土填充较为密实;经现场测量,在 T 肋左侧脱空缺陷区域中,越靠近 T 肋区域,脱空缺陷越严重,呈现出与 1 号开盖位置相同的脱空分布规律特征。由 1 号和 5 号开盖位置的脱空现象可推测,T 肋结构对自密实混凝土流动性能的阻隔效应明显,导致自密实混凝土在 T 肋附近填充质量较差,且越靠近 T 肋位置,浇筑过程中的排气越困难,导致缺陷越严重。

6 号开盖位置,横跨 T 肋结构两侧,分格面积为 30cm×30cm,位于测线加密区,开盖位置处包含测点 21 个。开盖后混凝土的填充情况较为密实,并且开盖位置钢板与混凝土面黏结良好,无明显缺陷,属于混凝土填充情况较好的密实区域,如图 7-12c)所示。

7.5.2 隔仓 ZC-2-YB-7 开盖结果

隔仓 ZC-2-YB-7 的开盖位置分布及编号情况如图 7-13 所示。ZC-2-YB-7 隔仓尺寸为 2.8m×3.0m×1.5m,隔仓顶部钢板下布设 3 条 T 肋结构。由图 7-13 可知,隔仓的预留浇筑孔为偏置一侧布置,同时井盖位置均位于 T 肋结构附近,大部分属于测线加密区,故 6 处开盖位置区域共包含测点 108 个。

由图 7-13 可知,1 号开盖位置,位于 T 肋结构左侧,部分区域位于测线加密区,分格面积为 30cm×30cm,包含测点 18 个。开盖后混凝土的实际填充情况及开盖位置处测点编号情况如图 7-14a)所示,混凝土填充情况较好,开盖面平整,无气泡等空洞缺陷,是浇筑质量较好的区域。

2 号开盖位置,横跨 T 肋结构,位于测线加密区,分格面积为 30cm×30cm,包含测点 21 个。开盖后混凝土的实际填充情况及开盖位置处测点编号情况如图 7-14b)所示,开盖后混凝土的填充情况为:T 肋左侧区域存在脱空缺陷,脱空面积为 0.045m^2,T 肋右侧区域混凝土填充密实;经现场测量,在 T 肋左侧脱空区域中,整体脱空较为严重,在 1~6 号测点位置处,脱空高度为 5~10mm,越靠近 T 肋区域,脱空缺陷越严重,在 7~9 号测点位置处,脱空高度可达 12mm 以上。

3 号开盖位置,位于 T 肋结构一侧,分格面积为 30cm×20cm,位于测线加密区,包含测点 15 个。开盖后混凝土的填充情况(图 7-14c)为:混凝土填充情况较好,仅在左下角出现小范围剥离麻面的情况,整体浇筑情况基本密实。

第7章 沉管隧道钢壳混凝土足尺模型检测试验

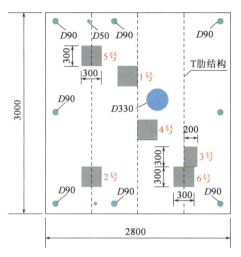
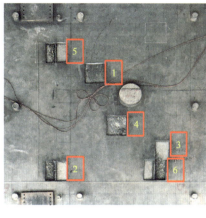

图 7-13 隔仓 ZC-2-YB-7 开盖位置分布及编号情况(尺寸单位:mm)

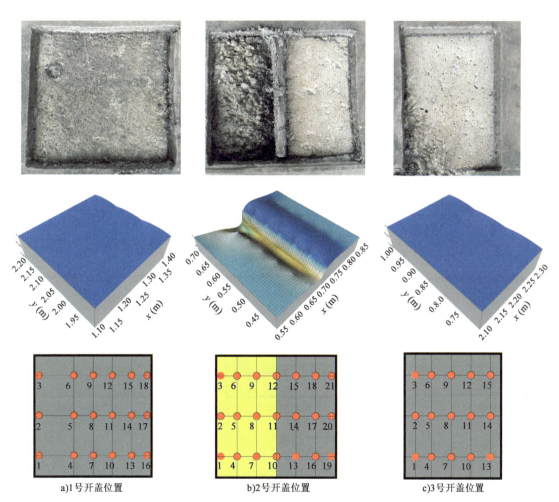

a) 1号开盖位置　　　　b) 2号开盖位置　　　　c) 3号开盖位置

图 7-14 1～3 号开盖位置实际脱空情况、检测结果及测点编号情况对照图

177

4号开盖位置,分格面积为30cm×30cm,位于两T肋结构之间,此区域未进行测线加密,包含测点12个。开盖后混凝土的实际填充情况及开盖位置处测点编号情况如图7-15a)所示,填充情况为:开盖位置整体浇筑情况较为密实,仅在中间位置(8号、9号测点附近)出现高度为5~7mm左右的气泡区域。

5号开盖位置,横跨T肋结构,分格面积为30cm×30cm,位于测线加密区,包含测点21个。开盖后混凝土的实际填充情况及开盖位置处测点编号情况如图7-15b)所示,由现场测量结果可知,T肋左侧区域存在脱空缺陷,脱空面积为$0.03m^2$,T肋右侧区域混凝土填充密实;其中,在T肋左侧脱空区域中,越靠近T肋区域,脱空缺陷越严重,在靠近T肋附近,脱空高度可达8mm,而在左侧区域(1~6号测点),脱空高度基本在5mm左右。

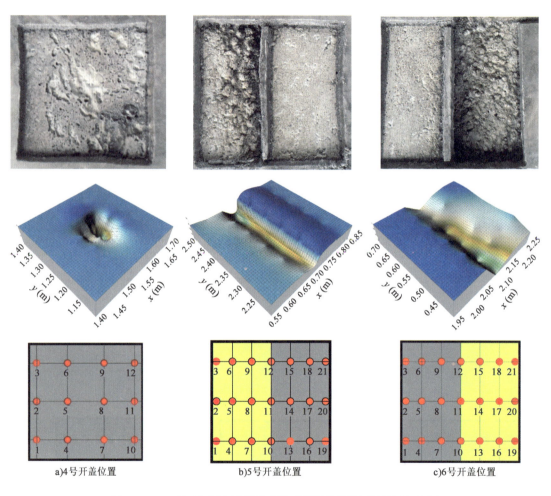

图7-15 4~6号开盖位置实际脱空情况、检测结果及测点编号情况对照图

6号开盖位置,横跨T肋结构,分格面积为30cm×30cm,位于测线加密区,包含测点21个。开盖后混凝土的实际填充情况及开盖位置处测点编号情况如图7-15c)所示,由图可知,在该位置处,T肋结构左侧区域浇筑密实,无脱空缺陷存在,而T肋右侧区域存在较为严重的

脱空缺陷,脱空面积为 0.045m², 经现场测量, 在 13~15 号测点位置处, 脱空高度可达 15mm, 在 16~18 号测点位置处, 脱空高度为 8~10mm, 在 19~21 号测点位置处, 脱空高度在 4~6mm 之间。

7.5.3 隔仓 ZC-3-YB-6 开盖结果

隔仓 ZC-3-YB-6 的开盖位置分布及编号情况如图 7-16 所示。ZC-3-YB-6 隔仓是非标准隔仓,隔仓尺寸为 2.8m×3.0m×1.5m,布设 3 条 T 肋结构。由图 7-16 可知,隔仓的预留浇筑孔为偏置一侧布置,同时开盖位置均位于 T 肋结构附近,大部分属于测线加密区,故 6 处开盖位置区域共包含测点 108 个。

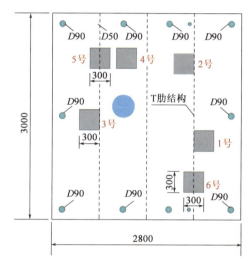
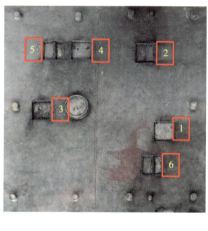

图 7-16 隔仓 ZC-3-YB-6 开盖位置分布及编号情况(尺寸单位:mm)

由图 7-16 可知,1 号开盖位置,位于 T 肋结构右侧,分格面积为 30cm×30cm,其中 2/3 开盖区域位于测线加密区,共包含测点 18 个。开盖后混凝土的实际填充情况及开盖位置处测点编号情况如图 7-17a)所示,该位置处混凝土的填充情况较为密实,混凝土与钢板交界面平整,属于浇筑质量较优的区域。

2 号开盖位置,位于 T 肋结构左侧,分格面积为 30cm×30cm,部分区域位于测线加密区,共包含测点 18 个。开盖后混凝土的实际填充情况及开盖位置处测点编号情况如图 7-17b)所示,开盖位置左侧的区域(1~9 号测点)存在脱空缺陷,而右侧区域(10~18 号测点)混凝土填充较为密实,与钢板接触表面平整,且黏结紧密,浇筑质量较好。经现场测量,左侧脱空缺陷的脱空高度均在 4mm 左右。

3 号开盖位置,位于 T 肋结构左侧,分格面积为 30cm×20cm,开盖区域全部位于测线加密区,共包含测点 18 个。开盖后混凝土的实际填充情况及开盖位置处测点编号情况如图 7-17c)所示,填充情况为:开盖位置全域存在不同程度的脱空缺陷,其中,经现场测量,开盖位置上部区域(纵向坐标1.55~1.60m范围内)的脱空缺陷严重程度相对较轻,脱空高度在2~3mm左右,开盖位置下部区域(纵向坐标1.30~1.50m范围内)的脱空高度较大,为4~5mm左右。

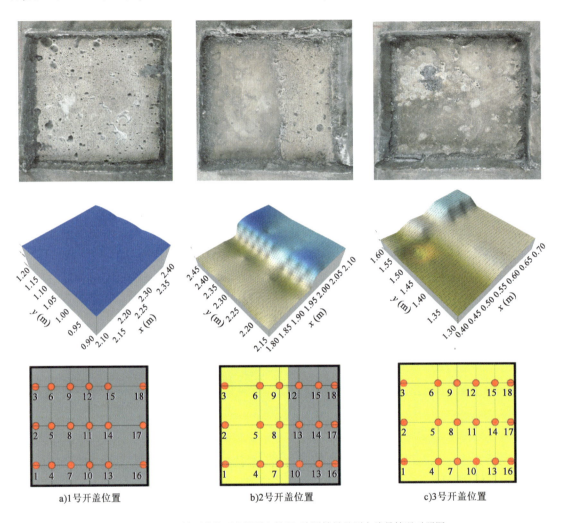

图7-17 1~3号开盖位置实际脱空情况、检测结果及测点编号情况对照图

由图7-16可知,4号开盖位置位于两T肋结构之间,分格面积为30cm×30cm,开盖位置未进行测线加密,共包含测点12个。开盖后混凝土的实际填充情况及开盖位置处测点编号情况如图7-18a)所示,该位置处混凝土整体浇筑质量良好,混凝土与钢板交界面平整,黏结紧密。

5号开盖位置,横跨T肋结构,分格面积为30cm×30cm,开盖区域位于测线加密区,共包含测点21个。开盖后混凝土的实际填充情况及开盖位置处测点编号情况如图7-18b)所示,该位置处混凝土的填充情况较为密实,混凝土与钢板交界面平整,属于浇筑质量较好的区域。

6号开盖位置同样横跨T肋结构,分格面积为30cm×30cm,包含测点21个。开盖后混凝土的实际填充情况及开盖位置处测点编号情况如图 7-18c)所示,填充情况为:位于 T 肋结构左侧区域的混凝土填充较为密实,未出现空洞、气泡等脱空缺陷,浇筑质量较好。

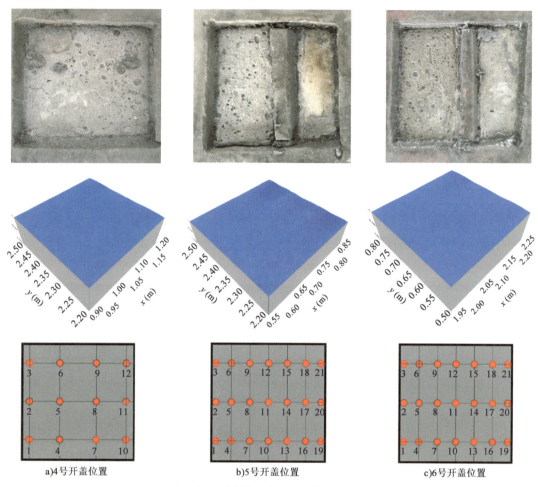

图 7-18 4～6 号开盖位置实际脱空情况、检测结果及测点编号情况对照图

7.5.4 隔仓 ZC-2-M-2 开盖结果

隔仓 ZC-2-M-2 的开盖位置分布及编号情况如图 7-19 所示。ZC-2-M-2 隔仓是中间管廊隔仓,表面预埋构件较多,隔仓尺寸为 2.4m×3.0m×1.5m,隔仓顶部钢板下布设 2 条 T 肋结构。由图 7-19 可知,开盖位置在各结构位置处均有分布,6 处开盖位置区域共包含测点 102 个。

1 号开盖位置,位于隔仓结构边缘的纵向隔板附近,分格面积为 30cm×30cm,开盖位置部分区域位于测线加密区,共包含测点 18 个。开盖后混凝土的实际填充情况及开盖位置处测点编号情况如图 7-20a)所示,由测量结果可知,在整个开盖区域的超过 2/3 区域存在较为严重的脱空缺陷,仅在横向坐标 2.10m 附近混凝土浇筑质量合格,混凝土表面平整。在脱空缺陷区域,以横向坐标 2.30m 附近最为严重,7～12 号测点位置处脱空高度均在 5mm 以上,其他位置脱空高度在 3～4mm 左右。

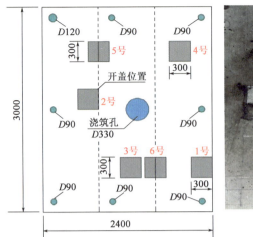
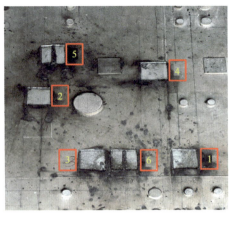

图 7-19　隔仓 ZC-2-M-2 开盖位置分布及编号情况(尺寸单位:mm)

2 号开盖位置,位于 T 肋结构一侧,分格面积为 30cm×30cm,包含测点 18 个。开盖后混凝土的实际填充情况及开盖位置处测点编号情况如图 7-20b)所示,此开盖区域混凝土的填充较为密实,混凝土表面平整且与隔仓顶板的钢板黏结较好,属于自密实混凝土浇筑质量较优的区域。

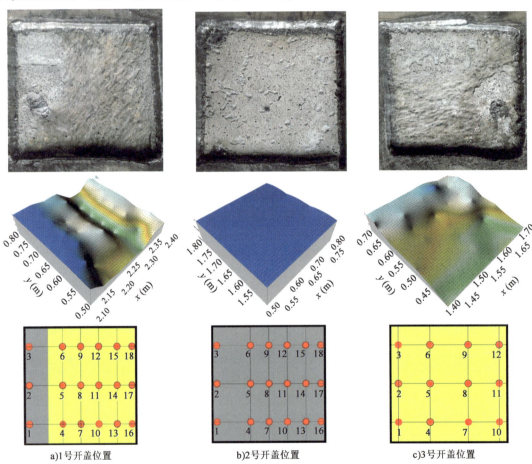

a)1号开盖位置　　b)2号开盖位置　　c)3号开盖位置

图 7-20　1~3 号开盖位置实际脱空情况、检测结果及测点编号情况对照图

3号开盖位置,位于两T肋结构之间,分格面积为30cm×30cm,此位置未进行测线加密,仅包含测点12个。开盖后混凝土的实际填充情况及开盖位置处测点编号情况如图7-20c)所示,填充情况为:开盖位置全域存在不同程度的脱空缺陷,其中,开盖位置上部区域(纵向坐标0.65～0.70m范围内,其测点编号为3号、6号、9号、12号)的脱空缺陷严重程度相对较轻,脱空高度在3～4mm之间,但开盖位置的下部区域脱空缺陷较为严重,且越向下(逆纵坐标轴方向)脱空缺陷越严重,在纵向坐标0.40～0.45m范围内脱空高度可达5mm以上。

4号开盖位置,位于T肋结构与隔仓边缘隔板之间,分格面积为30cm×30cm,此位置未进行测线加密,包含测点12个。开盖后混凝土的实际填充情况及开盖位置处测点编号情况如图7-21a)所示,此开盖位置处混凝土的浇筑较为密实,钢板与混凝土界面贴合较好,混凝土表面平整,是典型浇筑质量较好的区域。

5号开盖位置横跨T肋结构,分格面积为30cm×30cm,开盖区域位于测线加密区,包含测点21个。开盖后混凝土的实际填充情况及开盖位置处测点编号情况如图7-21b)所示,此开盖位置处混凝土的浇筑较为密实,钢板与混凝土界面贴合较好,混凝土表面平整,不存在脱空现象。

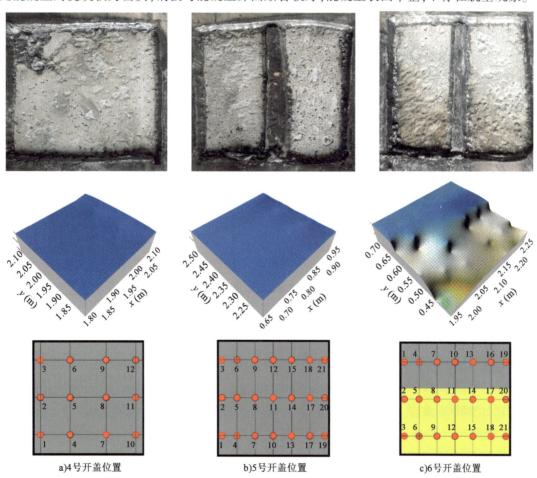

图7-21　4～6号开盖位置实际脱空情况、检测结果及测点编号情况对照图

6号开盖位置,横跨T肋结构,分格面积为30cm×30cm,且位于测线加密区,包含测点21个。开盖后混凝土的实际填充情况及开盖位置处测点编号情况如图7-21c)所示,填充情况为:开盖位置下半部分区域(纵向坐标0.40~0.60m范围内)存在脱空缺陷,脱空高度基本在3~5mm之间,而在开盖位置的上半部分区域(纵向坐标0.65~0.70m范围内),混凝土浇筑情况相对较为密实。

7.6 检测符合率统计

7.6.1 检测符合率计算方法

7.6.1.1 冲击弹性波法

1)位置符合率计算

(1)有脱空。

如果是缺陷验证点,在30cm×30cm的验证区域内有大于或等于10cm×10cm的缺陷,则符合率为85%;如果实测缺陷中心点与检测结果之缺陷中心点距离在15cm以内,则符合率为90%;如果实测缺陷中心点与检测结果之缺陷中心点距离在10cm以内,则符合率为100%。

(2)无脱空。

如果开盖区域整体脱空高度小于2mm,或脱空高度5mm以上面积小于10cm×10cm,则脱空位置、面积、高度符合率均为100%。

2)面积符合率计算

鉴于冲击弹性波法数据采集精度以及方法本身特点,如果在检测结果之脱空范围+半个网格(5cm)内存在脱空,则符合率为85%;如果实际脱空范围与检测结果之脱空范围重合60%,则符合率为90%;如果两者重合面积达80%,则符合率为100%。

3)脱空高度符合率计算

鉴于冲击弹性波法测量脱空高度的难度,如果在检测结果之脱空范围内存在脱空,则符合率为85%;如果实际脱空高度在检测结果之脱空高度±3mm内,则符合率为90%;如果实际脱空高度在检测结果之脱空高度±2mm内,则符合率为100%。

7.6.1.2 中子法

中子法验证符合率以30cm×30cm的开盖单元为验证对象,若所有候选点全部验证完,符合率按下列公式计算。

1)脱空高度符合率

以开盖单元(30cm×30cm)的混凝土等效脱空高度误差($H_{3等效脱空高度误差}$)来定义中子法脱空高度的符合性,共涉及 $S_{1检测单元面积}$、$Q_{1实际缺陷量}$、$Q_{2检测缺陷量}$、$H_{1实际等效脱空高度}$、$H_{2检测等效脱空高度}$、$H_{3等效脱空高度误差}$6个指标。所有指标都可测量、可检测,满足定量计算与评估的要求,其中:

（1）$S_{1检测单元面积}$为中子法检测单元格面积 30cm×30cm，常数。

（2）$Q_{1实际缺陷量}$为开盖后检测单元（30cm×30cm）面积内混凝土的实际缺少量，通过现场开盖结果计算。

（3）$Q_{2检测缺陷量}$为开盖前检测单元（30cm×30cm）面积内测定的混凝土缺少量，在提交检测结果中给定。

（4）$H_{1实际等效脱空高度}$为 $Q_{1实际缺陷量}$ 等效至检测单元（30cm×30cm）的脱空高度，按照 $Q_{1实际缺陷量}/S_{1检测单元面积}$ 计算获得。

（5）$H_{2检测等效脱空高度}$为 $Q_{2检测缺陷量}$ 等效至检测单元（30cm×30cm）的脱空高度，按照 $Q_{2检测缺陷量}/S_{1检测单元面积}$ 计算获得。

（6）$H_{3等效脱空高度误差}$为 $H_{1实际等效脱空高度}$ 与 $H_{2检测等效脱空高度}$ 的差值，即 $H_{3等效脱空高度误差} = H_{1实际等效脱空高度} - H_{2检测等效脱空高度}$。

（7）脱空高度符合率误差取值为 ±2.5mm。

以 ±2.5mm 为判断脱空高度的符合性依据，$H_{3等效脱空高度误差}$ > 2.5mm，表示给定的脱空高度不符合；$H_{3等效脱空高度误差}$ ≤ 2.5mm，表示给定的脱空高度符合。

2）脱空位置符合率

原则上由现场各方专家目测给出评分，如果产生异议，则按以下方法计算：

以开盖单元（30cm×30cm）的混凝土缺陷量误差（$Q_{3缺陷量误差}$）来定义位置的符合率，共涉及 $Q_{1实际缺陷量}$、$Q_{2检测缺陷量}$、$Q_{3缺陷量误差}$、$S_{1检测单元面积}$、$H_{2检测等效脱空高度}$、$Q_{4符合率缺陷量}$ 6 个指标。所有指标都可测量、可检测，满足定量计算与评估的要求，其中：

（1）$Q_{1实际缺陷量}$为开盖后检测单元（30cm×30cm）面积内混凝土的实际缺少量，通过现场开盖结果计算。

（2）$Q_{2检测缺陷量}$为开盖前检测单元（30cm×30cm）面积内测定的混凝土缺少量，在提交检测结果中给定。

（3）$Q_{3缺陷量误差}$为 $Q_{1实际缺陷量}$ 与 $Q_{2检测缺陷量}$ 的差值，即 $Q_{3缺陷量误差} = Q_{1实际缺陷量} - Q_{2检测缺陷量}$。

（4）$S_{1检测单元面积}$为中子法检测单元格面积 30cm×30cm，常数。

（5）$H_{2检测等效脱空高度}$为检测结果图中标明的脱空高度测量值，在提交的检测结果中给定。

（6）$Q_{4符合率缺陷量} = (S_{1检测单元面积} × 2.5\text{mm}) = (30\text{cm} × 30\text{cm} × 0.25\text{cm}) = 225\text{cm}^3$。

以 $Q_{4符合率缺陷量}$ 为判断脱空位置是否符合的定量依据，$Q_{3缺陷量误差}$ > 225cm³，表示给定的位置不符合；$Q_{3缺陷量误差}$ ≤ 225cm³，表示给定的位置符合。

3）脱空面积符合率

由于中子法检测的结果是一个等效的概念，无法给出面积的实际大小，通过与冲击弹性波法技术相结合，给定脱空面积，因此，计算方法与冲击弹性波法保持一致。

7.6.2 符合率计算

4 个典型隔仓的脱空位置、脱空面积和脱空高度的检测符合率结果见表 7-3～表 7-5。可以看出：

（1）脱空位置符合率：单纯冲击弹性波法检测符合率为90%，综合考虑中子法后，符合率可达95%。

（2）脱空面积符合率：冲击弹性波法符合率为89%。

（3）脱空高度符合率：冲击弹性波法对脱空面积的识别比较准确，中子法对脱空体积缺失量的识别比较准确，基于此，在脱空高度的判别上综合冲击弹性波法和中子法的结果，经计算，当误差范围在±2mm时，脱空高度符合率为87.5%，当误差范围在±1.5mm时，脱空高度符合率为75%。

冲击弹性波法脱空位置符合率计算汇总表　　　　　表7-3

隔仓编号	开盖编号	检测结果	开盖验证	有无脱空符合率（%）	隔仓编号	开盖编号	检测结果	开盖验证	有无脱空符合率（%）
ZC-3-YB-7	1	有	有	100	ZC-2-YB-7	1	无	无	100
	2	无	无	100		2	有	有	100
	3	有	无	0		3	无	无	100
	4	有	有	100		4	有	有	100
	5	有	有	100		5	有	有	100
	6	无	无	100		6	无	无	100
ZC-3-YB-6	1	无	无	100	ZC-2-M-2	1	有	有	100
	2	无	无	100		2	无	无	100
	3	有	有	100		3	无	无（剥离）	100
	4	有	无	0		4	有	有	100
	5	无	无	100		5	无	无	100
	6	无	无	100		6	无	无	100
综合符合率（%）	90								

冲击弹性波法开盖脱空面积符合率计算汇总表　　　　　表7-4

隔仓编号	开盖编号	检测脱空面积（m²）	实际脱空面积（m²）	面积符合率（%）	隔仓编号	开盖编号	检测脱空面积（m²）	实际脱空面积（m²）	面积符合率（%）
ZC-3-YB-7	1	0.045	0.045	100	ZC-2-YB-7	1	0	0	100
	2	0	0	100		2	0.045	0.042	100
	3	0.03	—	0		3	0	0	100
	4	0.07	0.068	100		4	0	0	100
	5	0.035	0.035	100		5	0.03	0.027	100
	6	0	0	100		6	0.04	0.045	100

续上表

隔仓编号	开盖编号	符合率计算			隔仓编号	开盖编号	符合率计算		
		检测脱空面积（m²）	实际脱空面积（m²）	面积符合率（%）			检测脱空面积（m²）	实际脱空面积（m²）	面积符合率（%）
ZC-3-YB-6	1	0	0	100	ZC-2-M-2	1	0.04	0.045	100
	2	0.0475	0.045	100		2	0	0	100
	3	0.065	0.08	100		3	0	0	100
	4	0.04	—	0		4	0.045	0.027	90
	5	0	0	100		5	0	0	100
	6	0	0	100		6	0	0	100
综合符合率（%）	89								

注：检测结果有脱空，开盖结果为密实，实际脱空面积用"—"表示。

脱空高度符合率计算汇总表 表7-5

隔仓编号	点号	检测结果			现场测量			误差值（mm）	误差范围（±2mm）	误差范围（±1.5mm）
		脱空面积（m²）	中子法高度（mm）	检测高度（mm）	橡皮泥高度（mm）	脱空面积（m²）	实际高度（mm）			
ZC-3-YB-7	1	0.045	3.8	7.60	4.4	0.045	8.80	-1.20	是	是
ZC-3-YB-7	5	0.035	2.5	6.43	2.5	0.035	6.43	0.00	是	是
ZC-2-YB-7	2	0.0375	1.8	4.32	2.7	0.0375	6.48	-2.16	否	否
ZC-2-YB-7	5	0.03	2.3	6.90	1.9	0.027	6.33	0.57	是	是
ZC-2-YB-7	6	0.04	2.1	4.73	2.5	0.045	5.00	-0.28	是	是
ZC-2-M-2	1	0.04	2.9	6.53	2.5	0.045	5.00	1.53	是	否
合格率									87.5%	75%

基于冲击弹性波法与中子法对脱空面积及高度进行综合检测。采用冲击弹性波法对脱空面积进行精准检测，采用中子法对脱空体积进行精准检测，用下式计算平均脱空高度：

$$d = \frac{V_{中子}}{A_{弹性波}} \tag{7-3}$$

式中，d 为脱空平均高度；$V_{中子}$ 为中子法检测的脱空体积；$A_{弹性波}$ 为冲击弹性波法检测的脱空面积。

7.7 实测数据的波场特性分析

7.7.1 波形信号振幅特征分析

由7.3可知，在开盖位置的上部钢板切割完成后，对混凝土的填充情况进行现场确认，对存在脱空缺陷的位置进行精确定位，并对脱空面积、脱空高度进行测量。根据开盖位置处的实际浇筑情况，对开盖位置处的冲击弹性波波场数据进行统计分析，研究冲击弹性波响应波形特征与钢壳混凝土脱空缺陷的对应关系,探究基于弹性波法的无损检测方法在钢壳混凝土沉管隧道脱空缺陷检测中的应用问题。

首先对采集到的波形数据信号进行滤波处理,降低噪声的影响,并进行振源强度归一化处理,消除数据采集过程中小钢锤在不同测点位置进行波场激发时冲击力度大小上存在的偏差。为研究脱空缺陷区域和密实区域的响应波形在波形特征上的不同表现,本小节基于 60 处开盖位置处测点的波形数据,分别对缺陷区域和密实区域的响应波形特征进行统计分析。图 7-22 和图 7-23 分别显示了密实区域和脱空缺陷区域对应的冲击响应信号的波形时程曲线。

图 7-22 是不同开盖位置处典型密实区域测点的冲击响应信号波形时程曲线,其中,图 7-22a) 为隔仓 ZC-3-YB-7 模型 1 号开盖位置处测点的冲击响应信号波形时程曲线,由图可知,1 号开盖位置横跨 T 肋结构,T 肋结构右侧区域,混凝土浇筑质量较好,是典型密实区域,其测点编号为 13 号、14 号、15 号、16 号、17 号、18 号。图 7-22b) 为隔仓 ZC-3-YB-7 模型 2 号开盖位置处测点的冲击响应信号波形时程曲线,其测点编号为 7 号、8 号、9 号、10 号、11 号、12 号。图 7-22c) 为隔仓 ZC-3-YB-7 模型 6 号开盖位置处测点的冲击响应信号波形时程曲线,其测点编号为 13 号、14 号、15 号、16 号、17 号、18 号。图 7-22d) 为隔仓 ZC-2-YB-7 模型 1 号开盖位置处测点的冲击响应信号波形时程曲线,其测点编号为 1 号、2 号、3 号、4 号、5 号、6 号。图 7-22e) 为隔仓 ZC-2-YB-7 模型 1 号开盖位置处测点的冲击响应信号波形时程曲线,其测点编号为 10 号、11 号、12 号、13 号、14 号、15 号。图 7-22f) 为隔仓 ZC-1-YB-2 模型 5 号开盖位置处测点的冲击响应信号波形时程曲线,其测点编号为 13 号、14 号、15 号、16 号、17 号、18 号。

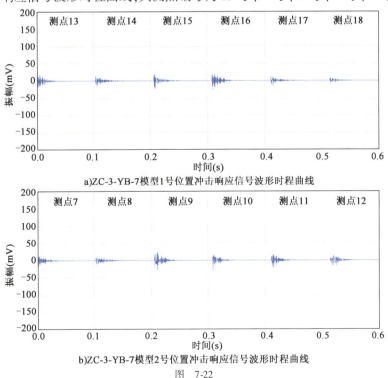

a) ZC-3-YB-7模型1号位置冲击响应信号波形时程曲线

b) ZC-3-YB-7模型2号位置冲击响应信号波形时程曲线

图 7-22

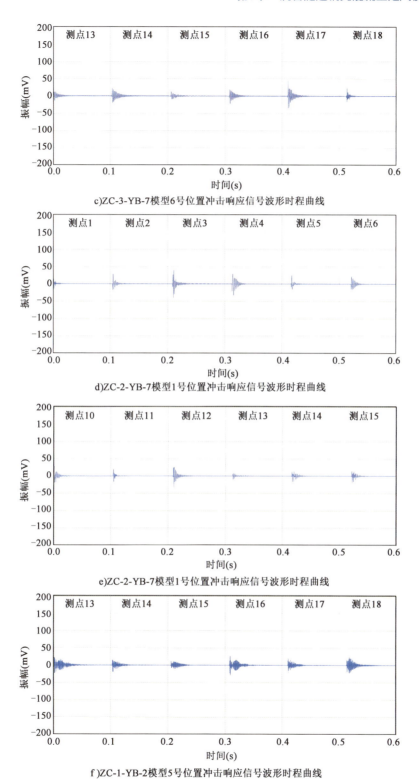

c) ZC-3-YB-7模型6号位置冲击响应信号波形时程曲线

d) ZC-2-YB-7模型1号位置冲击响应信号波形时程曲线

e) ZC-2-YB-7模型1号位置冲击响应信号波形时程曲线

f) ZC-1-YB-2模型5号位置冲击响应信号波形时程曲线

图7-22 隔仓开盖位置密实区域冲击响应信号波形时程曲线

由图 7-22 可知,各开盖位置处密实区域的波形信号特征表现出较好的一致性,从波形的振幅上可以明显看出,各测点的波形振幅值均较小,振动持续时间也较短。同时,由图 7-22 可知,虽然不同开盖位置处的填充情况皆为密实,但由于检测区域内噪声等的影响及波场的激发是通过手持式小钢锤人工冲击进行的,不同测点位置处锤击力度不能保证完全一致,存在轻微偏差,导致图中同一组别记录的波形信号的振幅会有略微不同。图 7-22a)中,16 号测点的最大波形振幅为 18.59mV,而 17 号测点的最大波形振幅为 11.32mV,18 号测点的最大波形振幅为 7.6mV。图 7-22e)中,12 号测点的最大波形振幅为 22.78mV,而 14 号测点的最大波形振幅为 15.0mV,15 号测点的最大波形振幅为 11.47mV。但大量数据点统计结果显示,密实区域波形信号的振幅最大值一般在 10~20mV 之间,且振动持续时间较短,基本在 0.02s 之后振幅值小于 1mV,能量基本衰减完成。

图 7-23 是不同开盖位置处脱空缺陷区域测点的冲击响应信号波形时程曲线。其中,图 7-23a)为隔仓 ZC-3-YB-7 模型 1 号开盖位置处测点的冲击响应信号波形时程曲线,由图可知,隔仓 ZC-3-YB-7 的 1 号开盖位置处,T 肋结构左侧区域混凝土浇筑质量较差,且越靠近 T 肋结构,脱空情况越严重,为典型脱空缺陷区域。ZC-3-YB-7 模型 1 号开盖处,测点编号 4 号、5 号、6 号,距离 T 肋 10cm,测点编号 7 号、8 号、9 号,距离 T 肋 5cm。由图 7-23a)可知,测点 4 号、5 号、6 号位置处的波形信号的最大振幅值为 50mV 左右,而在缺陷较为严重位置处(即测点 7 号、8 号、9 号),波形信号的最大振幅值为 100~125mV,由此推测,缺陷越严重,波形信号的振幅越大,振动持续时间越久。图 7-23b)为隔仓 ZC-3-YB-7 模型 5 号开盖位置处测点的冲击响应信号波形时程曲线,测点编号为 4 号、5 号、6 号、7 号、8 号、9 号,各测点的冲击响应波形表现出与图 7-23a)中冲击响应波形相同的特征,波形最大振幅均在 50mV 以上,且缺陷位置的缺陷越严重,响应波形的能量值越大。图 7-23c)为隔仓 ZC-2-YB-7 模型 2 号开盖位置处测点的冲击响应信号波形时程曲线,测点编号为 1 号、2 号、3 号、4 号、5 号、6 号。图 7-23d)为隔仓 ZC-2-YB-7 模型 6 号开盖位置处测点的冲击响应信号波形时程曲线,测点编号为 13 号、14 号、15 号、16 号、17 号、18 号。图 7-23e)为隔仓 ZC-2-YB-2 模型 1 号开盖位置处测点的冲击响应信号波形时程曲线,其测点编号为 10 号、11 号、12 号、13 号、14 号、15 号。图 7-23f)为隔仓 ZC-2-YB-2 模型 3 号开盖位置处测点的冲击响应信号波形时程曲线,其测点编号为 4 号、5 号、6 号、7 号、8 号、9 号。以上各脱空缺陷区域开盖位置处的波形振幅均较大,且脱空缺陷越严重,波形信号的最大振幅值越大,振动持续时间越长。

由以上分析可知,脱空缺陷区域的波形与密实区域的波形明显不同。大量缺陷区域的波形样本数据统计发现,脱空缺陷区域的波形振幅一般在 50~150mV 之间,并且不同脱空缺陷区域的缺陷波形特征各不相同,响应波形的最大振幅值随着脱空缺陷严重程度的增加而增加。当脱空缺陷较小(0~5mm 脱空),波形振幅一般在 30~50mV 之间,当脱空缺陷较为严重(5~10mm 脱空),波形振幅一般在 50~120mV 之间,当脱空缺陷极其严重(10~15mm 及以上)时,波形振幅一般在 120~200mV 之间,是密实区域的数倍。密实区域与脱空缺陷区域波形的明显不同,为脱空缺陷区域的准确识别奠定了基础,同时,对于脱空缺陷高度不同的区域,测点波形的最大振幅值是不同的,这一特征为实现脱空缺陷高度识别和分类提供了可能。

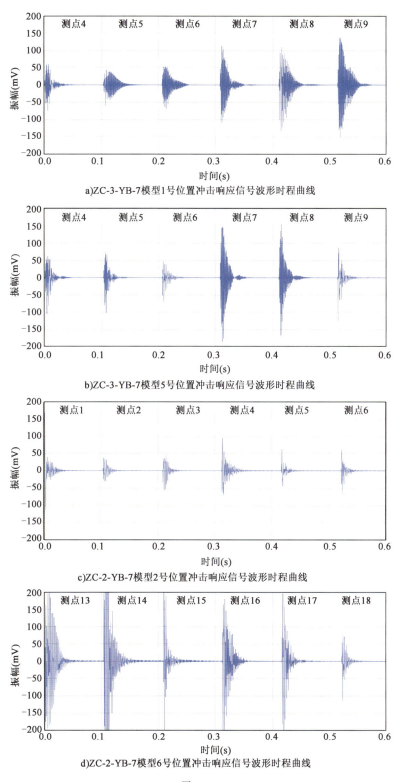

a) ZC-3-YB-7模型1号位置冲击响应信号波形时程曲线

b) ZC-3-YB-7模型5号位置冲击响应信号波形时程曲线

c) ZC-2-YB-7模型2号位置冲击响应信号波形时程曲线

d) ZC-2-YB-7模型6号位置冲击响应信号波形时程曲线

图 7-23

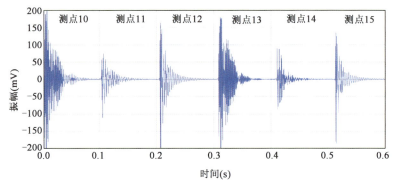

e) ZC-2-YB-2模型1号位置冲击响应信号波形时程曲线

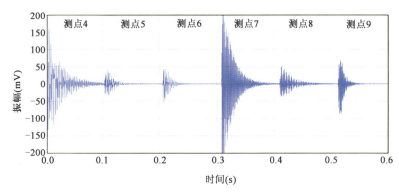

f) ZC-2-YB-2模型3号位置冲击响应信号波形时程曲线

图 7-23 隔仓开盖位置缺陷区域冲击响应信号波形时程曲线

7.7.2 频谱特征分析

将波形信号进行傅里叶变换处理转换为频域信号,图7-24是典型密实区域的6组波形信号的频谱特征图,由图可知,波形信号的频率范围主要在0~2000Hz之间,同时,密实区域的响应波形频谱图中仅有一个频谱峰值,6组信号中分别出现在562.6Hz、556.8Hz、509.9Hz、556.8Hz、550.9Hz、509.9Hz。如前所述,由于冲击弹性波由人力机械激发,不同测点波形信号峰值频率的幅值略有不同,但对大量密实区域的波形样本数据进行统计分析后发现,密实区域波形信号的频谱峰值频率一般出现在500~700Hz范围内。如图7-24a)、c)、d)所示,最大振幅值为0.8mV左右,而在图7-24b)、f)中,最大振幅值约为1.2mV,在图7-24e)中,最大振幅值可达1.5mV左右。对所有密实区域的样本数据进行统计分析发现,填充密实区域的响应波形数据的频谱图幅值一般较小,频谱数据的最大振幅仅为1.5~2.0mV。但各密实区域频谱图特征一致,一般仅出现一个频谱峰值,图7-24能较好地代表密实区域的波形信号的频谱特征。

第7章 沉管隧道钢壳混凝土足尺模型检测试验

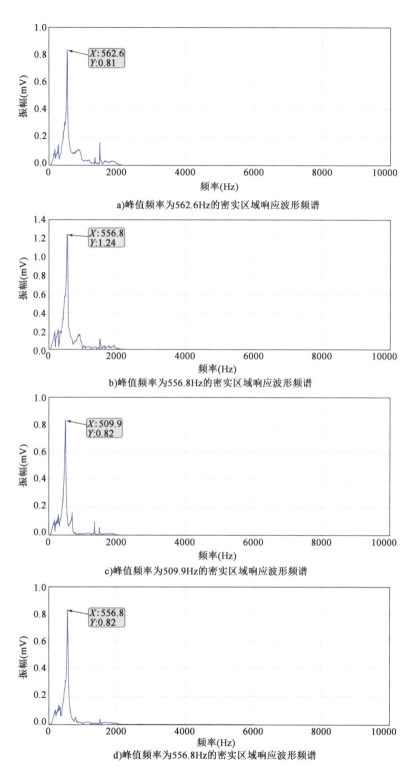

a)峰值频率为562.6Hz的密实区域响应波形频谱

b)峰值频率为556.8Hz的密实区域响应波形频谱

c)峰值频率为509.9Hz的密实区域响应波形频谱

d)峰值频率为556.8Hz的密实区域响应波形频谱

图 7-24

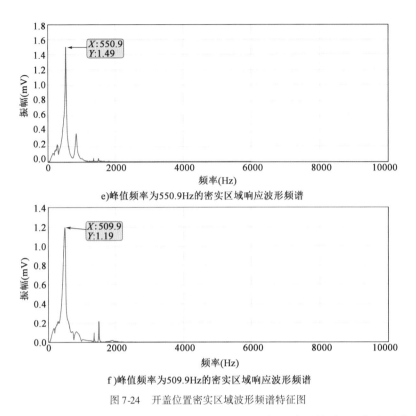

图 7-24 开盖位置密实区域波形频谱特征图

图 7-25 是缺陷区域波形信号的频谱特征图。由图可知,脱空缺陷区域波形信号的频率范围也主要在 0～2000Hz 范围内。与密实区域波形特征不同的是,脱空缺陷区域响应波形的频谱图中出现多个峰值,且频谱数据的最大振幅也明显比密实区域更高。其中,图 7-25a)、b)是 ZC-2-YB-7 模型 6 号开盖位置处 21 号和 17 号测点的检测数据,是缺陷高度较小情况下波形信号的频谱图,该位置处脱空高度为 4mm 左右。图 7-25a)中的波形信号频谱中有两个频谱峰值,分别为 509.9Hz 和 820.53Hz,最大振幅为 2.59mV;图 7-25b)中的波形信号频谱出现多个频谱峰值,但在 433.7Hz 时,最大振幅为 5.14mV。图 7-25c)和 d)分别为 ZC-2-M-2 模型 1 号开盖位置处 12 号测点和 ZC-2-YB-7 模型 2 号开盖位置处 4 号测点的响应波形数据,是缺陷高度较为严重区域的响应波形频谱图,脱空高度有 7mm 左右。由图可知,此时响应波形的第一个峰值出现的频率变低,分别为 332.4Hz 和 303.0Hz,且在 850～1170Hz 之间出现多个频谱峰值,并且波形数据频谱图中的最大振幅值增大,分别为 11.48mV 和 5mV。图 7-25e)、f)分别为 ZC-3-YB-7 模型 1 号开盖位置处 7 号测点和 ZC-3-YB-7 模型 1 号开盖位置处 8 号测点的响应波形数据,是缺陷高度极其严重区域的响应波形数据频谱图,脱空高度达 12mm。由图可知,此时响应波形在 500Hz 以下的第一个峰值频率弱化,同时频谱图中出现多个峰值的现象消失,但在 1100Hz 左右出现一个振幅值极大的频谱峰值,在图 7-25e)、f)中,最大振幅值分别为 12.49mV 和 11.5mV。

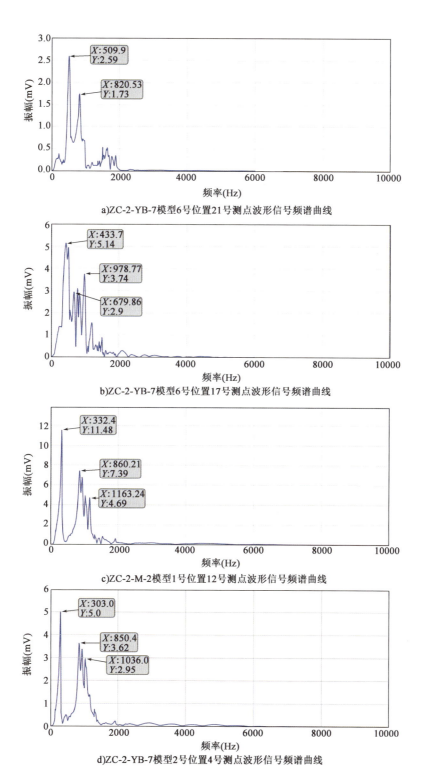

a) ZC-2-YB-7模型6号位置21号测点波形信号频谱曲线

b) ZC-2-YB-7模型6号位置17号测点波形信号频谱曲线

c) ZC-2-M-2模型1号位置12号测点波形信号频谱曲线

d) ZC-2-YB-7模型2号位置4号测点波形信号频谱曲线

图 7-25

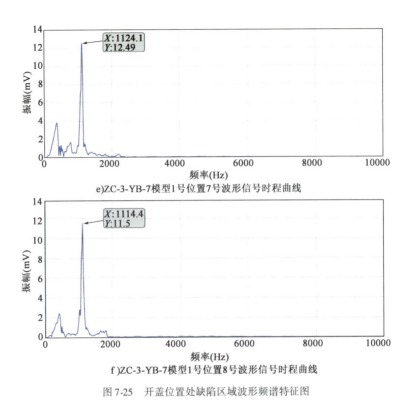

e) ZC-3-YB-7模型1号位置7号波形信号时程曲线

f) ZC-3-YB-7模型1号位置8号波形信号时程曲线

图7-25 开盖位置处缺陷区域波形频谱特征图

由以上分析可知,脱空缺陷区域响应波形信号的频谱特征与图7-24中密实区域响应波形信号的频谱特征相比有明显不同,在缺陷区域,波形由于弹性波遇到缺陷会发生反射和散射,频谱图中不仅会出现多个峰值,且频谱幅值异常大,在轻微脱空区域(脱空高度2~5mm),频谱幅值为2.5~5.0mV;在脱空较为严重区域(脱空高度5~10mm),频谱幅值为5.0~11.0mV;而在脱空极其严重区域(脱空高度10~15mm及以上),频谱幅值可达11~15mV,而在密实区域,测点波形信号的频谱最大幅值一般为0.8~1.5mV,比缺陷区域小。对于密实区域、脱空缺陷高度不同的区域,频谱特征表现出不同的特征,这一现象为实现脱空缺陷的识别和对脱空高度进行分类提供了可能。

7.8 冲击响应强度与脱空指标关系研究

7.8.1 冲击响应强度指标

由7.7节分析可知,脱空缺陷部位处的响应波形与填充密实部位的响应波形在时域和频域上都存在较为明显的不同。与密实部位相比,脱空缺陷位置响应波形的能量较更大,波形振幅值更大,振动持续时间也更长,且脱空缺陷越严重,脱空高度越大,响应波形能量越大。这是由于弹性波在缺陷位置产生较强的反射和绕射并叠加现象,使得冲击响应波形的成分改变,表现出与密实区域不同的特征。为了更直观、系统地表征波形振幅和波动持续时间两个参数,结合模型试验的结果引入冲击响应强度指标$A_i(t)$作为弹性波法钢壳混凝土脱空缺陷检测的判别参数,并基于足尺模型开盖位置处的试验数据进行率定试验,研究冲击响应强度和脱空缺陷的对应关系,从而形成了具备工程应用价值的检测评价指标。冲击响应强度的具体表达见式(7-4)。

$$A_i(t) = \int |x(t)| \mathrm{d}t$$

$$= \int_0^t |\sin(\omega_1 t + \varphi_1) + \cdots + A_n \cos(\omega_n t + \varphi_n)| \mathrm{d}t$$

$$\approx \sum_{i=1}^{i=s} |F_i| \Delta t \tag{7-4}$$

其中,冲击响应强度值为采集时段 t 时刻内,对波形信号绝对值的积分。原始信号由一组非连续等间距散采样点组成,故对波形信号的积分可近似为历次采样值与采样时间乘积的和。式中,F 为波形的振幅;Δt 为采样时间间隔;i 为 t 时刻内的采样点数编号;$s = 1,2,\cdots,n$。

7.8.2 T 肋结构的影响分析

为加强钢壳与混凝土之间的协同受力,隔仓顶板一般设置 3~4 条加劲 T 肋(T 肋间距70cm),增强钢壳与混凝土之间的约束,如图 7-26 所示。加劲 T 肋改变了局部检测区域的内部结构,增加了检测数据的噪声影响,使得在相同填充密实度情况下,采集到的响应波形振幅可能存在差异。为研究 T 肋结构对响应波形的影响规律,明确 T 肋结构的影响范围,并通过归一化方法消除其引起的数据偏差影响,本小节基于已开盖位置处密实区域的测点数据,对距离 T 肋位置 0、5cm、10cm、15cm、20cm、30cm 处(对应的测点编号分别为 a、b、c、d、e、f,详见图 7-26)的响应波形数据的冲击响应强度计算值 $A_i(t)$ 分别进行统计分析,结果如图 7-27 所示。

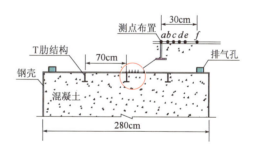

图 7-26 T 肋区域测点布置图

由图 7-27 可知,6 组不同位置处测点数据的聚集性较好,数据异常点较少,基于大量数据点的统计结果显示,距离 T 肋位置 0、5cm、10cm、15cm、20cm、30cm 处测点的冲击响应强度平均值分别为 0.125、0.138、0.130、0.162、0.166、0.171。总体趋势上,离 T 肋结构的距离越远,测点冲击响应强度计算值越大;但在整体增长趋势中,不同区段内增长速率不同,当测点在距离 T 肋 0~10cm(结构位置 a、b、c)范围内时,冲击响应强度值增长较为缓慢,增幅较小,距离 T 肋 10cm 处测点 c 处的冲击响应强度与 T 肋结构正上方处测点 a 处的值相差不大;但当测点位于距离 T 肋 15~30cm(结构位置 d、e、f)范围内时,冲击响应强度值增速变大,增量明显,距离 T 肋 15cm 处测点 d 处的冲击响应强度平均值为 0.162,距离 T 肋 30cm 处测点 f 处的冲击响应强度平均值为 0.171,约为 a 结构位置处的 1.4 倍。由以上分析结果可知,T 肋结构对钢板的强约束作用在 0~10cm 范围内较强,使 T 肋附近钢板的振动响应幅值降低;而在距离其 15~30cm 范围内,T 肋结构影响作用减弱,此区域内测点的冲击响应强度值明显增大。

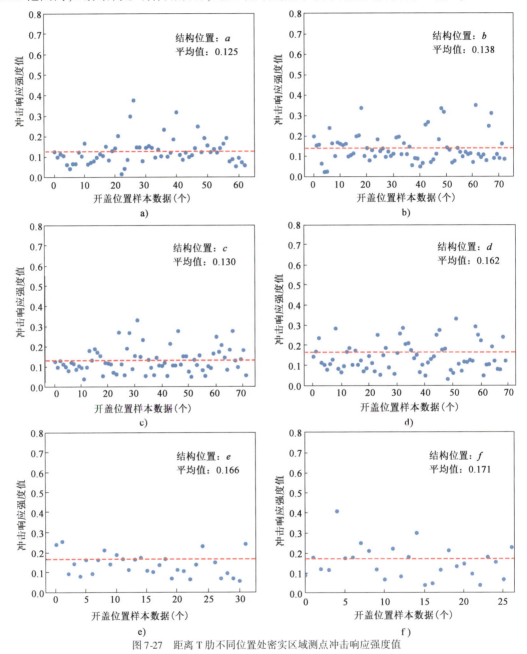

图 7-27 距离 T 肋不同位置处密实区域测点冲击响应强度值

不同结构位置处测线归一化参数取值见表 7-6。

不同结构位置处测线归一化参数取值表　　　　　　　　　表 7-6

结构位置	a	b	c	d	e	f
离 T 肋距离	0	5cm	10cm	15cm	20cm	30cm
$\overline{A_j}$ 取值	0.125	0.138	0.130	0.162	0.166	0.171

T肋结构引起的局部结构差异,对测点的响应波形有影响,应根据测线距T肋位置距离不同,对波形数据的冲击响应强度值进行归一化处理,消除T肋结构的影响。在隔仓数据采集时,测线平行于T肋结构布置,因此,本小节基于不同结构位置处密实区域测点数据的冲击响应强度均值统计结果,对不同结构位置处的测点数据按照式(7-5)进行测线归一化处理,具体计算流程为按照式(7-4)得到测线上所有测点的冲击响应强度后,将测点波形数据的冲击响应强度值A_i与其测线相对应的密实区域冲击响应强度统计均值$\overline{A_j}$作比,求出归一化冲击响应强度I_i:

$$I_i = \frac{A_i}{\overline{A_j}} \quad (7\text{-}5)$$

式中,不同结构位置处的归一化参数$\overline{A_j}$的取值,由表7-6确定。

归一化冲击响应强度可消除T肋结构对检测结果的影响,并放大由介质内部脱空缺陷引起的波场异常的特征,利于脱空缺陷的识别。

7.8.3 波形信号与脱空缺陷间量化关系研究

为了能够定量描述脱空缺陷的严重程度,将归一化冲击响应强度定义为脱空高度指标,研究脱空高度与归一化冲击响应强度的关系。基于足尺模型局部隔仓开盖位置处的检测数据和自密实混凝土浇筑情况的实测数据,将典型开盖位置处测点的归一化冲击响应强度值I_i与测点实测脱空高度值h进行拟合分析,获得冲击响应强度I_i与脱空高度h的关系曲线(图7-28),并推导出拟合公式式(7-6),误差分析得其相关系数(R)为0.916,R^2为0.839,拟合结果的相关性较好。

$$h = -25.58\mathrm{e}^{-0.08I_i} + 23.1 \quad (7\text{-}6)$$

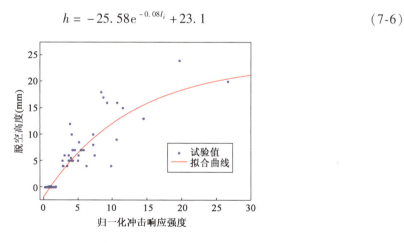

图7-28 检测结果与开盖结果对照图

根据拟合曲线确定基于弹性波场波形特征的钢壳混凝土沉管隧道脱空无损检测判别标准:(1)当 $0<I\leq2.3$ 时,认为钢壳混凝土浇筑密实,浇筑质量较好,不存在脱空缺陷;(2)当 $I>2.3$ 时,认为钢壳混凝土浇筑存在脱空缺陷,确定归一化冲击响应强度值2.3为钢壳混凝土密实与脱空的阈值,当冲击响应强度值 $I>2.3$ 时,可根据拟合公式式(7-6)计算缺陷的脱空高度值,以此实现对钢壳混凝土脱空缺陷的判别和对缺陷脱空严重程度的定量化评估。为方便可视化,通过总结分析,将参数 I 分为四个等级,并将不同等级用蓝色、绿色、黄色和红色表示,表征钢板与混凝土的贴合状态,具体见表7-7。

归一化冲击响应强度评价指标与解释　　　　表7-7

归一化冲击响应强度(I)	表示颜色	贴合状态	解　释
$I\leq2.3$	蓝色	密实	钢板与混凝土紧密结合
$2.3<I\leq3.3$	绿色	脱空 2~3mm	钢板与混凝土呈分离状态,或混凝土呈蜂窝麻面状,脱空高度 2~3mm
$3.3<I\leq5.0$	黄色	脱空 3~5mm	钢板与混凝土呈分离状态,脱空高度 3~5mm
$I>5.0$	红色	脱空 5mm 以上	钢板与混凝土呈分离状态,疑似脱空高度 $\geq$5mm

图7-29和图7-30为足尺模型试验中典型开盖位置处测点归一化冲击响应强度值与开盖后实测混凝土填充情况的对比分析图。其中,图7-29为密实区域的开盖情况和其对应的冲击响应强度计算值,由图可知,图中6处开盖位置处的归一化冲击响应强度值基本均在2.3以下,由表7-7归一化冲击响应强度指标与脱空高度的对应关系可知,此位置处混凝土浇筑均密实,不存在空洞缺陷,混凝土浇筑质量较好,与混凝土的实际浇筑情况符合较好。由此可知,基于开盖位置数据拟合确定的冲击响应强度与脱空高度关系曲线可以较好地反映实际钢壳混凝土的浇筑情况,同时,上文确定了缺陷判别的阈值,归一化冲击响应强度值低于阈值2.3时,认为钢壳混凝土沉管自密实混凝土浇筑质量较好,无脱空缺陷,也能较好地反映实际开盖后混凝土浇筑密实的情况。

图7-30为典型缺陷位置处的开盖情况和其对应测点波形信号的归一化冲击响应强度计算值。根据归一化冲击响应强度缺陷判别指标对各开盖位置处响应波形数据的分析结果显

示,各位置处均存在脱空缺陷,以图 7-30a)为例,开盖位置左侧存在脱空缺陷,脱空高度为 4mm 左右,而右侧区域混凝土填充密实,归一化冲击响应强度评价指标的判别结果显示,开盖区域左侧区域存在 2~5mm 的脱空缺陷,右侧区域填充密实。图 7-30d)中,该开盖位置处全域内存在 2~5mm 的脱空缺陷,同时,该位置处的归一化冲击响应强度评价指标的判别结果显示,开盖位置处存在脱空缺陷,且缺陷的脱空高度为 2~5mm,与混凝土实际浇筑情况对应性较好。综合 60 处开盖位置的混凝土实际浇筑情况和对应位置处响应波形的归一化冲击响应强度指标判别结果,归一化冲击响应强度指标能较好地评估出缺陷的位置以及缺陷的脱空范围,判别结果与实际浇筑情况的符合率为 87.5% 左右,但在对缺陷识别出后的高度评估上与实际的脱空高度值存在一定的偏差,以及当隔仓自密实混凝土质量较差,导致表层混凝土强度较低从而对检测结果造成的影响还需做进一步研究。

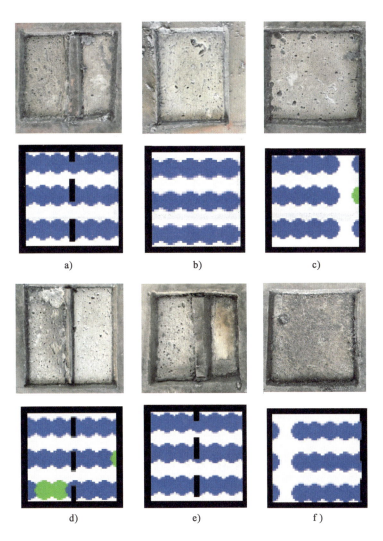

图 7-29　归一化冲击响应强度值与开盖结果对照图

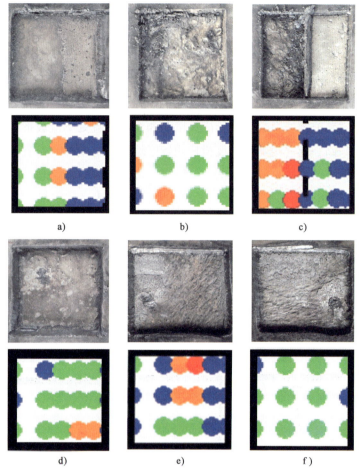

图 7-30 归一化冲击响应强度值与开盖结果对照图

7.9 本章小结

使用冲击弹性波法和中子法对 S08 标段足尺模型钢壳混凝土底板和顶板进行脱空检测,并通过盲检开盖的形式,对检测结果的符合率进行了计算。其中,足尺模型底板 10 个隔仓和顶板 4 个隔仓选取了 84 个点进行现场开盖验证,足尺模型顶板 4 个隔仓选取了 24 个点进行现场开盖验证。得到的开盖验证主要结论如下:

(1)底板符合率。

脱空位置符合率:单纯冲击弹性波法检测符合率为 90%,综合考虑中子法后,符合率可达 95%。

脱空面积符合率:冲击弹性波法符合率为 89%。

脱空高度符合率:冲击弹性波法对脱空面积的识别比较准确,中子法对脱空体积缺失量的识别比较准确,基于此,在脱空高度的判别上综合冲击弹性波法和中子法的结果,经计算,当误差范围在±2mm时,脱空高度符合率为87.5%,当误差范围在±1.5mm时,脱空高度符合率为75%。

(2)顶板符合率。

脱空位置符合率:单纯冲击弹性波法检测符合率为85.4%,综合考虑中子法后,符合率可达93.8%。

脱空面积符合率:冲击弹性波法符合率为83.75%。

脱空高度符合率:冲击弹性波法对脱空面积的识别比较准确,中子法对脱空体积缺失量的识别比较准确,基于此,在脱空高度的判别上综合冲击弹性波法和中子法的结果,经计算,当误差范围在±2mm时,脱空高度符合率为80%,当误差范围在±1.5mm时,脱空高度符合率为75%。

第8章 基于机器学习的沉管隧道钢壳混凝土脱空缺陷识别方法

8.1 机器学习算法介绍

自20世纪50年代以来,机器学习算法经历了不断发展和完善,已成为现阶段数据分析领域重要的研究课题。机器学习是指依托于计算机技术,运用统计学原理对大量数据进行分析计算来求解最优化问题。近年来,随着数字技术的快速发展,各行各业的数据量激增,对数据的处理和分析有了更高的需求,机器学习算法被广泛地引入各领域的研究中,各种机器学习应用技术如雨后春笋般涌现,高效地解决了诸多问题。在结构健康检测方面,随着监测、检测设备中传感器技术的快速发展,以机器学习理论为基础的结构损伤识别研究为结构无损检测数据分析提供了新的思路和方法,已经成为国内外研究的热点问题,在锚杆松动监测、混凝土导墙和管道结构检测、钢管混凝土检测等诸多领域皆有研究实例,且检测结果的精度较好。对于传统的基于冲击弹性波类的结构无损检测方法,测试过程一般由具有专业知识的人员执行,并且检测结果的准确率取决于专家的经验判断。为了减少检测结果对人为因素的依赖,提高检测的效率和精度,通过深入挖掘检测数据潜在的特征,建立结构缺陷与检测数据间的强相互关系,拟合出有效的缺陷判别模型是一种行之有效的解决方法。因此,本章引入机器学习算法对冲击弹性波法检测数据进行特征分析,提出并建立了一种"基于冲击弹性波法数据采集"和"机器学习算法数据分析"的钢壳混凝土脱空缺陷识别模型。首先,基于足尺模型试验的大量波形数据建立了缺陷样本数据库,其次,对波形数据进行了特征属性的分析和提取,从波形信号中提取了11个特征属性(包括对波形信号的绝对值积分计算的1个冲击响应强度属性,从0~2000Hz频率范围内的频段中提取的9个频谱属性和1个表征结构位置的结构特征属性),综合考虑了弹性波响应信号的波形特征、频谱特征和采集部位的结构特征。然后,引入支持向量机(SVM)算法和决策树机器学习算法对特征提取后的样本数据进行分析,训练并建立基于机器学习算法的脱空缺陷识别模型,试验结果表明,提出的基于机器学习数据分析的钢壳混凝土沉管隧道脱空缺陷识别模型能够有效地识别出沉管结构中的空洞缺陷,并且能够准确评估缺陷的严重程度,减轻了人工检测的工作量,提高了检测效率和检测结果的可靠度,在工程中有较好的应用前景。

8.1.1 支持向量机

支持向量机(SVM)算法是机器学习分类算法中最为常用的算法之一,是由 Vapnik 在

1963 年提出的,其分类的基本思想是在样本数据空间中找到一个划分超平面,从而将不同类别的样本分开。但超平面的确定可能会受训练集样本数据的局限性或者噪声的影响,使得选取的超平面泛化能力不高,测试样本数据可能会落在分界面的附近,容易出现分类错误的情况,使得模型的预测准确率降低,因此,在线性可分样本数据空间 D 中,一般通过式(8-1)确定划分超平面,尽量使模型分类预测的鲁棒性最好:

$$w^\mathrm{T} x + b = 0 \tag{8-1}$$

式中,$w = (w_1, w_2, \cdots, w_d)$ 表示超平面的法向量,决定超平面的方向;b 表示位移项,决定超平面的偏移距离。同时,样本空间中的任意数据点 x 到超平面的距离可由下式计算:

$$r = \frac{|w^\mathrm{T} x + b|}{\|w\|} \tag{8-2}$$

当超平面确定,则对任意样本数据点 $(x_i, y_i) \in D$,如果 $y_i = +1$,则 $w^\mathrm{T} x_i + b > 0$,反之,若 $y_i = -1$,则 $w^\mathrm{T} x_i + b < 0$,由此,可得下列分类判别方程组:

$$\begin{cases} w^\mathrm{T} x_i + b \geq +1 & y_i = +1 \\ w^\mathrm{T} x_i + b \leq -1 & y_i = -1 \end{cases} \tag{8-3}$$

其中,使得上式中等号成立的训练样本数据点距离超平面的距离最近,被称为"支持向量",不同类别的两个支持向量到超平面的距离和称为"间隔",由式(8-4)计算,如图 8-1 中的支持向量样本点 A 和样本点 B:

$$\gamma = d_1 + d_2 = \frac{2}{\|w\|} \tag{8-4}$$

由以上所述可知,对于一个线性可分的样本数据集,满足条件的划分超平面有无数个,SVM 算法模型则是通过不断地寻优计算找到"最大间隔超平面",几何间隔最大的超平面是唯一的。即通过调整 w 和 b 的取值,使 γ 取得最大值。

$$\max_{w,b} \frac{2}{\|w\|} \tag{8-5}$$

s.t. $y_i(w^\mathrm{T} x_i + b) \geq +1 \quad i = 1, 2, \cdots, n$

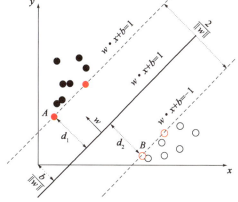

图 8-1 线性可分样本数据划分示意图

式(8-5)的约束条件等价于求解最小 $\|w\|^2$ 值,即:

$$\min_{w,b} \frac{1}{2} \|w\|^2 \tag{8-6}$$

s.t. $y_i(w^\mathrm{T} x_i + b) \geq +1 \quad i = 1, 2, \cdots, n$

此为 SVM 模型的基本计算原理和求解思路。

(1)对偶问题。

由上述推导可知,支持向量机模型通过求解 $\|w\|^2$ 最小值问题来求解最大间隔划分的超平面:

$$f(x) = w^{\mathrm{T}}x + b \tag{8-7}$$

式(8-7)为凸二次规划问题,利用拉格朗日乘子法可以得到其"对偶问题",对上式各条约束后面添加拉格朗日乘子 $\alpha_i \geqslant 0$,可得:

$$L(w,b,\alpha) = \frac{1}{2}\|w\|^2 + \sum_{i=1}^{m}\alpha_i(1 - y_i(w^{\mathrm{T}}x_i + b)) \tag{8-8}$$

其中,$\alpha_i = (\alpha_1, \alpha_2, \cdots, \alpha_m)$,令 $L(w,b,\alpha)$ 对 w 和 b 的偏导数分别为 0。

$$w = \sum_{i=1}^{m}\alpha_i y_i x_i \tag{8-9}$$

$$0 = \sum_{i=1}^{m}\alpha_i y_i \tag{8-10}$$

将式(8-9)带入式(8-8),将 $L(w,b,\alpha)$ 式中的 w 和 b 消掉,同时考虑约束条件(8-10),即可得式(8-11)的对偶问题:

$$\max_{\alpha} \sum_{i=1}^{m}\alpha_i - \frac{1}{2}\sum_{i=1}^{m}\sum_{j=1}^{m}\alpha_i\alpha_j y_i y_j x_i^{\mathrm{T}} x_j \tag{8-11}$$

$$\text{s.t.} \quad \sum_{i=1}^{m}\alpha_i y_i = 0$$

$$\alpha_i \geqslant 0 \quad i = 1,2,\cdots,m$$

由上式求解出 α,即可求得 w 和 b,由此可确定最大间隔的划分超平面模型,即:

$$\begin{aligned} f(x) &= w^{\mathrm{T}}x + b \\ &= \sum_{i=1}^{m}\alpha_i y_i w^{\mathrm{T}} x_i + b \end{aligned} \tag{8-12}$$

其中,值得注意的是,在求解 $\|w\|^2$ 最小值问题中存在不等式约束,因此在求解拉格朗日乘子 α_i 时,应该同时满足 KKT(Karush-Kuhn-Tucker)条件,即:

$$\begin{cases} \alpha_i \geqslant 0 \\ y_i f(x_i) - 1 \geqslant 0 \\ \alpha_i(y_i f(x_i) - 1) \geqslant 0 \end{cases} \tag{8-13}$$

因此,对于训练样本集合中的任意样本 (x_i, y_i),总有 $\alpha_i = 0$ 或者 $y_i f(x_i) = 1$。当 $\alpha_i = 0$,由式(8-12)可知,该样本点不会对 $f(x_i)$ 有任何影响;而当 $\alpha > 0$ 时,则必有 $y_i f(x_i) = 1$,此时样本点落在最大间隔边界上,是一个支持向量,由此可知,SVM 模型在训练完成后,则仅与支持向量有关,其他样本点数据可不保留。

(2)核函数。

当训练样本数据出现"异或"问题,SVM 会利用核函数将样本数据由原始空间映射到更高维度的特征空间,使样本数据在高维空间内实现线性可分。只要满足样本数据在原始空间内是有限维,则一定存在一个高维空间使样本数据在映射之后可分。以图 8-2 为例,将二维空间中线性不可分样本数据,通过函数 $f(z) = x^2 + y^2$,映射到三维空间后,则可较容易找到合适的划分平面。

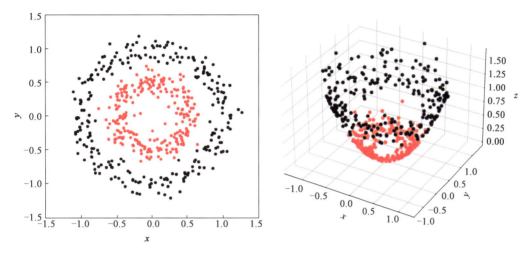

图 8-2 样本数据映射变换示意图

原始低维空间的样本数据 x 被映射到高维空间后记为 $\phi(x)$,此时样本数据集在高维空间中线性可分,则在高维空间中划分样本数据的超平面可由下式确定:

$$\phi(x) = w^T \phi(x) + b \tag{8-14}$$

式中,w 和 b 为超平面确定参数,同时类比式(8-6),将求解超平面参数问题转换为求解最小 $\|w\|^2$ 值问题:

$$\min_{w,b} \frac{1}{2} \|w\|^2 \tag{8-15}$$

$$\text{s.t.} \quad y_i(w^T \phi(x_i) + b) \geq 1 \quad i = 1, 2, \cdots, m$$

同时类比可得其对偶问题:

$$\max_{\alpha} \sum_{i=1}^{m} \alpha_i - \frac{1}{2} \sum_{i=1}^{m} \sum_{j=1}^{m} \alpha_i \alpha_j y_i y_j \phi(x_i)^T \phi(x_j) \tag{8-16}$$

$$\text{s.t.} \quad \sum_{i=1}^{m} \alpha_i y_i = 0$$

$$\alpha_i \geq 0 \quad i = 1, 2, \cdots, m$$

求解上式涉及 $\phi(x_i)^T \phi(x_j)$,由于特征向量的维数较高,直接求解向量内积十分困难,因此引入函数:

$$\kappa(x_i,x_j) = \langle \phi(x_i),\phi(x_j) \rangle = \phi(x_i)^T\phi(x_j) \tag{8-17}$$

由上式可知,通过求解原始空间中样本数据 x_i 与 x_j 带入函数 $\kappa(x_i,x_j)$ 后的值,代替其在映射到高维空间后的向量内积计算 $\phi(x_i)^T\phi(x_j)$,故式(8-19)可改写为:

$$\max_{\alpha} \sum_{i=1}^{m} \alpha_i - \frac{1}{2}\sum_{i=1}^{m}\sum_{j=1}^{m} \alpha_i\alpha_j y_i y_j \kappa(x_i,x_j) \tag{8-18}$$

$$\text{s.t.} \quad \sum_{i=1}^{m} \alpha_i y_i = 0$$

$$\alpha_i \geq 0 \quad i=1,2,\cdots,m$$

求解上式后可得:

$$\begin{aligned}
f(x) &= w^T\phi(x) + b \\
&= \sum_{i=1}^{m} \alpha_i y_i \phi(x_i)^T\phi(x) + b \\
&= \sum_{i=1}^{m} \alpha_i y_i \kappa(x,x_i) + b
\end{aligned} \tag{8-19}$$

其中,函数 $\kappa(x_i,x_j)$ 被称为"核函数",其决定了样本被映射到高维特征空间后的状态,主要有以下几种形式:

①线性核函数: $\kappa(x_i,x_j) = x_i^T x_j$;

②多项式核函数: $\kappa(x_i,x_j) = (x_i^T x_j)^d$,其中 $d \geq 1$ 为多项式次数;

③高斯核函数: $\kappa(x_i,x_j) = \exp\left(-\frac{\|x_i - x_j\|^2}{2\sigma^2}\right)^d$,其中 $\sigma > 0$ 为高斯核的带宽;

④拉普拉斯核函数: $\kappa(x_i,x_j) = \exp\left(-\frac{\|x_i - x_j\|}{\sigma}\right)$,式中 $\sigma > 0$;

⑤Sigmoid 核函数: $\kappa(x_i,x_j) = \tanh(\beta x_i^T x_j + \theta)$,式中 $\beta > 0$,$\theta < 0$。

(3)软间隔与正则化。

在实际的分类任务中通常难以找到合适的核函数使得样本数据在映射到高维空间后能够完全线性可分,同时如果在实际模型训练过程中过于追求能将所有的样本数据都分类正确地划分超平面,则极易模型过拟合的现象。因此,要得到合适的训练模型,必须采用"软间隔",即允许某些样本点不满足约束:

$$w^T x_i + b \geq +1$$

因此,优化条件可写为:

$$\min_{w,b} \frac{1}{2}\|w\|^2 + C\sum_{i=1}^{m} l_{0/1}(y_i(w^T x_i + b) - 1) \tag{8-20}$$

式中,C 为常数,且 $C > 0$,且当 C 取有限值时,某些样本点可以不满足约束方程。式中

$l_{0/1}$代表"0/1 损失函数",具体为:

$$l_{0/1}(z) = \begin{cases} 1 & z < 0 \\ 0 & 其他 \end{cases} \quad (8\text{-}21)$$

直接求解损失函数较难,通常用连续的凸函数替代,称为"替代损失函数",常用的有以下几种:

① hinge 损失函数:$l_{\text{hinge}}(z) = \max(0, 1-z)$;
② 指数损失函数:$l_{\exp}(z) = \exp(-z)$;
③ 对率损失函数:$l_{\log}(z) = \log[1 + \exp(-z)]$。

若采用 hinge 损失函数,则式(8-20)变为:

$$\min_{w,b} \frac{1}{2} \|w\|^2 + C \sum_{i=1}^{m} \max[0, 1 - y_i(w^T x_i + b)] \quad (8\text{-}22)$$

引入松弛变量$\xi_i \geq 0$,用以表示样本不满足约束条件的程度,将式(8-22)改写为:

$$\min_{w,b} \frac{1}{2} \|w\|^2 + C \sum_{i=1}^{m} \xi_i \quad (8\text{-}23)$$

上述被称为"软间隔支持向量机"。目前应用广泛的具有软间隔容错能力的支持向量机算法模型是由 Corinna Cortes 和 Vapnik 在 1995 年提出的,该算法对训练样本数据的分布和规模要求较低,同时将在特征空间中求解最大间隔超平面的问题转化为凸二次规划问题。同时,软间隔概念避免了过拟合问题,提升了 SVM 模型处理实际问题时的容错能力。此外,核函数的引入解决了非线性分类问题。因此,采用 SVM 算法来处理分析钢壳混凝土沉管隧道脱空缺陷检测的冲击响应波形信号,通过对试验模型中的脱空缺陷样本数据和密实区域样本数据提取特征属性,建立样本数据库来训练 SVM 模型,以此建立钢壳混凝土沉管隧道脱空缺陷 SVM 识别模型来检测识别实际工程中的沉管隧道的脱空缺陷分布是有效可行的。

8.1.2 决策树

决策树算法也是目前机器学习分类算法中最为经典的算法之一,其基于树形决策结构,为进行数据分类和信息回归建立了一个有效判别的模型,被广泛应用于处理分类和回归问题。决策树的基础分类思想可以看作是一种"if-then"策略,一个训练完成的决策树模型,一般由一个根节点、若干个内部节点和若干个叶子节点组成。决策树模型进行样本分类工作的基本流程为:当样本数据被导入已经训练好的决策树模型后,样本数据首先在根节点上进行相应属性判断测试,并根据测试结果将样本数据分别划分到根节点下的内部节点中,然后分别在每个内部节点上对划分后样本数据进行该节点上对应的属性判断测试,并根据测试结果将该内部节点上的样本数据分别划分到该内部节点的下一级节点中,不断递归这一划分过程,直到节点包含的所有样本属于同一类别(或对决策树进行剪枝处理,添加判断条件使得节点中的样本数据无法被划分),不能被继续划分的节点被称为叶子节点,同一个叶子节点中的样本数据对应于一个决策结果,属于同一类别。图 8-3 为典型决策树分类模型的结构示意图,其由 1 个根节点、4 个内部节点和 5 个叶子节点构成。

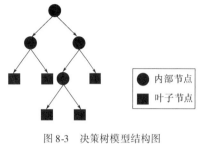

图 8-3 决策树模型结构图

决策树模型在训练学习过程中的任务是从训练数据集中总结出一套决策规则,使得训练集样本数据在该决策规则下能够最大化地被正确分类,但同时也应避免决策规则出现严重的过拟合现象,过于追求模型在训练样本数据集合中的分类正确率会导致模型的泛化能力降低,使其在处理新样本数据时分类效果很差,因此,通过对模型进行合理的剪枝处理,使模型在训练样本数据集和测试样本数据集中的分类正确率达到一个合理的平衡点,从而得到最优决策树模型。因此,一个具有较好分类效果的决策树模型的建立包括以下三个过程:①样本数据的特征选择:提取样本数据的特征属性是建立决策树模型的基础,合理地选取能够全面反映样本数据特征的属性信息是提高决策树模型分类性能的基石。②决策树结构的构造:决策树模型的构建学习过程,实质是在各个内部节点上合理地选出用于节点划分的最优划分属性,模型的分类目的是通过选出的用于节点划分的最优属性和在节点上确定的划分判断条件,使节点中属于同一类别的样本数据在被划分后尽可能归属于同一节点中;这也是决策树模型学习的关键。③决策树模型的剪枝处理:为避免模型过拟合现象严重,须对模型进行剪枝处理,提高模型的泛化能力。

在决策树模型构建的过程中,对最优划分属性的选取一般通过评估划分后样本的分布情况(纯度)来确定,如果被划分后的样本基本属于同一类别,则节点的纯度越高,反之,则节点的纯度越低。

目前,在决策树模型的训练应用中有三种学习算法被广泛使用,分别为 ID3 算法(Interactive Dichotomic Version 3)、C4.5 算法和 CART 算法(Classification and Regression Trees)。其中,CART 算法最早由 Breiman 等人在 1984 年提出,其核心思想是使用基尼系数作为标准来选择最优特征,易于理解且解释简单,同时在模型的建立过程中,使用该算法,对样本数据集的数据量要求低,需要的数据准备量较小。因此,采用 CART 算法对冲击响应强度信号进行分类分析,利用已有的样本数据建立基于决策树算法的钢壳混凝土脱空缺陷识别模型。

决策树模型中采用的评估样本分布纯度的指标,主要有以下三种,分别为信息增益(Information Gain)、增益率(Gain Ratio)和基尼指数(Gini Index),具体计算公式如下。

(1)信息增益 $\mathrm{Gain}(D,a)$。

假设样本集合 D 中 k 类样本所占的比例为 $p_k(k=1,2,\cdots,|y|)$,则 D 的信息熵为:

$$\mathrm{Ent}(D) = -\sum_{k=1}^{|y|} p_k \log_2 p_k \tag{8-24}$$

式中,Ent(D)越小,样本数据纯度越高。

假定离散属性 a 在数据集中有 V 个不同的取值,分别为$\{a^1, a^2, \cdots, a^V\}$。根据属性 a,将样本数据划分为 V 个不同的分支,以第 V 个分支节点 D^V 为例,其中包含了样本数据集 D 中所有属性为 a^V 的样本数据。因此,训练样本数据集 D 的信息熵可由式(8-24)计算得出。信息增益的计算考虑不同分支节点上样本数目多少的影响,并引入权重因子,样本数目越多的分支权重值越大,影响越大。故依据离散属性 a 划分数据集 D 时,信息增益可利用下式计算:

$$\text{Gain}(D,a) = \text{Ent}(D) - \sum_{v=1}^{V} \frac{|D^V|}{|D|} \text{Ent}(D^V) \tag{8-25}$$

信息增益的计算值表征选用离散属性 a 对样本数据进行划分后样本数据的纯度提升情况,其值越大,表明样本数据划分后纯度提升越大。因此,在决策树建立的过程中,可通过比较不同离散属性对应的信息增益计算值选择出最优划分属性,其计算思路在 ID3 决策树算法中得以应用。

(2)增益率。

由式(8-25)可知,如果样本数据集中某个离散属性对应的取值很多,当选择其为划分属性对样本数据进行划分后可得较多的分支节点,而每个节点中的样本数目不多,此时每个分支节点的纯度都很高,信息增益的计算值很大,但显然这不是一个好的决策树模型,其泛化能力很差。由此可知,以信息增益为判断准则选取划分属性时,对可取值较多的属性有所偏好,可能对决策树模型的建立带来不利的影响。为减少这种选择性偏好带来的影响,C4.5 算法中使用增益率来选择划分属性,具体计算公式如下:

$$\text{Gain\_ratio}(D,a) = \frac{\text{Gain}(D,a)}{\text{IV}(a)} \tag{8-26}$$

其中,

$$\text{IV}(a) = -\sum_{v=1}^{V} \frac{|D^V|}{|D|} \log_2 \frac{|D^V|}{|D|} \tag{8-27}$$

由式(8-27)可知,在样本数据集中的某个离散属性 a 对应的可取值越多,则其 $\text{IV}(a)$ 的计算值越大,由此降低了信息增益准则对拥有较多可取值属性的偏重。但值得注意的是,若直接以增益率作为最优划分属性选择标准,则模型偏重于选择拥有较少可取值的属性,同样不利于最优模型的建立。因此,在 C4.5 算法中,先选出信息增益高于平均值的属性,再从中选出增益率最高的作为节点划分属性。

(3)基尼指数。

决策树最优划分属性的选取也可采用"基尼指数"的计算值作为选取标准,样本数据集 D 的基尼值可由下式计算:

$$\text{Gini}(D) = \sum_{k=1}^{|y|}\sum_{k'\neq k} p_k p_{k'} = 1 - \sum_{k=1}^{|y|} p_k^2 \qquad (8\text{-}28)$$

由式(8-28)可知,基尼值 Gini(D)同样可以反映样本数据集的纯度,并且样本数据的纯度越高,其基尼值越小。

在样本数据集 D 中,拥有 V 个取值的属性 a 的基尼指数可由式(8-29)计算:

$$\text{Gini\_ratio}(D,a) = \sum_{v=1}^{V} \frac{|D^V|}{|D|} \text{Gini}(D^V) \qquad (8\text{-}29)$$

因此,以基尼指数作为节点划分属性选取标准时,使得样本数据在划分后基尼指数值最小的属性被认为是最优划分属性,其中 CART 算法(Classification and Regression Trees)在决策树模型建立的过程中以基尼指数最小作为最优划分属性选取标准,即 $a = \underset{a \in A}{\arg\min} \text{Gini\_Index}(D,a)$。

与 SVM 算法不同,决策树算法模型构建的过程中应考虑模型的局部最优而非全局最优,在信息增益、增益率和基尼指数等判断准则下,通过计算不同属性对应的指标,选取当前节点的最优划分属性对节点数据进行划分,并不断地递归此划分过程,直至整个决策树模型生成。决策树算法通过剪枝处理使得模型达到全局最优,从而降低模型的过拟合风险,提高模型的泛化能力,使得模型在训练样本数据集和测试样本数据集,以及在模型实际识别预测的过程中都能达到较好的预测分类性能。

8.2 冲击响应数据准备和数据特征提取

为研究响应波形信号在密实区域与脱空缺陷区域的不同特征表现,此前章节中介绍对不同结构尺寸的隔仓进行了局部位置的随机开盖查看,明确了开盖位置混凝土的填充情况。综合前期率定试验阶段的隔仓开盖情况,足尺模型中共有 10 个隔仓进行了开盖,隔仓编号及尺寸信息见第 7 章。其中,每个隔仓中随机选取 6 处分格(分格尺寸为 30cm×30cm),共开盖 60 处分格位置对混凝土浇筑情况进行了验证。本节基于开盖位置处测量的波形信号数据和开盖后测量的钢板下混凝土的实际脱空情况,从波形信号中提取多维特征属性,综合考虑了波形和频谱数据中的特征信息,建立波形信号与其脱空缺陷情况一一对应的样本信息数据库。

本书第 7 章中提出以冲击响应强度指标作为识别脱空缺陷的量化指标,但归一化冲击响应强度指标仅考虑波形特征,并未将波形频谱特征作为辅助评价指标,未在判别公式中使用频谱特征参数。

在实际的检测工作中,当初步得到待检测结构的冲击响应强度分布图时,对于冲击响应强度值较大的疑似脱空位置,往往需要专业的技术人员根据波形频谱图特征和经验做进一步判断,以确定钢板下混凝土的脱空情况,检测结果受检测人员经验的影响。

第8章 基于机器学习的沉管隧道钢壳混凝土脱空缺陷识别方法

表 8-1 钢板厚度为 14mm 时冲击响应信号特征值提取样本数据库

序号	频谱特征 (f)									冲击响应强度值 (I)	T 肋位置	类别标签
	0~220	220~440	440~660	660~880	880~1100	1100~1320	1320~1540	1540~1760	1760~2000			
1	0.111417	0.201528	0.809069	0.10884	0.111807	0.040158	0.161722	0.039231	0.032177	0.101285	0	0
2	0.196149	0.363941	1.240672	0.146234	0.166735	0.035394	0.116726	0.071491	0.048408	0.165348	0	0
3	0.05665	0.138116	0.484977	0.241914	0.149825	0.059201	0.071299	0.036594	0.049725	0.062818	0	0
⋮	—	—	—	—	—	—	—	—	—	—	—	⋮
138	0.060647	0.093559	0.270968	0.065624	0.050272	0.023193	0.025575	0.018765	0.013388	0.037651	2	0
139	0.101945	0.187219	0.815456	0.054393	0.017017	0.016694	0.036297	0.015852	0.01296	0.096373	2	0
140	0.127677	0.337359	1.494215	0.366323	0.182761	0.01535	0.045588	0.011416	0.006716	0.177892	2	0
⋮	—	—	—	—	—	—	—	—	—	—	—	⋮
282	0.089496	0.40845	0.688016	0.048992	0.034288	0.018684	0.1235	0.023672	0.013156	0.091385	4	0
283	0.168289	0.933224	0.463528	0.182231	0.109154	0.037847	0.291225	0.04626	0.015611	0.160311	4	0
284	0.258866	1.417676	0.827539	0.378678	0.111789	0.041124	0.2174	0.040078	0.016661	0.210141	4	0
⋮	—	—	—	—	—	—	—	—	—	—	—	⋮
317	0.75866	1.416242	0.19672	0.206296	0.047609	0.028367	0.057364	0.010023	0.02345	0.177617	5	0
318	1.313862	1.916415	0.364587	0.37768	0.139976	0.040969	0.086644	0.026129	0.023003	0.249353	5	0
⋮	—	—	—	—	—	—	—	—	—	—	—	⋮
346	0.572115	2.433298	1.262543	0.439879	9.057561	11.499043	0.350041	0.676815	0.684493	0.836798	1	100
347	1.014138	5.549744	4.828179	1.598249	13.066042	7.818876	0.581118	1.006404	1.09172	1.064324	1	100
348	0.228835	0.5407	2.11748	1.748958	10.209693	20.082204	0.348583	0.790745	1.175979	1.438107	1	100
⋮	—	—	—	—	—	—	—	—	—	—	—	⋮
358	0.398433	1.437994	1.143774	0.618649	4.686516	3.872851	0.207412	0.297885	0.15908	0.398669	2	100
359	0.461883	1.319301	0.971228	0.533674	7.945061	7.119443	0.145794	0.377056	0.32969	0.582642	2	100
360	0.12311	1.250584	0.264022	0.505137	5.082296	9.032278	0.16222	0.180666	0.289656	0.622594	2	100
⋮	—	—	—	—	—	—	—	—	—	—	—	⋮
423	0.207286	1.744187	0.537756	0.775367	5.79478	5.944626	0.327429	0.12522	0.21851	0.509321	3	100
424	0.637225	0.771967	0.34588	0.766341	7.644471	7.388555	0.067838	0.235263	0.278444	0.554469	3	100
425	1.257835	3.801365	1.336718	1.665108	7.390771	12.489082	0.565881	0.32377	0.36803	0.976157	3	100

7.7 节通过分析足尺模型试验中不同开盖位置处的样本数据,发现不同严重程度的脱空缺陷位置处的波形信号的频谱特征复杂,应用单一化的评价指标存在弊端。由此,本节根据足尺模型开盖位置的试验数据,对收集到 425 条已开盖位置的响应波形信号数据进行特征提取,建立钢壳混凝土脱空缺陷检测样本数据库,见表 8-1。为综合考虑波形信号潜藏的缺陷信息,避免采用单一化的响应波形特征属性,本节对波形信号从三个方面进行波形信号的特征提取,具体如下:

(1) 计算每个波形数据的冲击响应强度值作为波形的特征属性。

$$
\begin{aligned}
A_i(t) &= \int |x(t)| \mathrm{d}t \\
&= \int_0^t |\sin(\omega_1 t + \varphi_1) + \cdots + A_n \cos(\omega_n t + \varphi_n)| \mathrm{d}t \\
&\approx \sum_{i=1}^{i=s} |F_i| \Delta t
\end{aligned}
\tag{8-30}
$$

式中,冲击响应强度值为采集时段 t 时刻内,对波形信号绝对值的积分。原始信号由一组非连续等间距离散采样点组成,故对波形信号的积分可近似为历次采样值与采样时间乘积的和。式中,F 为波形的振幅;Δt 为采样时间间隔;i 为 t 时刻内的采样点数编号;$s = 1, 2, \cdots, n$。

(2) 对每个波形信号进行傅里叶变换,提取波形信号的频谱特征。波形频谱图中的信息丰富,本节将从响应波形的频谱图中提取适当的属性,作为缺陷识别模型的特征属性。由模型试验的研究成果可知,响应波形信号能量基本分布在频段 0~2000Hz 范围内。故本节将 0~2000Hz 平均分为 9 个频率区间(表 8-2),并搜索提取每个区间内频谱图的最大振幅值作为此频率区段的特征值。例如,表 8-2 中特征属性 6 表示的是冲击响应信号在 1100~1320Hz 的区段内频谱图的最大幅值。

频谱数据特征属性提取　　　　表 8-2

特征属性编号	1	2	3	4	5	6	7	8	9
频率(Hz)	0~220	220~440	440~660	660~880	880~1100	1100~1320	1320~1540	1540~1760	1760~2000

(3) 将距离 T 肋位置 0、5cm、10cm、15cm、20cm、25cm 的测点分为 6 类,对应属性标签分别为(0,1,2,3,4,5),并将其作为测点的位置属性。

开盖位置处 425 个测点的冲击响应信号被分为密实区域和脱空缺陷区域两类,分别对应类别标签值 0 和 100,两个类别的属性之间有细微的差别。以密实区域 138 号数据和脱空缺陷区域 358 号数据为例,密实区域在 880~1100Hz 和 1100~1320Hz 的属性值较小,分别为 0.050 和 0.023,而脱空缺陷区域的属性值较大,分别为 4.686 和 3.873。在其他类别中也可以发现同样的现象,利用不同类别间属性的差异,可以对冲击响应信号进行精度的分类,并建立样本数据库。

8.3 基于支持向量机算法的脱空缺陷识别方法

在8.2节建立的钢壳混凝土脱空缺陷检测冲击响应信号样本数据库中,开盖位置处的波形信号可被分为两类:一类是混凝土填充密实情况下的响应波形样本数据;另一类是自密实混凝土浇筑存在脱空缺陷情况下的响应波形样本数据。基于上述样本数据库,本节拟建立以支持向量机(SVM)算法为核心的钢壳混凝土沉管隧道脱空缺陷识别模型,实现对钢壳混凝土沉管隧道在浇筑过程中出现的脱空缺陷的准确识别判断。检测模型的建立主要包括以下三个步骤:

(1)样本数据的收集。通过足尺钢壳混凝土沉管隧道脱空缺陷检测试验对隔仓的顶板进行全域的冲击弹性波数据采集,并通过对隔仓局部区域进行开盖测量形成波形数据与实际浇筑情况一一对应的样本数据信息。

(2)响应波形特征提取。由于钢壳混凝土沉管隧道现场检测环境复杂,各种设备、预埋构件及人为产生的噪声会对检测结果产生影响,应对样本数据集进行滤波降噪和归一化数据预处理,并针对响应波形信号的特点提取检测数据的波形特征、频谱特征和位置信息特征,形成训练样本数据集。

(3)SVM模型训练与验证。图8-4显示了SVM缺陷识别模型建立的流程图。数据的选取对模型的训练和验证非常重要,在本节的模型训练过程中,两类样本数据的训练集和测试集是按比例随机从样本数据库中选取的,选取85%的样本数据作为训练集,剩余数据作为测试集。

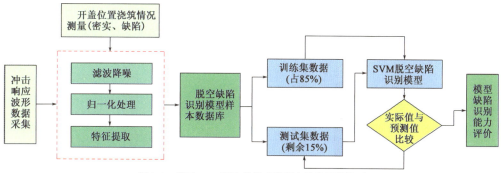

图8-4 基于SVM算法的钢壳混凝土缺陷识别模型

8.3.1 特征向量属性的选取

若在模型训练过程中引入无效特征属性,将导致迭代计算过于冗杂,特征属性相互干扰,脱空缺陷与波形信号的映射关系模糊,从而降低检测模型缺陷识别精度。因此,需要验证上述建立的样本数据集中,波形信号三类特征值属性(波形特征、频谱特征、结构特征)在SVM脱空缺陷识别模型中的有效性。

首先,在建立脱空缺陷预测模型之前,将9个频谱特征属性、冲击响应强度特征属性,以及检测区域的结构特征属性进行单独或相互组合(表8-3)。其次,对不同特征属性组合形式的样本数据进行SVM缺陷识别模型的训练和验证。最后,通过对比各模型的检测准确率,分析波形信号各特征属性与脱空缺陷间的关联性,拟选取最优的特征向量组合形式建立和训练模型。

表 8-3 特征向量组合形式

序号	1	2	3	4	5	6
	STR	SPE	STR-T	SPE-T	SPST	SPST-T
组合形式	冲击响应强度	频谱特征	冲击响应强度 距T肋距离	频谱特征 距T肋距离	频谱特征 冲击响应强度	频谱特征 冲击响应强度 距T肋距离

不同特征属性组合情况下 SVM 缺陷识别模型的准确率如图 8-5 所示。由图可知:①仅考虑冲击响应强度(STR)单一属性,建立和训练的 SVM 缺陷识别模型的测试集识别准确率最低,为 87.5%,与仅考虑频谱特征属性(SPE)时模型缺陷识别的准确率相比,仅低 3.13%,说明分区段提取频谱特征的特征属性是有益的,频谱特征携带的波场特征信息丰富,各频段信息分别提取,更易于模型建立起波形特征信息与混凝土填充密实度之间的关系。②综合考虑冲击响应强度与 T 肋结构位置特征属性(STR-T)时,模型识别精度为 87.5%,与仅考虑冲击响应强度时相比,提升效果不显著;但综合考虑频谱特征属性和 T 肋结构位置特征属性(SPE-T)时,模型缺陷识别精度由 90.63% 提升至 95.31%,说明 T 肋结构特征属性是脱空缺陷识别模型中的重要属性特征,与前期原型试验中对 T 肋结构影响的研究结果契合。③综合考虑频谱特征值和冲击响应强度特征值(SPST)时,缺陷识别模型的准确率为 92.19%,高于仅考虑单一特征属性时的准确率 87.5% 和 90.63%。④综合考虑 3 种特征属性(SPST-T)时,测试集中缺陷识别模型的准确率为 95.31%,与 SPE-T 组合的准确率相同,亦为各种组合情况中的最佳值。

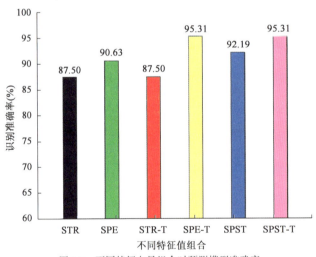

图 8-5 不同特征向量组合时预测模型准确率

综上所述,相比采用单一特征属性,多种特征属性组合时模型的识别准确率较高,同时,6 次模型训练建立过程中的耗时情况相当,并未出现随特征属性增加致使计算工作时长增加的情况,并且 6 次模型训练中,也并未出现增加特征值属性使模型识别准确率降低的情况。因此,采用 3 种特征属性皆考虑的 SPST-T 组合方式作为样本数据集属性,建立和训练钢壳混凝土沉管隧道脱空缺陷识别模型。

8.3.2 核函数的选取

由前述章节可知,SVM 通过在样本空间内寻找一个最优超平面,从而将两类样本分开,若样本集合是线性可分的,则划分平面可以较容易找到。但由上一小节可知,本小节中对采集到的响应波形提取 3 种类型特征属性,每个样本数据包含 11 个属性值,须通过核函数变换,使其在更高维空间内线性可分,此时才能寻找到一个合适的划分超平面,将密实区域的样本数据和脱空缺陷区域的样本数据区分开。

核函数决定样本数据在特征空间中的形式,从而决定样本数据在映射到高维空间后是否线性可分,这对 SVM 模型的分类效果至关重要。合适的核函数可能使模型的分类达到较好的效果,反之,核函数选择不合适,将样本数据映射后可能仍很难找到一个合适的划分平面,导致模型的分类效果较差。常用的核函数有线性核函数(Linear)、高斯核函数(RBF)、多项式核函数(Poly)和 Sigmoid 核函数。缺陷识别模型采用 11 维属性值,无法推测特征映射的形式,为找到适合本数据样本集的映射核函数,避免错误选取核函数降低缺陷识别模型的性能,本小节通过随机在样本数据中选取训练集和测试集,再分别采用 4 种核函数对样本数据进行映射处理,建立和训练缺陷识别模型,并通过测试集进行验证,分析在相同训练集和测试集情况下,采用不同核函数建立模型的准确率,并重复"数据选取—模型建立—模型验证"过程 10 次。

历次测试结果的准确率如图 8-6 所示。由图可知:①10 次结果均显示,选取 Sigmoid 核函数作为核函数时,模型的准确率较低,缺陷识别效果较差,准确率最高仅为 75%,最低为 64%,10 次重复验证的平均准确率仅为 71%。②相比 Sigmoid 核函数,线性核函数(Linear)、高斯核函数(RBF)和多项式核函数(Poly)在 10 次模型建立试验过程中表现较好,多次缺陷识别的平均准确率分别为 92.75%、94.03%、92.29%。③相比其他核函数,高斯核函数仅在第 3 次选取的样本训练集和测试集中表现较差,在其他次验证试验中,均为 4 种核函数中使得模型分类效果最好的。由此,本小节选取高斯核函数作为缺陷样本数据的映射函数。

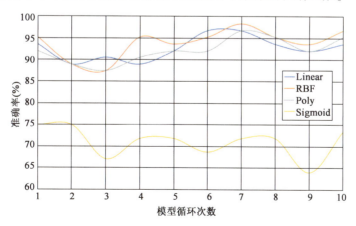

图 8-6 不同核函数对应预测模型准确率

8.3.3 参数设置的影响

高斯核函数对样本数据集的依赖性较小,既适用于大样本,亦适用于小样本。由上一小节可知,在实际应用中,相比其他核函数,其表现最优,且高斯核函数需要确定的参数较少。在 SVM 分类模型中,主要对两个超参数进行寻优调节,分别为惩罚系数 C 和 RBF 核函数 Gamma 参数。

惩罚系数 C 用来平衡支持向量复杂度和模型误分类率之间的关系。当 C 较大时,支持向量和超平面模型较复杂,易出现过拟合现象。反之,当 C 比较小时,允许一些离群点样本不满足约束条件,此时的决策边界有较大间隔,C 值较低的模型具有较好的普适性,但也应避免取值过小出现欠拟合现象。

Gamma 参数则决定了样本数据映射后在新特征空间内的分布。当 Gamma 值较大时,会造成样本数据点必须离支持向量非常接近才能被正确分类,因此,Gamma 值过大时易出现过拟合现象,对于未知样本的分类效果很差。反之,当 Gamma 较小时,模型的支持向量减少,造成平滑效应严重,影响分类准确率。

对于采用 RBF 核函数的 SVM 模型,应同时考虑两个参数的影响,使用网格搜索函数 GridSearchCV 来进行调参,其中 C 取值范围为 $(0.5,1,2,4,10)$; Gamma 参数取值范围为 $(0.125,0.25,0.4,0.5,1,4,10)$,每次验证分别从 C 值集合和 Gamma 集合中选取一个参数,例如($C=0.5$,Gamma $=0.125$),通过 k 折交叉验证的调参方法,遍历所有参数组合(共 35 种)后,选择一个拟合分数最好的超参数组合。

网格搜索函数 GridSearchCV 对 35 组参数组合进行寻优分析,通过比较各组参数,发现当 $C=1.0$,Gamma $=0.50$ 时,模型的性能参数最好,评估表格见表 8-4。钢壳混凝土沉管脱空缺陷识别模型要求对缺陷样本数据的识别精度高,相对于密实区域样本数据而言,缺陷数据的正确识别对沉管的质量影响重大,缺陷识别模型尽量不能错放任何一个缺陷样本数据,因此要求模型的召回率要足够高。由表 8-4 可知,SVM 脱空缺陷识别模型对缺陷区域样本数据识别的召回率较高,为 0.94,表明模型能较好地将缺陷区域数据识别出来,同时,在保证较高召回率的情况下也保证了较好的精确度,模型对缺陷区域数据的识别精度为 0.99,说明模型在保证将缺陷区域样本数据识别出来的同时,降低了自身的误判率,相比传统判别方法,表现出较好的性能。

模型参数评估表格($C=1.0$,Gamma $=0.5$)　　　　表 8-4

样本标签	精确度(precision)	召回率(recall)	F1-score[①]	样本个数
缺陷(100)	0.99	0.94	0.96	78

[①] F1-score 是衡量二分类模型精度的一种指标,兼顾了分类模型的精确率和召回率。它是精确率和召回率的调和平均数,最大为 1,最小为 0。

在样本不平衡情况下,仅凭准确率评估模型的分类效果并不客观。由此,引入 ROC[①] 和 AUC[②] 评价指标,其通过分析 TPR(真正率)和 FPR(假正率)参数指标,可以无视样本不平衡问题,同时也是评估模型优劣的重要手段。

纵坐标为真正率,又叫敏感度,表征模型对缺陷区域数据的识别精度,横坐标为假正率(1-特异度),特异度表征模型对密实区域数据的识别精度。在脱空缺陷识别模型中,希望模型对两种数据类型的分类效果都较好,因此真正率尽量高,假正率尽量低,模型的 ROC 曲线越凸向左上角说明模型的识别分类效果越好。图 8-7 绘制了 3 组不同参数下模型的 ROC 曲线,在参数 $C=1.0$, Gamma $=0.50$ 时,模型的 ROC 曲线完全包络住另外 2 组参数(Gamma $=0.25$ 和 0.40)下的模型,说明模型的敏感度和特异性整体性更好。同时计算 ROC 曲线下的面积值 AUC,当 AUC 的值在 0.7~0.85 之间时,说明模型的效果一般,当 AUC 在 0.85~0.95 之间时,说明模型的效果较好,当 AUC 在 0.96~1 之间时,说明模型的分类效果很好。由图 8-7 可知,3 组参数的 AUC 值都在 0.90 以上,其中当参数 $C=1.0$, Gamma $=0.50$ 时,缺陷识别模型的 AUC 计算值最大,为 0.96,说明模型的分类性能很好,故选取此组参数作为 SVM 脱空缺陷识别模型的参数。

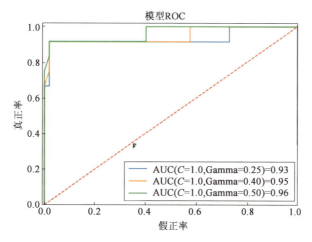

图 8-7 模型 ROC 曲线评估曲线

8.3.4 缺陷识别模型鲁棒性验证

根据上一小节的研究成果,本小节选取 RBF 核函数,并设置参数 $C=1.0$, Gamma $=0.50$, 建立脱空缺陷识别模型。为了评估 SVM 模型算法的鲁棒性,从样本数据集中随机选取样本作为训练集,并进行多次迭代训练和验证,共进行 100 次重复试验验证。图 8-8 显示了关于 100 次

[①] ROC(Receiver Operating Characteristic Curve):接收者操作特征曲线。ROC 空间将假正率(FPR)定义为 x 轴,真正率(TPR)定义为 y 轴。
[②] AUC(Area Under the Curve of ROC):曲线下面积。在比较不同的分类模型时,可以将每个模型的 ROC 曲线都画出来,比较曲线下面积,从而判断模型优劣。

试验验证准确性的详细信息。结果表明,该方法对脱空缺陷识别的准确率基本在90%左右,模型的稳定性较好,在钢壳混凝土脱空缺陷无损检测应用中是一种可行、有效的方法。具体而言,在100次重复验证中,准确率低于90%的仅有7次,且其中6次的准确率都在89%,最低的一次测试中,准确率为87.5%;其余93次测试中,模型识别准确率都在90%以上,100次验证的平均准确率一般为93.64%,较采用单一指标(归一化冲击响应强度)进行缺陷识别判断的准确率有较大提升,模型的性能更好。

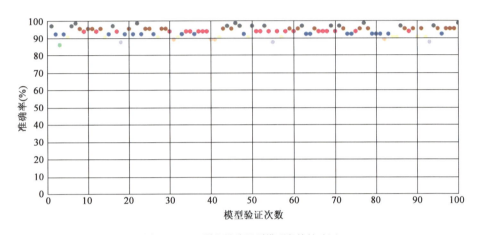

图 8-8　SVM 脱空缺陷识别模型鲁棒性验证

8.4　基于决策树算法的脱空缺陷识别方法

决策树作为机器学习的一种算法,其计算代价低,为数据分类和回归提供了一种有效的模型。决策树模型建立的过程中,不需要对样本数据的结构和分布做先验假设,其分类原理采用"if-then"策略,直至当前节点中所有样本数据属于同一类别时,递归截至,故其能将几类样本顺利分割开,且决策树模型一旦建立,其对数据的分类预测非常快。由8.3节可知,基于钢壳混凝土缺陷识别样本数据库建立的SVM缺陷识别模型能较好地将脱空缺陷区域识别出来,模型识别的准确率和鲁棒性都较好,但建立的模型并不能对缺陷区域的严重程度进行的区分。为实现对缺陷区域的严重程度进行评估,本节基于8.2节的样本数据库,建立以决策树算法为核心的脱空缺陷识别及严重程度分类模型,实现对脱空缺陷的严重程度(缺陷脱空高度)的准确评估。决策树模型的建立包括以下三个过程:①样本数据采集;②样本数据特征提取;③决策树模型的建立和验证,具体如图8-9所示。

将缺陷区域的样本数据分为3类,分别为:class 5,轻微脱空,其脱空高度测量值为 $0 < d \leqslant 5 \mathrm{mm}$;class 10,较严重脱空,其脱空高度测量值为 $5 < d \leqslant 10 \mathrm{mm}$;class 15,极其严重脱空,其脱空高度测量值为 $10 < d \leqslant 15 \mathrm{mm}$(个别测点的脱空高度甚至大于15mm),具体分类情况见表8-5。

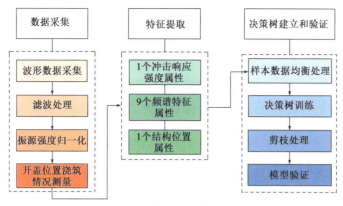

图 8-9 决策树脱空缺陷识别模型流程图

脱空缺陷严重程度分类表 表 8-5

缺陷类别	密实区域	轻微脱空	较严重脱空	极其严重脱空
脱空高度	0mm	$0<d\leqslant5mm$	$5<d\leqslant10mm$	$10<d\leqslant15mm$
类别标签	(class 0)	(class 5)	(class 10)	(class 15)

决策树模型包括若干内部节点和叶节点,其构造过程为:首先,基于学习算法,决策树从根节点中选择划分属性,将根节点中的所有数据划分为两个子节点,每个子节点代表一个类别,然后继续从子节点中选择合理的划分属性,对子节点继续划分,直至所有划分的子节点所包含的样本数据属于同一类别。在节点划分属性的选择中,有三种广泛使用的学习算法,分别是 ID3 算法、C4.5 算法和 CART 算法。其中,CART 算法采用基尼指数(Gini)来选择数据划分特征,相比 ID3 算法、C4.5 算法中的熵模型,计算简化,且误差相差不大,应用更多。因此,本节采用 CART 算法对检测区域的响应信号进行分类。

8.4.1 样本数据处理

由于钢壳混凝土脱空缺陷检测足尺模型试验不预设脱空缺陷,试验中模型的浇筑工艺和自密实混凝土材料与实际工程建设中一致,脱空缺陷的出现是低频率事件,在数据集中,密实区域样本数据明显多于缺陷区域数据。各种类别间样本数据的平衡对于决策树模型的建立非常重要,如果数据集中某一类别的样本数量过少,模型在过于追求准确率的情形下,会导致其分类结果更倾向于数量较多的类别,在实际的应用中,模型的准确率和鲁棒性将会很差。针对脱空缺陷样本数据不均衡问题,应用合成少数类过采样技术(Synthetic Minority Over-sampling Technique,SMOTE)对不均衡数据集进行预处理。

SMOTE 算法由 Chawla 等人提出,其算法原理是基于 k 近邻算法,选取少数类中样本数据较近的数据进行整合计算,生成新的样本数据扩充少数类样本数量,使得不同类别之间的样本数量达到平衡,其算法流程为:

(1) 计算少数类样本中,每个样本到其他样本的欧氏距离,得到该样本数据邻近的少数类样本数据。

(2) 根据多数类的样本数量和少数类样本数量的比值设置采样倍率 N,对于少数类样本中任一样本数据 O,从其邻近的少数类样本数据中随机选择若干个样本数据,假设选择的近邻样本为 X_i,则由样本数据 O 和 X_i 生成新的样本数据 X_{new},具体计算公式为:

$$X_{\text{new}} = O + \text{rand}(0,1) |X_i - O| \qquad i = 1,2,\cdots,N \qquad (8\text{-}31)$$

式中,X_{new} 为新样本;O 为原始样本数据;rand(0,1) 为 0~1 间的随机数;X_i 为 O 的最近邻少数类样本中选取的 N 个样本。与随机过采样算法相比,SMOTE 算法能够最大限度地降低模型的过拟合问题,且不会损失有效的样本数据信息。

本小节从密实区域样本数据中任意选取样本数据 200 条,应用 SMOTE 算法扩展缺陷区域样本数据,形成新的样本数据集,从而建立和训练决策树模型。新数据集共计 800 条,包括密实区域(class 0)、轻微脱空缺陷(class 5)、较严重脱空缺陷(class 10)和极其严重脱空缺陷(class 15)数据各 200 条。

8.4.2 决策树缺陷识别模型建立

在决策树模型中,四类样本数据是按照 85% 占比从样本数据集中随机平均选取的。因此,取 680 条样本数据作为训练集,其余数据作为验证集。为使训练过程可视化,决策树模型训练过程如图 8-10 所示。通过计算 4 类样本 11 个属性的基尼值,可以得到最小的基尼值为 0.75。然后,在 $I(t)$ 总和小于或等于 0.276 的条件下,根据根节点将训练数据分成两个子集。然后计算各子集中其余数据的基尼值,选择基尼值最小的属性作为分类标准,如第 2 层决策树的 dense 子集选择 0~220Hz 的属性标签作为分类标准,然后在功率谱密度总和小于或等于 0.549 的条件下,再将数据分为两个子集。当模型中所有子集的基尼值为零时,迭代将停止。由于决策树模型未进行剪枝处理,过于追求训练集的准确率,规模庞大,有 11 层,包含 54 个叶子节点,此时模型过拟合现象严重,模型泛化能力较差。因此,必须对模型进行剪枝处理,提高模型的泛化能力,使得模型在实际应用过程中展现出较好的预测能力。

8.4.3 模型剪枝处理

决策树算法避免过拟合风险最主要的手段是剪枝处理。其中,预剪枝需要在模型建立之前预定义决策树生长规则,通过设置最大增益的上限,使得决策树在内部节点上计算得到的信息增益(或基尼指数)小于阈值时即停止生长,并将此内部节点归为叶节点;同时,先剪枝处理还可以通过限制决策树深度和节点数目实现对决策树规模的限制。但是,先剪枝应用较为困难,不同的数据集,阈值的设置一般不同,合适的阈值需要不断调参才能获得,阈值设置过高或者过低均会导致模型的分类准确率较低。

后剪枝是指决策树建立后,自下而上进行剪枝处理的方法。根据剪枝时对叶子节点是否保留的评估方法不同,常用后剪枝算法有悲观错误剪枝 PEP(Pessimistic Error Pruning)、代价-复杂度剪枝 CCP(Cost-Complexity Pruning)、基于错误剪枝 EBP(Error-Based Pruning)、最小错误剪枝 MEP(Minimum Error Pruning)和降低错误率剪枝 REP(Reduced Error Pruning)方法。Python 的 Sklearn 库采用 Minimal Cost-Complexity Pruning 算法进行模型后剪枝处理,通过设置影响因子 α 值对模型进行剪枝处理,当 α 取值过大时,会使决策树过度修剪,丢失关键特征信息,模型过于简单,分类效果较差;而当 α 取值过小时,对模型的裁剪不足,则导致模型过拟合,分类效果同样很差。本小节通过设置参数寻优计算,对 0~0.02 范围内的 α 值进行遍历寻优,通过比较不同 α 取值时模型在训练集和测试集上的精度,确定合适的剪枝参数,调参计算结果如图 8-11 所示。由图可知,当 $\alpha=0$,即模型不进行剪枝处理时,模型在测试集上的准确率可达 1.0,此时模型直至将子节点中的所有样本皆为同一类别时才停止划分,严重过拟合,与模型在测试集上的准确率相差较大;随着 α 值不断增大,模型不断被修建,模型在训练集上的精度有所下降,但是与在测试集上的准确率差值逐渐减小,当 α 在 0.0125~0.015 范围内时,模型在训练集和测试集上的准确率基本一致;当 $\alpha>0.015$ 时,由于剪枝过于严重,分类过于模糊,导致模型在训练集和测试集上的准确率都有所降低。综上所述,取 α 在 0.0125~0.015 范围内的值作为模型剪枝处理参数,对脱空缺陷决策树分类模型进行后剪枝处理。

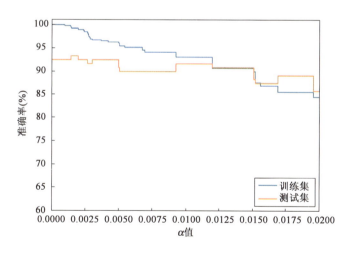

图 8-11 不同 α 取值下模型的识别准确率

剪枝后决策树模型如图 8-12 所示,由图可知,剪枝处理减弱异常值对决策树模型的影响,剪枝后模型不再冗杂,规模明显减小,其中决策树深度减少 2 层,若干内部节点和叶子节点被剪掉,模型仅剩 17 个叶子节点。剪枝后模型在训练集和测试集上的准确率可达 90.83%,合理的剪枝处理既提高了模型的泛化能力,也保证了模型的预测正确率。

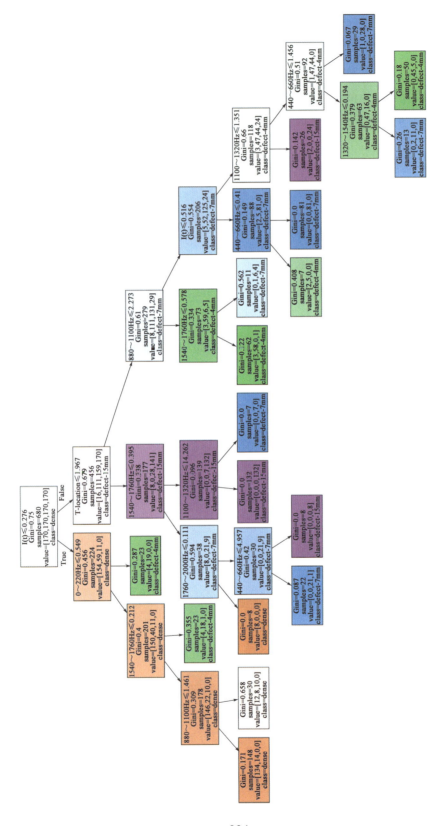

图 8-12 剪枝处理后缺陷识别决策树模型

8.4.4 模型验证与分析

利用验证数据集验证模型缺陷识别的准确率。通过模型的预测结果和实测结果的比较,得到模型的识别准确率可达 90.83%,适当剪枝处理提高了模型的泛化能力,也保证了模型的预测正确率。同时,本小节中也对不进行样本数据均衡处理的数据集合进行了模型训练和验证,结果发现,在不使用 SMOTE 算法对样本数据进行处理时,训练得到的模型的识别准确率仅为 80.0% 左右,因此说明样本数据均衡处理对决策树模型的识别精度影响较大。同时,为了评估决策树模型在不同高度缺陷上的分类性能,避免在预测不同高度空洞缺陷时不同类别之间的准确性差异较大,以下给出模型在不同类别数据集上验证结果准确性分布图,详见图 8-13。

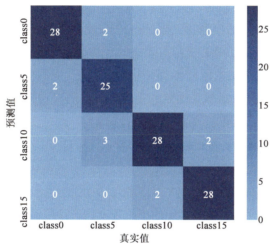

图 8-13 决策树模型在不同脱空高度上的识别结果

由图 8-13 可知,模型在脱空高度为 0、0~5mm、5~10mm、10~15mm 的 4 种类别上的识别准确率分别为 93.33%、83.33%、93.33%、93.33%。具体来说,在识别脱空高度小于 5mm 的缺陷时,准确率最低,为 83.33%。但需要注意的是,本次钢壳混凝土脱空缺陷无损检测的研究对象为毫米级别的缺陷识别,缺陷越小,识别的难度越大;另外,验证数据集中共包含 120 条数据(不同类别的验证数据仅有 30 条),因此,考虑到有限的验证数据集和训练数据集,利用决策树模型估计不同高度的精度较高,表明该方法对不同高度脱空缺陷进行高精度识别是一种可行、有效的方法。

同时,在钢壳混凝土脱空缺陷检测中,漏检现象的影响较大,尽可能识别出潜在的缺陷对于结构安全有重要意义。决策树模型在对验证样本数据集进行缺陷识别时,仅在预测 class 5 类别的缺陷时,将 2 个缺陷区域样本数据识别为密实区域;对 class 10 和 class 15 的缺陷数据的预测,仅是对缺陷严重程度的错误判别,并未出现将其缺陷区域识别为密实区域的情况;模型的漏检率仅为 2.2%。由此可说明,决策树脱空缺陷识别模型在对样本数据进行是密实区域和还是缺陷区域的识别过程中,识别精度较高,准确率可达 96.6%,与 SVM 缺陷识别模型的准确率 93.64% 相比,表现出更好的检测性能,降低了漏检的风险,并且决策树方法还能对缺陷区域做进一步的高度识别。因此,在本章的研究中,决策树分类方法比 SVM 方法更适合进行钢壳混凝土脱空缺陷的识别。

8.5 本章小结

本章通过足尺钢壳混凝土沉管隧道模型试验中的数据资料,建立脱空缺陷样本数据库,通过对冲击响应波形数据进行特征提取,建立数据特征属性与其脱空形状一一对应的样本数据信息。对样本数据从三个方面提取数据的特征属性:由频谱特征中选取 9 个区间特征属性,从波形特征中提取冲击响应强度属性,从结构位置中提取测点与 T 肋距离的结构属性。对每个测点采集到的冲击响应波形共提取 11 个特征属性。应用机器学习中的 SVM 算法和决策树分类算法,分别建立脱空缺陷识别模型,实现对钢壳混凝土脱空缺陷的识别,主要结论如下:

(1) 基于样本数据库,选取 RBF 核函数建立的 SVM 脱空缺陷识别模型对缺陷区域的识别精度较高,并且通过 100 次随机选取样本训练集重复验证,证明模型的鲁棒性较好,100 次验证的平均正确率一般为 93.64%,较采用单一指标进行缺陷识别判断的正确率有较大提升,模型的性能更好。

(2) 根据缺陷区域的脱空严重程度,对样本数据库中的缺陷区域数据进一步划分为 $0 < d \leqslant 5$mm 脱空、$5 < d \leqslant 10$mm 脱空和 $10 < d \leqslant 15$mm 脱空,并对样本数据应用 SMOTE 算法进行扩充和均衡,以此建立的决策树模型对不同脱空高度的样本数据的总体识别正确率为 90.83%,表明该方法能够对脱空缺陷区域的严重程度进行评估,识别出缺陷的脱空高度。

(3) 决策树钢壳混凝土脱空缺陷识别模型在 4 种样本类型(class 0、class 5、class 10、class 15)上的识别精度均较高,其中在识别脱空高度小于 5mm 的缺陷时的难度较大,其准确率相对最低,为 83.33%。但在仅考虑模型是否将样本数据正确识别为缺陷还是密实的分类中,相比 SVM 模型,决策树模型表现出较好的性能,识别准确率相对较高,为 96.6% 左右。

(4) 考虑到样本数据库中数据条数较少,在有限的样本数据中,噪声的影响格外显著,并且对 SMOTE 算法的影响也更显著,会使扩充后的不同类别间的数据边界模糊,使得训练的模型分类效果变差。由此,在今后的工作中,应根据检测资料进一步扩充样本数据库,优化模型,提高决策树模型对不同高度脱空缺陷的识别精度。

第9章 深中通道沉管隧道钢壳混凝土脱空规律及影响因素研究

9.1 隔仓构造及分类

沉管隧道的钢壳构造主要由内外面板、横纵隔板、横纵加劲肋及焊钉组成,且在横纵隔板的分割下,整个钢壳结构被划分为若干不同结构尺寸的密闭格室,也称为隔仓。

混凝土以隔仓为单位进行浇筑,顶板预留浇筑孔和排气孔。根据隔仓的尺寸不同,排气孔的布置数量和位置不同,隔仓四周布置直径为90mm的大排气孔,且在外侧T肋附近布置直径为50mm的小排气孔。隔仓结构示意图如9-1所示。

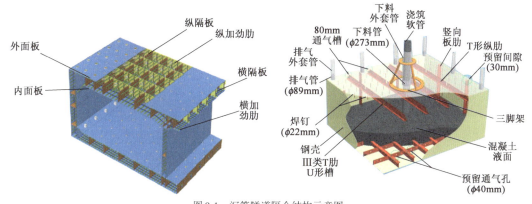

图9-1 沉管隧道隔仓结构示意图

深中通道沉管隧道按照结构尺寸分为标准隔仓和非标准隔仓,内外面板的间隔决定沉管隧道管壁的厚度,即浇筑隔仓的高度,一般为1.5m。纵横隔板的间距决定隔仓的长和宽,横向隔板的纵向间距一般取3.0m,根据横向间距的不同分为标准隔仓和非标准隔仓。底板有4种,分别为1.8m、3.5m、2.5m、2.4m。顶板有6种,分别为2.5m、2.8m、3.5m、1.4m、4.5m、2.4m。深中通道不同种类隔仓数量见表9-1。不同隔仓所在标准管节的位置如图9-2所示。

深中通道不同种类隔仓数量 表9-1

序号	编号	尺寸(长×宽×高)	数量	标准/非标准隔仓	顶板/底板
1	B1、B14	1.8m×3.0m×1.5m	3242个	非标准隔仓	底板
2	B2~B5、B10~B13、T3~T5、T7~T9	3.5m×3.0m×1.5m	18190个	标准隔仓	
3	B6、B9	2.5m×3.0m×1.5m	3242个	非标准隔仓	

续上表

序号	编号	尺寸(长×宽×高)	数量	标准/非标准隔仓	顶板/底板
4	B7、B8	2.4m×3.0m×1.5m	3242个	非标准隔仓	顶板
5	T1、T11	2.5m×3.0m×1.5m	3242个	非标准隔仓	
6	T2、T10	2.8m×3.0m×1.5m	3242个	非标准隔仓	
7	T3~T5、T7~T9	3.5m×3.0m×1.5m	3242个	标准隔仓	
8	W4、W16	1.4m×3.0m×1.5m	3242个	非标准隔仓	
9	W8、W12	4.5m×3.0m×1.5m	3242个	非标准隔仓	
10	T6	2.4m×3.0m×1.5m	1621个	非标准隔仓	

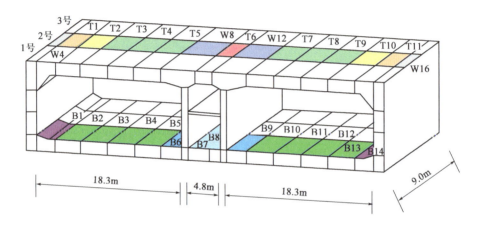

图9-2 标准管节不同隔仓位置布置图

顶板和底板在结构上略有不同,主要区别在抗剪构件。抗剪构件是为了加强浇筑混凝土与钢壳结构的协同受力作用而设置的。为保证自密实混凝土的浇筑质量,降低出现空洞缺陷的风险,隔仓顶板的钢板仅设置沿纵轴方向的T形加劲肋,与底板相比,未设置横向加强结构。T形加劲肋之间增加设置焊钉,焊钉按照0.25m+0.20m+0.25m间距布置。

通过大量的模型试验研究,耦合冲击弹性波法和中子法的钢壳混凝土脱空缺陷检测技术已达到毫米级精度,且通过现场盲检试验验证。耦合检测方法对缺陷脱空面积的识别准确率已达到90%以上,并且该方法已在深中通道工程中得到了较好的应用。对2021年12月完成的28个管节的脱空缺陷进行检测(表9-2),共计42904个隔仓、2046877条测线、61406310个测点,依据检测结果进行脱空规律总结。

沉管标准管节结构构造统计表　　　　　　　　　　　表9-2

结构位置	隔仓长度	隔仓编号	统计数量
底板	1.8m	B1、B14	440个
	3.5m	B2~B5、B10~B13	1760个
	2.5m	B6、B9	440个
	2.4m	B7、B8	440个

续上表

结构位置	隔仓长度	隔仓编号	统计数量
顶板	2.5m	T1、T11	522个
	2.8m	T2、T10	522个
	3.5m	T3～T5、T7～T9	1566个
	1.4m	W4、W16	522个
	4.5m	W8、W12	522个
	2.4m	T6	261个

9.2 脱空规律统计方法

为准确统计不同结构类型隔仓中出现脱空缺陷的概率,得到易出现脱空缺陷的隔仓类型,并分析影响脱空分布的因素,基于面积占比进行缺陷统计,主要步骤如下。

(1)隔仓网格划分。试验研究发现脱空缺陷易出现在T肋结构两侧,因此网格横向间隔依据T肋结构布置划分,间距一般为0.5～0.7m;纵向间隔则取固定值1.0m。图9-3、图9-4分别为标准隔仓和非标准隔仓网格划分图。

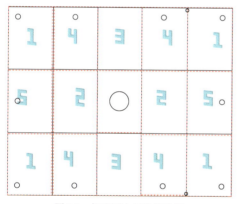

图9-3 标准隔仓网格划分图

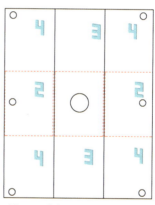

图9-4 非标准隔仓网格划分图

(2)隔仓网格编号。以浇筑孔为中心,按照排气孔及距离浇筑孔的距离对称的原则,对隔仓网格进行编号。如图9-3所示,标准隔仓可分为5类。

(3)脱空概率统计。对所有隔仓的脱空缺陷进行统计,若分格中存在脱空缺陷,则统计其面积,作为易出现脱空缺陷的面积,统计每类隔仓中分格出现脱空缺陷的总面积,按照式(9-1)计算每类隔仓中出现脱空缺陷的概率:

$$p(j) = \frac{\sum_{i=1}^{k} A_i \times m_i}{A \times N} \tag{9-1}$$

式中,$p(j)$为隔仓出现脱空缺陷的概率;A_i为出现脱空的分格面积;m_i为分格出现脱空的次数;k为此类隔仓顶板的分格数目;A为此类隔仓的顶板面积;N为此类隔仓的总数量。

(4) 脱空规律分析。根据脱空概率统计,总结不同位置及构造的脱空规律分布,提出控制措施。

9.3 脱空分布规律分析

9.3.1 不同隔仓横向尺寸对脱空影响分析

根据公式 $\dfrac{疑似脱空数量 \times 脱空分格面积}{隔仓数量 \times 隔仓面积}$,计算出不同隔仓横向尺寸脱空概率,见表9-3。

表9-3 不同隔仓横向尺寸脱空概率计算

区域	隔仓长度	纵列	隔仓数量	疑似脱空数量	疑似脱空概率
底板	1.8m	B1、B14	2252个	212处	0.16%
	3.5m	B2~B5、B10~B13	6756个	631处	0.08%
	2.5m	B6、B9	2252个	216处	0.12%
	2.4m	B7、B8	2252个	137处	0.08%
顶板	1.4m	W4、W16	2252个	190处	0.18%
	2.5m	T1、T11	2252个	240处	0.13%
	2.8m	T2、T10	2252个	255处	0.12%
	3.5m	T3~T5、T7~T9	4504个	578处	0.11%
	4.5m	W8、W12	2252个	180处	0.05%
	2.4m	T6	1126个	87处	0.10%

将管节按照隔仓的尺寸进行分类,统计不同尺寸隔仓脱空概率,如图9-5所示。

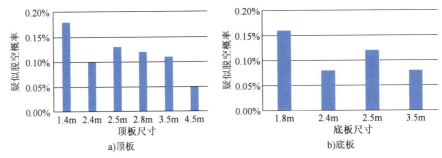

图9-5 不同横向尺寸隔仓脱空概率

(1)顶板侧墙顶1.4m隔仓W4、W16纵列最易出现脱空,中墙4.5m大隔仓出现脱空概率最低。

(2)底板靠近墙体1.8m斜坡隔仓B1、B14纵列最易出现脱空,中间3.5m标准隔仓出现脱空概率最低。

(3)总体呈现隔仓横向尺寸越小,越易出现脱空的趋势,横向尺寸1.4m和1.8m的隔仓脱空概率最大,这两个隔仓的位置分别位于顶板和底板的两侧(图9-2中的W4、W16和B1、B14)。

9.3.2 不同排气孔布置对脱空影响分析

为提高浇筑质量，调整了 E5 之后管节顶板标准隔仓的排气孔布置方式，中间排气孔间距由 1.40m 改为 1.98m，排气孔由布置在 T 肋间隔中间改为布置在易脱空的 T 肋附近（图 9-6）。

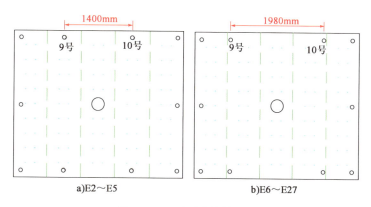

图 9-6　3.5m 标准隔仓俯视图

统计排气孔布置改变前后的疑似脱空概率（表 9-4），分析发现，排气孔改为布置在易脱空的 T 肋附近之后，疑似脱空概率由 0.13% 下降为 0.07%，疑似脱空概率下降明显。

排气孔布置改变前后疑似脱空概率对比　　　表 9-4

管　节	纵　列	隔仓数量	疑似脱空数量	疑似脱空概率
E2~16	T3~T5 T7~T9	4504 个	578 处	0.11%
E2~E5		1566 个	280 处	0.13%
E6~E16		2938 个	298 处	0.07%

为研究排气孔布置对隔仓内脱空的影响，将隔仓对称分割为 5 种分格，如图 9-7 所示，并对各分格的疑似脱空概率进行统计（表 9-5）。

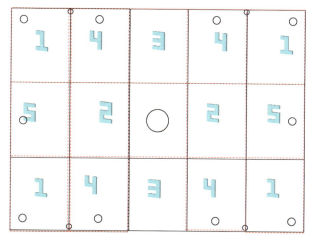

图 9-7　标准隔仓分格示意图

各分格疑似脱空概率统计　　　　　　　　表9-5

编号	管节		
	E2~16	E2~E5	E6~E16
1	0.023%	0.025%	0.019%
2	0.028%	0.032%	0.024%
3	0.033%	0.031%	0.030%
4	0.040%	0.050%	0.031%
5	0.019%	0.021%	0.016%

统计分析发现：

（1）排气孔改为布置在易脱空的 T 肋附近之后，更改排气孔位置的 4 号分格疑似脱空概率明显下降。

（2）其他分格受到的影响较小，整体疑似脱空概率下降。

9.3.3　顶板和底板对脱空影响分析

为研究顶板与底板对疑似脱空的影响，选取顶板和底板相同尺寸、结构的标准隔仓进行分析。底板隔仓数量 6756 个，疑似脱空 631 处，疑似脱空概率为 0.08%；顶板隔仓数量 4504 个，疑似脱空 578 处，疑似脱空概率为 0.11%。由表 9-6、图 9-8 所示结果可知，相同结构、相同尺寸时，顶板比底板更易出现脱空。

顶板与底板标准隔仓脱空概率对比　　　　　　　　表9-6

区域	隔仓长度	纵列	隔仓数量	疑似脱空数量	疑似脱空概率
底板	3.5m	B2~B5、B10~B13	6756 个	631 处	0.08%
顶板	3.5m	T3~T5、T7~T9	4504 个	578 处	0.11%

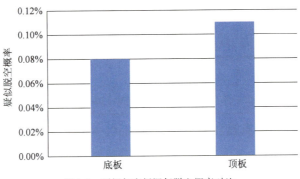

图 9-8　顶板与底板疑似脱空概率对比

9.3.4　隔仓斜面对脱空影响分析

为研究隔仓斜面对疑似脱空的影响，选取底板中相同位置、尺寸相近的 1.8m 和 2.5m 隔仓进行分析。1.8m 隔仓疑似脱空概率为 0.16%，2.5m 隔仓疑似脱空概率为 0.12%。由表 9-7、图 9-9 所示结果可知，相同位置，斜坡隔仓比平面隔仓更易脱空。

斜面 1.8m 与平面 2.5m 隔仓脱空概率　　　　　表 9-7

尺　　寸	1.8m	2.5m
疑似脱空概率	0.16%	0.12%

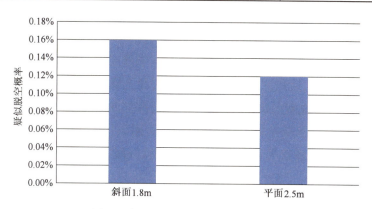

图 9-9　斜面与平面隔仓疑似脱空概率对比

9.3.5　距离浇筑孔位置对脱空影响分析

横向尺寸 3.5m 隔仓和 2.4m 隔仓均设置 4 条 T 肋结构,且浇筑孔位于隔仓的中央。两个隔仓不同分格的脱空概率如图 9-10 所示,两个隔仓内部的脱空分布规律相似,最容易出现缺陷的区域是浇筑孔附近的 2 号、3 号和 4 号分格区域;5 号分格和 1 号分格出现脱空缺陷的概率较小。由此推测,距离浇筑孔过近或过远的区域出现脱空缺陷的概率更大。在 3.5m 隔仓中,脱空概率最小的 5 号分格的形心距离浇筑孔形心 1.40m;在 2.4m 隔仓中,脱空概率最小的 1 号分格的形心距离浇筑孔形心 1.379m。

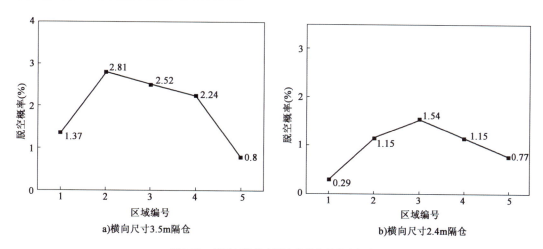

图 9-10　相同 T 肋分布隔仓各分格的脱空概率

以上分析似乎显示脱空概率与浇筑位置有一定的关系,因此,再选取两个尺寸隔仓进行对比。图 9-11 和图 9-12 是横向尺寸 2.5m 隔仓和 2.8m 隔仓的浇筑位置和隔仓内不同区域疑似脱空概率统计图。两个隔仓均有 3 条 T 肋,且浇筑孔均位于隔仓偏右侧。可以看出,两种隔仓不同分格的脱空分布规律相同,最容易出现脱空缺陷的区域是没有设置排气孔的 3 号分格区域;而隔仓的 5 号分格和 2 号分格是出现脱空缺陷概率较小的分格区域。由计算可知,5 号分格的形心与浇筑孔形心的距离,在两种隔仓中分别为 1.2m 和 1.4m。

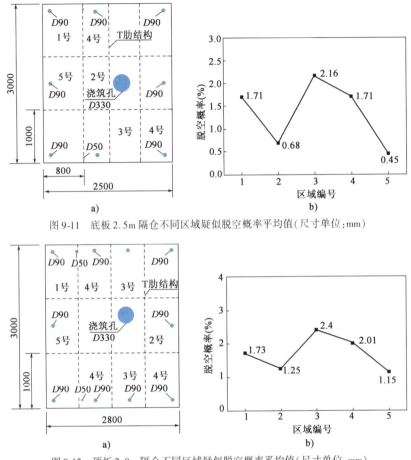

图 9-11 底板 2.5m 隔仓不同区域疑似脱空概率平均值(尺寸单位:mm)

图 9-12 顶板 2.8m 隔仓不同区域疑似脱空概率平均值(尺寸单位:mm)

"三明治"结构沉管隧道兼顾了钢结构和混凝土结构的优点,是未来解决高水压、大跨度海底隧道工程的首选方案。该结构沉管隧道在自密实混凝土预制浇筑过程中无法振捣,钢板和混凝土之间的结合面极容易出现浇筑不密实的脱空缺陷,降低沉管结构的承载力,甚至导致结构的局部屈曲,影响结构的整体安全。本书开展了基于冲击弹性波法的大型沉管隧道钢壳混凝土脱空质量检测及控制方法研究。首先,从理论上推导了冲激响应与脱空面积、脱空高度的关系。其次,建立了足尺钢壳混凝土沉管模型,根据试验测得的冲击响应波形特征,提出了冲击响应强度作为脱空量化指标,拟合了归一化冲击响应强度与脱空高度的关系,提出了沉管脱空的量化判别标准,经试验数据印证的正确率可达 87.5%。最后,将检测方法应用于深中通道工程,基于 28 根管节共 42904 个隔仓的脱空缺陷检测结果,研究自密实混凝土在隔仓浇筑过程中的脱空规律,结果发现隔仓的形式和尺寸、泵送距离、混凝土浇筑时间、浇筑孔设置、自密实混凝土流动性等都是影响沉管隧道浇筑质量的因素,据此提出相应的优化措施,比如:

①尽量避免隔仓顶板是斜坡的情况;②在高温季节施工时,应采取必要的温控措施,降低混凝土入仓温度;③隔仓横纵比取 0.8~0.85;④在隔仓浇筑的混凝土到达 3/4 时,调整浇筑速度,减少浇筑孔附近液面的溅射翻动;⑤在保证结构受力安全性和造价经济性的前提下,应减少隔仓内部 T 肋结构的设置,并增加排气孔的数量。

9.3.6 隔仓内部脱空缺陷分布规律

不同隔仓的分格编号和对应位置出现脱空缺陷的统计结果如图 9-13、图 9-14 所示。由图 9-13a)、图 9-14a)可知,3.5m 隔仓和 2.4m 隔仓均设置 4 条 T 肋结构,且浇筑孔位于隔仓的中央,两种隔仓的分格编号相同。图 9-13b)和图 9-14b)的统计结果显示,脱空缺陷在两种隔仓类型的内部分布规律相似,最容易出现缺陷的区域是浇筑孔附近的 2 号、3 号和 4 号分格区域;而在不毗邻浇筑孔的 5 号分格和隔仓四个角位置的 1 号分格是出现脱空缺陷概率较小的分格。同时,在 3.5m 隔仓中,5 号分格是浇筑质量最优的区域,出现脱空缺陷的概率仅为 0.8%,由计算可知,5 号分格的形心距离浇筑孔形心 1.40m;而在 2.4m 隔仓中,1 号分格是浇筑质量最优的区域,其形心距离浇筑孔形心 1.379m。由此推测,距离浇筑孔过近或过远的区域出现脱空缺陷的概率更大。

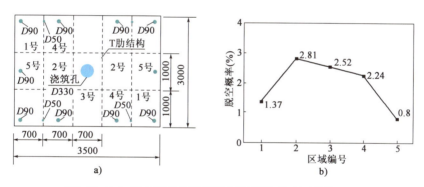

图 9-13 3.5m 隔仓不同区域疑似脱空概率平均值(尺寸单位:mm)

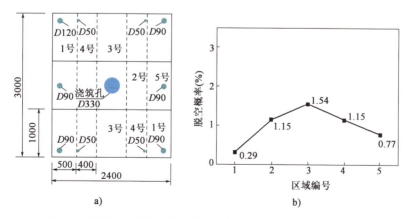

图 9-14 顶板 2.4m 隔仓不同区域疑似脱空概率平均值(尺寸单位:mm)

由图 9-15a)、图 9-16a)可知,2.5m 隔仓和 2.8m 隔仓均设置 3 条 T 肋结构,将隔仓顶板在横向上分为 4 个区域,且浇筑孔位于隔仓偏右侧,两种隔仓的分格编号相同。图 9-15b)和图 9-16b)的统计结果显示,脱空缺陷在两种隔仓类型的内部分布规律相同,最容易出现脱空缺陷的区域是没有设置排气孔的 3 号分格区域;而隔仓的 5 号分格和 2 号分格是出现脱空缺陷概率较小的分格区域。其中,5 号分格是两类隔仓中浇筑质量最优的区域,出现脱空缺陷的概率仅为 0.45% 和 1.15%,为隔仓 5 个区域的最低值,由计算可知,5 号分格的形心与浇筑孔形心的距离在两种隔仓中分别为 1.2m 和 1.4m。统计结果表明,浇筑孔的位置偏置设置会影响自密实混凝土在隔仓浇筑过程中的流动填充形态,使最易出现脱空缺陷区域的分布与浇筑孔中间布置时有所差别。

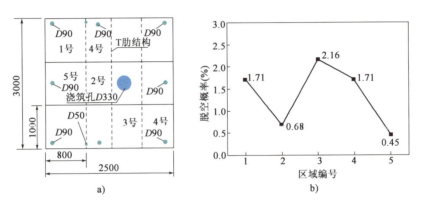

图 9-15 底板 2.5m 隔仓不同区域疑似脱空概率平均值(尺寸单位:mm)

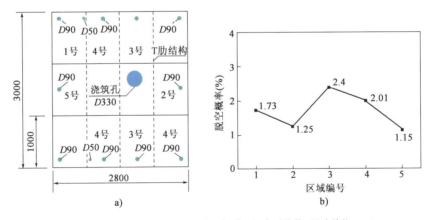

图 9-16 顶板 2.8m 隔仓不同区域疑似脱空概率平均值(尺寸单位:mm)

由图 9-17a)可知,底板 2.4m 隔仓设置 2 条 T 肋结构,将隔仓顶板在横向上分为 3 个区域,且浇筑孔位于隔仓的中央,设置 6 个直径为 90mm 的排气孔。与顶板 2.4m 隔仓相比,底板 2.4m 隔仓少设置 2 条 T 肋结构,顶板 2.4m 隔仓的 2 号和 5 号分格区域对应底板 2.4m 隔仓的 2 号分格区域。由对比可知,底板 2.4m 隔仓 2 号分格出现脱空缺陷的概率明显降低,说明减少 T 肋结构设置,有利于提高隔仓的浇筑质量;同时,底板 2.4m 隔仓的 4 号分格区域与顶板 2.4m 隔仓的 1 号和 4 号分格是对应区域,由图 9-17b)可知,在底板 2.4m 隔仓中,虽然 4 号分格区域内少设置 1 条 T 肋结构,但同时其少设置 4 个直径为 50mm 的辅助排气孔,与顶板 2.4m 隔仓的 4 号分格相比,其出现脱空缺陷概率并未出现明显降低,说明在 T 肋结构附近设置辅助排气孔有利于降低 T 肋附近出现脱空缺陷的概率。

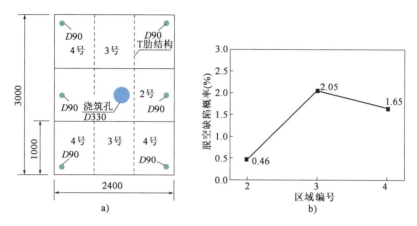

图 9-17 底板 2.4m 隔仓不同区域疑似脱空概率平均值(尺寸单位:mm)

由图 9-18a)可知,底板 2.4m 隔仓和顶板 1.4m 隔仓均设置 2 条 T 肋结构,且浇筑孔位于隔仓的中央,两隔仓分格编号相同。图 9-17b)、图 9-18b)的统计结果显示,虽然两种隔仓类型的横向尺寸不同,但脱空缺陷在隔仓内部的分布规律相似,最容易出现脱空缺陷的区域是位于浇筑孔上方和下方的 3 号分格区域,最不容易出现脱空缺陷的区域是 2 号分格区域。

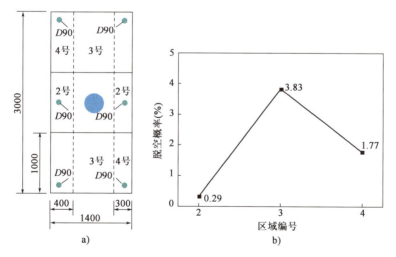

图 9-18 顶板 1.4m 隔仓不同区域疑似脱空概率平均值(尺寸单位:mm)

由以上 3 组隔仓的对比分析结果可知,具有相同 T 肋结构和浇筑孔设置的隔仓,其出现脱空缺陷的分格区域分布规律相似。当浇筑孔布置在隔仓的中心位置时,浇筑孔附近的 2 号、3 号、4 号分格最容易出现脱空缺陷,1 号分格是浇筑质量相对较好的区域,但当浇筑孔偏于右侧布置时,2 号分格变为质量较好的区域,且 1 号分格区域出现脱空缺陷的风险明显增大,说明浇筑孔位置是影响隔仓内部脱空缺陷分布的重要因素。同时,对比 3 组隔仓的缺陷分布情况可知,浇筑孔附近是最容易出现脱空缺陷的区域,且位于长边方向的分格更容易出现脱空缺陷,如 3.5m 隔仓中,最容易出现脱空缺陷的是 2 号分格,而 2.8m、2.5m、2.4m 隔仓中,最容易出现脱空缺陷的是 3 号分格。

5 号分格是浇筑质量相对最优的区域,出现脱空缺陷的概率最小,仅为 0.45%,由计算可知,在 3.5m、2.8m、2.5m 隔仓中,5 号分格的形心与浇筑孔形心的距离分别为 1.4m、1.4m、1.2m,而在 2.4m 隔仓中,1 号分格是浇筑质量最优的区域,其形心与浇筑孔形心的距离为 1.379m。由此推测,距离浇筑孔过近或过远的区域出现脱空缺陷的概率会更大,在浇筑孔直径 330mm、隔仓纵向长度 3m、高度 1.5m 的情况下,距离浇筑孔 1.2~1.4m 的区域,自密实混凝土流态较好。

9.4 本章小结

基于 28 根管节共 42904 个隔仓的脱空缺陷检测结果,研究自密实混凝土在隔仓浇筑过程中的脱空规律,分析易出现脱空缺陷的区域及影响因素,主要结论如下:

(1)在沉管底板结构中,横向尺寸为 1.8m 的隔仓是浇筑质量最差的隔仓类型,应改进隔仓顶板倾斜式设计,其不利于浇筑过程中气体的排出。同时,统计结果显示,底板侧墙位置 2.5m 的隔仓是沉管底板结构中浇筑的薄弱点,应优化施工组织管理,提高侧墙位置的浇筑质量。

(2)统计结果显示,不同的排气孔布置对脱空的概率与浇筑质量影响显著,在保证结构受力安全的前提下,在易出现脱空区域改变排气孔位置或增设小的通气孔可有效提高浇筑质量,减少脱空缺陷数量。

(3)浇筑孔的位置影响隔仓内部脱空缺陷的分布,由于浇筑孔附近无排气孔,因浇筑搅动掺入的气体不易排出,故易出现脱空缺陷,且统计结果显示,隔仓中脱空缺陷最严重的区域易出现在隔仓长边方向上的浇筑孔两侧分格,应成为沉管隧道脱空缺陷检测的重点部位。

(4)统计结果显示,隔仓内部浇筑质量最优的分格均出现在距离浇筑孔 1.2~1.4m 的区域,由此推断,此范围是填充性能最优的区域,过远则自密实混凝土流动性能降低。同时,在隔仓内部设计中,应减少 T 肋结构和增加排气孔的数量,其有利于降低隔仓内出现脱空缺陷的概率。

(5)顶板受结构、泵送距离等因素影响,脱空的概率比底板高。

(6)统计结果显示,隔仓越大,出现脱空缺陷的概率越小,由此推测,在保证结构受力安全的前提下选择合适的隔仓尺寸,降低浇筑速度以减缓混凝土液面的上升速度,可以有效提高浇筑质量。

基于以上结论,本书也提出了相应的改进措施,比如:①在隔仓浇筑的混凝土到达 3/4 时,调整浇筑速度,减少浇筑孔附近的溅射;②在保证结构安全的前提下适当调整排气孔位置,增设通气孔;③在保证结构受力安全的前提下选择合适的隔仓尺寸,降低浇筑速度以减缓混凝土液面的上升速度;④在保证结构受力安全性和造价经济性的前提下,减少隔仓内部 T 肋结构的设置,并增加排气孔的数量。

参 考 文 献

[1] 金文良,宋神友,陈伟乐,等.深中通道钢壳混凝土沉管隧道总体设计综述[J].中国港湾建设,2021,41(3):35-40.

[2] 宋神友,陈伟乐,金文良,等.深中通道工程关键技术及挑战[J].隧道建设(中英文),2020,40(1):143-152.

[3] 王淑新.TBM掘进技术的发展与展望[J].中国工程咨询,2003,55(9):46-48.

[4] 习仲伟.我国交通隧道工程及施工技术进展[J].北京工业大学学报,2005,31(2):141-146.

[5] 《岩石隧道掘进机(TBM)施工及工程实例》编纂委员会.岩石隧道掘进机(TBM)施工及工程实例[M].北京:中国铁道出版社,2004.

[6] 肖明清.大型水下盾构隧道结构设计关键问题研究[D].成都:西南交通大学,2014.

[7] 薛勇.沉管隧道技术的进展[J].特种结构,2005(1):70-72.

[8] 中国沉管隧道一览表[J].隧道建设,2015,35(6):594.

[9] KIMURA H,MORITAKA H,KOJIMA I. Development of sandwich-structure submerged tunnel tube production method[J]. Nippon Steel Technical Report,2002(86):86-93.

[10] GLERUM A. Developments in immersed tunnelling in Holland[J]. Tunnelling and Underground Space Technology,1995,10(4):455-462.

[11] 林鸣,林巍,刘晓东,等.日本交通沉管隧道的发展与经验[J].水道港口,2017,38(1):1-7.

[12] 宋神友,聂建国,徐国平,等.双钢板-混凝土组合结构在沉管隧道中的发展与应用[J].土木工程学报,2019,52(4):109-120.

[13] 俞国青,傅宗甫.欧美的沉管法隧道[J].水利水电科技进展,2000,20(6):11-14.

[14] 杨文武,毛儒,曾楚坚,等.香港海底沉管隧道工程发展概述[J].现代隧道技术,2008,45(S1):41-46.

[15] 李志军,王秋林,陈旺,等.中国沉管法隧道典型工程实例及技术创新与展望[J].隧道建设(中英文),2018,38(6):879-894.

[16] GRANTZ W C. Steel-shell immersed tunnels—forty years of experience[J]. Tunnelling and Underground Space Technology,1997,12(1):23-31.

[17] WRIGHT H D,ODUYEMI T O S,EVANS H R. The experimental behaviour of double skin composite elements[J]. Journal of Constructional Steel Research,1991,19(2):97-110.

[18] TOMLINSON M, TOMLINSON A, CHAPMAN M L, et al. Shell composite construction for shallow draft immersed tube tunnels[C]//Proceedings of the ICE international conference on Immersed Tube Tunnel techniques. Manchester:Thomas Telford,1990:209.

[19] NARAYANAN R, ROBERTS T M, NAJI F J. Design guide for steel-concrete-steel sandwich construction[M]. Berkshire:The Steel Construction Institute,1994.

[20] 刘进.核电工程钢板混凝土组合剪力墙面外弯剪性能研究[D].北京:北京工业大学,2016.

[21] 卢显滨.双钢板-混凝土组合梁拟静力试验研究[D].哈尔滨:哈尔滨工业大学,2015.

[22] XIE M, CHAPMAN J C. Developments in sandwich construction[J]. Journal of Constructional Steel Research,2006,62(11):1123-1133.

[23] BOWERMAN H G, GOUGH M S, KING C M. Bi-Steel design and construction guide [M]. Scunthorpe:British Steel Ltd.,1999.

[24] LENG Y B, SONG X B, WANG H L. Failure mechanism and shear strength of steel-concrete-steel sandwich deep beams[J]. Journal of Constructional Steel Research,2015,106:89-98.

[25] YAN J B, LIEW J Y R, QIAN X D, et al. Ultimate strength behavior of curved steel-concrete-steel sandwich composite beams[J]. Journal of Constructional Steel Research,2015,115:316-328.

[26] LIEW J Y R, WANG T Y. Novel steel-concrete-steel sandwich composite plates subject to impact and blast load[J]. Advances in Structural Engineering,2011,14(4):673-687.

[27] DAI X X, LIWE J Y R. Fatigue performance of lightweight steel-concrete-steel sandwich systems[J]. Journal of Constructional Steel Research,2010,66(2):256-276.

[28] 林鸣,刘晓东,林巍,等.钢混三明治沉管结构综述[J].中国港湾建设,2016,36(11):1-4,10.

[29] 周茗如,郭中宇,沈琼斐,等.大型钢管混凝土模拟试验无损检测技术研究[J].中国建材科技,2013,22(1):5-10.

[30] 马少宁.钢管混凝土脱空无损检测技术试验研究[D].石家庄:石家庄铁道大学,2019.

[31] 王国琴,姚康伟,林余雷,等.新型钢管混凝土无损检测技术[J].低温建筑技术,2019,41(2):1-4.

[32] 岳文军,杨国强,王栋,等.钢管混凝土脱粘的超声波检测模型试验[J].施工技术,2016,45(23):151-155.

[33] 周茗如,郭中宇,沈琼斐,等.大型钢管混凝土模拟试验无损检测技术研究[J].中国建材科技,2013,22(1):5-10.

[34] YANAGIHARA A, HATANAKA H, TAGAMI M, et al. Development and application of non-destructive inspection for steel-concrete composite structures[J]. Journal of LHI Technolo-

gies,2013,53(1):47-53.

[35] 黄沛,谢慧才,袁听.混凝土构件粘钢补强质量的红外热像检测方法[J].激光与红外,2004(5):350-353.

[36] 赵海亮.基于局部瞬态激励钢混凝土界面脱空实验研究[D].大连:大连理工大学,2014.

[37] HIROSHI M,YUI I,TAKAHID E S,et al. Study on nondestructive testing for steel-concrete composite slab by infrared thermography technology[J]. Structural Engineering Papers,2013(6):59-64.

[38] 胡爽.基于红外热像技术的钢管混凝土密实度缺陷检测探究[D].重庆:重庆大学,2016.

[39] CARINO N J. The impact-echo method:an overview[C]//Proceedings 2001 World Structural Engineering Congress,ASCE. Washington,D. C.:[s. n.],2001:1-18.

[40] LIN J M,SANAALONE M. Impact-echo studies of interfacial bond quality in concrete:Part I-effects of unbonded fraction of area[J]. ACI Materials Journal,1996,93(3):223-232.

[41] 刘蒙.基于麦克风冲击共振法的钢-混凝土组合结构脱空损伤诊断研究[D].长沙:湖南大学,2018.

[42] NISHIOKA K,WATANABE,SHIGEMURA D,et al. Detection of voids on the underside of steel sheet of steel-concrete composite structure using impact elastic wave method (non-destructive inspection/diagnosis)[C]//Proceedings of the Japan concrete institute.[S. l.:s. n.],2008:715-720.

[43] KAMEKAWA,HIROBUMI,SHIGEMURA,et al. Concrete filling inspection experiment of the composite slab using the elastic wave by frequency modulation[J]. Yokogawa Bridge Holdings Group Technical Report,2009:112-305.

[44] ZHU J Y. Non-contact NDT of concrete structures using air coupled sensors[D]. Urbana-Champaign:University of Illinois at Urbana-Champaign,2008.

[45] MITSUO I,KAZUNORI K,KENGO Y,et al. Study on non-destructive testing method of steel plate concrete composite deck by impact acoustics[J]. Kawada Technical Report,2008,27:297-303.

[46] YAMASHITA Y,KIYOMIYA O. Finite element analysis for detecting unfilled parts of synthetic members by tapping method[C]//58th Annual Scientific Lecture Meeting of the Japan Society of Civil Engineers.[S.l:s. n.],2003:128-136.

[47] AKIYAMA T,KIYOMIYA O,KITAZAWA S,et al. Full-scale experiment on tapping method inspection of unfilled part with synthetic member[J]. Annual Papers on Concrete Engineering,2002,24(1):1167-1182.

[48] 韩西,杨科,杨劲,等.基于声振法的钢管混凝土脱空检测技术试验研究[J].公路工程,2012,37(5):108-110,114.

[49] CHEN D D, MONTANO V, HUO L S, et al. Detection of subsurface voids in concrete-filled steel tubular (CFST) structure using percussion approach[J]. Construction and Building Materials, 2020, 262: 119761.1-119761.11.

[50] CHEN D D, MONTANO V, HUO L S, et al. Depth detection of subsurface voids in concrete-filled steel tubular (CFST) structure using percussion and decision tree[J]. Measurement, 2020, 163: 107869-107878.

[51] 李樟苏, 曹更新, 程和森, 等. 同位素技术在水利工程中的应用[M]. 北京: 水利电力出版社, 1990: 210-215.

[52] 程和森, 曹更新, 王守家, 等. 钢板下浇注混凝土空洞缺陷中子探查新技术[J]. 水利水运科学研究, 1998(3): 255-261.

[53] 程和森, 王守家, 曹更新, 等. 中子法无损检测水力发电站转轮室钢衬混凝土脱空缺陷[J]. 同位素, 2003(Z1): 138-142.

[54] 张辉, 刘国庆, 刘枨, 等. 水电站钢衬混凝土结构脱空缺陷定量检测应用研究[J]. 同位素, 2017, 30(3): 194-199.

[55] 易瑞吉. 钢板与浇注砼结合面脱空缺陷中子无损探测及结果数字显像方法研究[D]. 南京: 南京水利科学研究院, 2007.

[56] YANAGIHARA A, HATANAKA H, TAGAMI M. Development and application of Nondestructive inspection for steel-concrete composite structures[J]. Journal of Ihi Technologies, 2013(53): 47-53.

[57] 周先雁, 肖云风, 曹国辉. 用超声波法检测钢管混凝土质量的研究[J]. 铁道科学与工程学报, 2006(6): 50-54.